Atelier d'anthropologie sociale

Honneur et *baraka*

Atelier d'anthropologie sociale

Editor: Louis Dumont, Ecole des Hautes Etudes en Sciences Sociales, Paris

This series will include primarily books which have been written by authors involved in the 'Cooperative Research Programme No. 436' of the Centre National de la Recherche Scientifique, although it will also be open to contributions from other authors with a similar perspective. Books in the series will share a common orientation, combining the development of theory with ethnographic precision. They will not be limited either geographically or thematically.

Most of the books in the series will be published in French, although some may be in English.

Also in the series
Cécile Barraud: *Tanebar-Evav: Une société de maisons tournée vers le large*

This book is published as part of the joint publishing agreement established in 1977 between the Fondation de la Maison des Sciences de l'Homme and the Press Syndicate of the University of Cambridge. Titles published under the arrangement may appear in any European language or, in the case of volumes of collected essays, in several languages.

New books will appear either as individual titles or in one of the series which the Maison des Sciences de l'Homme and the Cambridge University Press have jointly agreed to publish. All books published jointly by the Maison des Sciences de l'Homme and the Cambridge University Press will be distributed by the Press throughout the world.

Atelier d'anthropologie sociale

Travaux publiés sous la direction de Louis Dumont

Cette collection a été conçue pour rassembler quelques ouvrages qui témoignent d'une orientation semblable conjuguant la précision ethnographique et l'ambition théorique. Ils émanent de chercheurs qui se sont groupés depuis quelques années et qui forment, au moment où cette série voit le jour, la Recherche Coopérative sur programme No. 436 du Centre National de la Recherche Scientifique.

La collection incluera les travaux issus de ce programme sans s'y cantonner géographiquement ni thématiquement. Tout en demeurant limitée en nombre, elle s'ouvrira aux contributions d'autres auteurs animés d'une inspiration voisine. La langue des publications sera le français ou l'anglais.

Aussi dans la collection
Cécile Barraud: *Tanebar-Evav: Une société de maisons tournée vers le large*

Cet ouvrage est publié dans le cadre de l'accord de co-édition passé en 1977 entre la Fondation de la Maison des Sciences de l'Homme et le Press Syndicate de l'Université de Cambridge. Toutes les langues européennes sont admises pour les titres couverts par cet accord, et les ouvrages collectifs peuvent paraître en plusieurs langues.

Les ouvrages paraissent soit isolément, soit dans l'une des séries que la Maison des Sciences de l'Homme et Cambridge University Press ont convenu de publier ensemble. La distribution dans le monde entier des titres ainsi publiés conjointement par les deux établissements est assurée par Cambridge University Press.

6

Honneur et *baraka*

Les structures sociales traditionnelles dans le Rif

RAYMOND JAMOUS

Publié avec le concours du Centre National de la Recherche Scientifique

Cambridge University Press

Cambridge
London   New York   New Rochelle   Melbourne   Sydney

Editions de la Maison des Sciences de l'Homme
Paris

Published by the Press Syndicate of the University of Cambridge
The Pitt Building, Trumpington Street, Cambridge CB2 1RP
32 East 57th Street, New York, NY 10022, USA
296 Beaconsfield Parade, Middle Park, Melbourne 3206, Australia
and
Editions de la Maison des Sciences de l'Homme
54 Boulevard Raspail, 75270 Paris Cedex 06

First published 1981

Printed in Great Britain at the
University Press, Cambridge

British Library Cataloguing in Publication Data

Jamous, Raymond
Honneur et baraka. — (Atelier d'anthropologie
sociale).
1. Berbers (Moroccan people)
2. Social structure — Morocco — Rif Mountain
region
I. Title   II. Series
301.4′00964′2   DT313   80-49695

ISBN 0 521 22318 0 hard covers
ISBN 2 901725 10 4 paperback not for sale outside France

à Marie-Jo et à Aram

Remerciements

Ce travail, présenté dans une première version comme thèse de troisième cycle, est le résultat d'une enquête effectuée dans le Rif oriental durant dix-huit mois (1968-1969). Cette enquête a été organisée et financée par le Center for Comparative Studies in Technological Development and Social Change (Université de Minnesota), dirigé par le Professeur Robert T. Holt. L'équipe qui fut installée sur le terrain était composée de deux chercheurs : J. David Seddon (chez les Ulad Séttut) et moi-même (chez les Iqar'iyen). Des rencontres et des discussions fréquentes sur le terrain stimulèrent notre effort. Le Center for Comparative Studies m'offrit par la suite un poste de Research Assistant durant l'année universitaire 1970-1971. Je remercie ce centre, et tout particulièrement son directeur, le Professeur Robert T. Holt qui a manifesté son intérêt pour mon travail tout au long de l'enquête et qui a bien voulu discuter longuement avec moi de mes matériaux. Merci à mon collègue et ami J. David Seddon à qui ce travail doit beaucoup. Je remercie aussi les autorités marocaines qui ont facilité mon installation sur le terrain et m'ont permis de mener à bien l'enquête.

A tous les Iqar'iyen qui m'ont accueilli avec générosité, je tiens à exprimer ma gratitude. Si Mohamed Cherkawi, Si Mohamed Allal, Si Allal Es-Snoussi, Si Ahmed Bekkai Imoussawiyen et son cousin Si Touhami m'ont offert leur amitié et furent les premiers à m'initier à la vie sociale iqar'iyen. Ils participèrent avec passion à mon enquête et m'ont mis en contact avec les anciens de la région, mes informateurs, mes « maîtres à penser ». Je ne citerai pas leurs noms, mais ce travail est issu directement de leurs paroles, de leurs récits. A tous ces amis et à tous ces anciens, j'exprime ma reconnaissance pour m'avoir initié avec patience aux valeurs iqar'iyen.

Je tiens à exprimer mes remerciements à mes maîtres scientifiques qui m'ont apporté leur soutien, leurs encouragements et leurs

x

conseils : monsieur Maxime Rodinson qui a dirigé la thèse de troisième cycle et qui m'a introduit à l'anthropologie du monde islamique ; monsieur Ernest Gellner qui a suivi ce travail de bout en bout et dont le beau livre, *Saints of the Atlas*, a dynamisé ma recherche. Je réserverai une mention spéciale à monsieur Louis Dumont, dont la pensée théorique a constamment orienté la mise en forme de mes matériaux. Il m'a offert l'occasion d'exposer différentes parties de mon travail dans son séminaire à l'École des hautes études en sciences sociales. Ses nombreuses remarques et suggestions m'ont aidé à préciser et à affiner les différents concepts utilisés dans l'analyse. Il a relu et corrigé avec patience la version finale de cet ouvrage. Pour tout cela, je tiens à lui exprimer ma gratitude.

Ce travail s'intègre dans la recherche collective menée par la RCP 436 (Centre national de la recherche scientifique), dirigée par monsieur Louis Dumont. C'est dans cette équipe que j'ai eu l'occasion de confronter mes matériaux avec ceux de mes collègues. Les thèmes centraux de l'échange, du sacrifice, de la hiérarchie et du pouvoir ont été analysés dans ce cadre. Pour leur aide précieuse, je remercie ici Jean-Paul Latouche, André Itéanu, Serge Tcherkezoff et tout particulièrement Cécile Barraud à qui ce travail doit beaucoup. Surtout, je tiens à exprimer ma reconnaissance à Daniel de Coppet, qui a suivi ce travail depuis le début. Sa stimulation constante, ses nombreuses suggestions ethnographiques et théoriques et l'intérêt soutenu qu'il a témoigné pour ce travail, m'ont apporté un soutien inestimable.

Cet ouvrage n'aurait pas abouti dans sa forme présente sans l'aide de ma femme, elle-même ethnologue, Marie-Jo Pineau-Jamous. Elle a participé activement à son élaboration et a consacré un temps précieux à discuter point par point les thèmes de l'ouvrage et à corriger les différentes versions. L'intérêt passionné qu'elle a témoigné pour ce travail m'a souvent empêché de céder au découragement que suscite la rédaction d'un premier ouvrage. Elle en est en quelque sorte le co-auteur. Je la remercie pour tout.

Il est difficile de citer tous les amis et collègues à qui je suis redevable. Je remercie tout particulièrement Jeanne Favret, Edmund Burke et Kenneth Brown qui ont contribué à préciser de nombreux points de ce travail. Merci aussi à nos autres amis maghrébisants, et notamment François Pouillon, qui ont bien voulu discuter de certains matériaux et qui m'ont apporté leurs suggestions.

Note sur le texte

Pour des raisons que le lecteur comprendra, nous avons changé tous les noms des personnes et des groupes lignagers iqar'iyen évoqués dans cet ouvrage. Dans la majorité des récits, nous avons remplacé les noms propres par des lettres de l'alphabet : lettres majuscules pour les groupes, lettres minuscules pour les individus. A, B, C, D, E, F désignent les patrilignages (groupes segmentaires de niveau cinq) ; M, N, O, P, Q, R les communautés territoriales (groupes de niveau quatre) ; V, W, X, Y, Z les fractions (groupes de niveau trois) ; et enfin *a, b, c, d, e* les individus. Enfin, quoiqu'il soit ici question d'événements passés, nous avons préféré utiliser le présent ethnographique.

La transcription des termes berbères et arabes a été simplifiée pour des raisons d'économie. L'utilisation des signes a été réduite au maximum. Nous signalerons ici les phonèmes qui ont nécessité une transcription spécifique.

Caractères latins	*Caractères arabes*	
sh	ش	comme le français ch
gh	غ	r grasseyé
th	ث	t interdental
kh	خ	spirante vélaire sourde (comme la jota espagnole)

Note sur le texte

w	ﻭ	comme dans watt ou ouate
q	ﻕ	occlusive vélaire sourde
h	ﺡ	spirante pharyngale sourde
'	ﻉ	spirante pharyngale sonore
	ﺃ	occlusive pharyngale sonore

Va-t'en ô peureux
J'achèterais sa mort
Il a eu peur ! Il a fui !
Il a jeté ses cartouches !
O ma mère ! ô ma mère !

(chant rifain)

(Biarnay : *Notes sur les chants populaires du Rif*)

Ah ! si le ciel pouvait avoir une échelle
Pour y monter toi et moi et mettre fin aux compétitions

(chant rifain)

(Renisio : Étude sur les dialectes berbères
des Beni Snassen, du Rif et des Sanhadja Srair)

Introduction

Cet ouvrage a pour objet la description et l'analyse des structures sociales traditionnelles des Iqar'iyen, groupe berbèrophone du Rif oriental. Le terme « traditionnel » est utilisé ici pour désigner un état de société existant avant la colonisation espagnole (1912). Notre reconstitution est fondée essentiellement sur l'analyse des récits fournis par de vieux informateurs ayant vécu cette période ou ayant écouté leurs pères la raconter, et sur l'analyse des rituels, notamment ceux de la médiation et du mariage. Ces données nous ont permis de comprendre cette société à travers son propre système de valeurs, qui donne leur sens aux relations sociales entre les hommes et entre les groupes.

Comment se situe cette période dans l'histoire du Rif et du Maroc? Depuis les travaux de J.L. Miège (1961-1963), les historiens se sont attachés à montrer les transformations économiques et sociales subies par le Maroc au cours du XIXe siècle, à la suite de la pénétration européenne. La défaite de l'armée marocaine face à l'Espagne dans la guerre de Tétouan (1859-1869) et la très forte indemnité que le sultan dut payer à cette puissance européenne détruisirent la relative stabilité économique du pays et affaiblirent le *Makhzen*, ou administration du sultan. L'ouverture du marché marocain aux produits manufacturés européens, à la suite de l'abaissement des tarifs douaniers, détruisit l'artisanat local et accrut la dépendance économique du pays à l'égard de l'Europe. Face à cette crise, le gouvernement marocain essaya de réagir par des réformes : modernisation de l'armée, réorganisation et développement de l'administration financière, tentatives de revigorer la tradition islamique. Cette politique n'eut guère de succès et n'empêcha pas l'Europe d'accroître ses exigences et son pouvoir. C'est dans ce contexte que les tensions entre l'administration du sultan et les tribus rurales se développèrent. A la même époque, dans le sud-marocain, ceux qu'on a appelés les grands *qaïd* (terme qui désigne généralement le chef d'une tribu nommé par le sultan) étendirent leur pouvoir sur les vastes zones rurales de la montagne et devinrent une force nouvelle avec laquelle le sultan dut compter pour gouverner le pays.

L'histoire du Rif oriental durant le XIXe siècle est très mal connue. Les sources écrites publiées ne mentionnent que très peu cette zone située à l'écart des centres commerciaux et des principaux circuits économiques du pays. On citera dans l'ordre chronologique quelques événements qui affectèrent la région. Au début du XIXe siècle, le sultan marocain intervint pour interrompre un trafic de céréales organisé entre le Moyen Atlas et l'Espagne par l'intermédiaire des Iqar'iyen. En 1847, l'émir Abdelkader quitta l'Algérie et vint se réfugier dans le Rif oriental où il essaya de recruter une armée pour reprendre le combat contre la colonisation française de son pays. Le sultan marocain envoya une troupe qui l'obligea à quitter la région. Tout le XIXe siècle est émaillé d'incidents de frontières entre les Iqar'iyen et les Espagnols qui, depuis 1495, occupaient dans cette zone du Rif oriental, la ville de Melilla (cf. fig. 1). Les échanges commerciaux entre ce « préside » et le pays iqar'iyen furent médiocres jusqu'à la fin du XIXe siècle. En 1892, les Espagnols décidèrent d'agrandir Melilla comme les accords de 1860 (à la suite de la guerre de Tétouan) le leur permettaient. Ils souillèrent le tombeau d'un *cherif* (pluriel *chorfa*, hommes saints reconnus comme descendants du Prophète) très vénéré dans la région, Sidi Waryash, et furent attaqués par les Iqar'iyen. A la suite de cet incident, une nouvelle guerre entre l'Espagne et le Maroc faillit se déclencher. Le sultan dut de nouveau indemniser les Espagnols, et envoyer une garnison pour séparer les belligérants.

Il est difficile de savoir si ces événements produisirent des changements notables dans la vie sociale iqar'iyen. La tradition orale les mentionne sans insister. De même, elle ne s'appesantit pas sur les effets de l'émigration temporaire des travailleurs rifains dans l'Algérie coloniale durant le dernier quart du siècle. Tout se passe comme si les remous qui agitent alors le Maroc ne touchaient pas encore le Rif oriental. Les récits que nous avons recueillis sur ce passé proche ne concernent que les faits locaux, et présentent les relations avec le sultan de manière traditionnelle. Ils aident à connaître l'organisation sociale des Iqar'iyen plus qu'ils ne permettent de déceler un mouvement de transformation dans la région.

C'est seulement à partir de 1903 que l'on peut commencer à relier le Rif oriental à l'histoire mouvementée du Maroc. Cette date correspond à l'arrivée de Bu Ḥmara (« l'homme à l'ânesse ») dans la région. Avec l'aide de certaines tribus de la région de Taza (située au sud du Rif), cet homme avait commencé en 1901 une rébellion contre le sultan Moulay Abdelaziz. Il se faisait passer pour son frère injustement écarté du trône. En 1903, il arriva dans le pays iqar'iyen où il installa sa capitale à Selwan. Certains Iqar'iyen le soutinrent, d'autres restèrent fidèles au souverain légitime. En 1907, Bu Hmara vendit à des compagnies espagnoles les mines de fer situées dans le territoire iqar'iyen, à Wixan. Cet événement eut des conséquences importantes. Les partisans rifains du rebelle se retournèrent contre lui et l'obligèrent à partir. Mais les Espagnols, s'en tenant au contrat d'achat des mines, commencèrent la construction d'un chemin de fer devant relier Melilla à Wixan. En 1909, les Iqar'iyen attaquèrent les ouvriers espagnols travaillant sur le chantier. Ce fut le début d'une longue guerre de résistance contre la colonisation espagnole. Ce n'est qu'en 1912 que le pays iqar'iyen fut entièrement soumis, après l'élimination des derniers résistants et notamment de leur chef, le *cherif* Sidi Moḥand Ameziane. Les Iqar'iyen subiront le poids d'une administration coloniale jusqu'en 1956, date de l'indépendance du Maroc.

Les structures sociales présentées ici seront profondément modifiées au XXe siècle. Dans une étude ultérieure, nous essayerons de préciser comment. Ici, nous nous contenterons d'indiquer une hypothèse de travail à ce sujet. Si le XXe siècle a profondément transformé la vie sociale du pays iqar'iyen, il n'a pas pour autant coupé ces Rifains de leurs racines. Les valeurs du passé continuent à être prégnantes dans la vie sociale contemporaine des Iqar'iyen, même si elles ne prennent pas la même forme, même si elles doivent se manifester souvent par des voies détournées. En fait, tout se passe comme si ces Rifains tentaient d'adapter le monde moderne à leur idéologie traditionnelle, et non l'inverse.

Plusieurs sociologues et ethnologues ont mis l'accent sur les thèmes de l'honneur et de la *baraka*, ou « bénédiction divine », dans la vie sociale des tribus maghrébines. P. Bourdieu montre que l'honneur n'est pas un simple assemblage de traits culturels mais plutôt un ensemble d'idées et de valeurs qui guide l'action des individus et des groupes dans une société donnée, en l'occurrence la société kabyle. S'inspirant de Marcel Mauss, il souligne que l'honneur peut s'analyser en termes de défi et de contre-défi, c'est-à-dire comme un système d'échanges. Sans vouloir identifier société kabyle et société iqar'iyen, nous pensons que c'est là une vue féconde. Dans cette perspective, nous parlerons de l'honneur comme échange de violence impliquant la circulation des paroles, des biens et des morts.

Il peut paraître paradoxal que la violence se manifeste comme échange. Celui-ci ne doit-il pas plutôt être considéré comme un système de prestations et de contre-prestations en principe pacifiques pour établir des alliances et éviter les affrontements ? C. Lévi-Strauss écrit à ce sujet : « Les échanges sont des guerres pacifiquement résolues et les guerres sont l'issue des transactions malheureuses » (Lévi-Strauss 1967 : 79). C'est oublier que Marcel Mauss n'exclut pas de l'échange le défi, la rivalité et la compétition pour l'honneur. Le potlatch n'est-il pas cette « guerre de propriété », cette « lutte de richesse » qui peut conduire jusqu'à leur destruction ? De plus, n'est-ce pas Mauss qui nous invite à voir une continuité entre le potlatch, la guerre, le jeu, la course et la lutte (Mauss 1968 : 201). Dans le prolongement de cette analyse, D. de Coppet écrit à propos des échanges cérémoniels en Mélanésie : « Faute d'admettre que la violence est, elle aussi, un mode de communication et d'échange, on aurait perdu toute chance d'interpréter les échanges cérémoniels "ordinaires". La violence en effet obéit le plus souvent à des règles formelles particulières qui s'inscrivent d'emblée dans la totalité du système » (Coppet 1968 : 56). Cette proposition s'applique aux échanges de violence iqar'iyen. C'est l'occasion du reste de renvoyer aussi le lecteur aux autres travaux de D. de Coppet (1970a, 1970b) qui ont inspiré dans une large mesure notre propre analyse de l'échange dans ses multiples dimensions.

Après les travaux de E. Westermarck (1926 : 35-261), on connaissait l'importance et l'extension de la notion de *baraka* dans le milieu marocain. Mais ce concept, qui avait des significations très étendues et pourtant très précises, fut galvaudé jusqu'à n'être plus qu'un équivalent de la notion de chance. Sa valeur religieuse fut escamotée. Les travaux d'E. Gellner (1969) réorientèrent les recherches sur ce concept. Il montra que la *baraka* légitimait le statut et l'autorité de certains individus, les *chorfa*, et justifiait leur médiation dans les conflits intratribaux et intertribaux. Mais E. Gellner ne retint de ce concept que son aspect fonctionnel et non sa valeur idéologique.

C'est celle-ci qui va nous permettre de définir les rapports entre religion et pouvoir chez les Iqar'iyen.

La dimension religieuse de la *baraka*, en ce qu'elle suppose une référence à la Loi divine, définit des rapports hiérarchiques de subordination spirituelle que nous distinguerons des rapports de pouvoir inscrits dans l'honneur. Si les Iqar'iyen reconnaissent aux hommes saints (les *chorfa*) une autorité d'origine divine et leur attribuent un statut supérieur, il leur refusent tout pouvoir de domination. Cette distinction entre hiérarchie et pouvoir, que nous devons à L. Dumont (1966), recouvre en partie celle entre *baraka* et honneur et pose en même temps le problème des relations entre ces deux ordres de valeurs.

Plus encore, nous serons amené à nous interroger sur une autre manifestation de la *baraka*, où la distinction entre hiérarchie et pouvoir n'est plus totalement pertinente. Nous voulons parler du statut du sultan qui détient, en tant que Commandeur des Croyants, une autorité politico-religieuse. Mais comme on le verra, cette autorité placée sous le signe de la *baraka* subordonne au niveau idéologique le pouvoir du souverain à la reconnaissance d'une Loi supérieure et pose le problème de leur conjonction en la personne du sultan. Une des erreurs souvent commises est de croire que l'idéologie religieuse n'est qu'un moyen de justifier un ordre de domination et d'exploitation. C'est oublier qu'un pouvoir fondé sur une Loi divine peut être contesté au nom de cette même Loi qui le dépasse parce qu'elle est supra-humaine. On voit ici toute la portée théorique de cette distinction entre hiérarchie et pouvoir. Si donc, dans ce travail, nous mettons l'accent sur honneur et *baraka*, c'est pour prendre en compte l'idéologie d'une société. Comme l'écrit L. Dumont : « ... la théorie politique persiste à s'identifier avec une théorie du "pouvoir", c'est-à-dire à prendre un problème mineur pour le problème fondamental, lequel se trouve dans la relation entre le "pouvoir" et les valeurs ou l'idéologie. En effet, à partir du moment où la hiérarchie est évacuée, la subordination doit être expliquée comme le résultat mécanique de l'interaction entre individus, et l'autorité se dégrade en "pouvoir", le "pouvoir" en "influence", etc. » (Dumont 1977 : 19).

Dans cette perspective, nous avons analysé les deux valeurs de l'honneur et de la *baraka* comme des systèmes d'échanges et de relations, l'un entre des hommes « frères », l'autre entre les hommes et

Dieu par l'intermédiaire des *chorfa* et du sultan. Au centre de chacun de ces deux systèmes d'échanges et permettant leur articulation se trouve un terme commun : le domaine de l'interdit ou du *ḥaram*, à la fois lieu de l'honneur et domaine de la *baraka*. Ainsi, il est apparu que la relation entre ces deux ordres de valeurs, entre ces deux systèmes d'échanges permet de comprendre la cohérence globale de cette société iqar'iyen. Nous donnerons ici un bref résumé de notre analyse pour caractériser la démarche suivie dans cet ouvrage.

Les Iqar'iyen sont des agriculteurs sédentaires. Vivant dans un territoire exigu et peu propice à l'agriculture (montagnes travaillées par l'érosion et climat semi-aride) avec une densité de population élevée, ils ont dû constamment rechercher des ressources d'appoint pour éviter la famine. Mais si la terre comme bien économique ne suffit pas à faire vivre les hommes, elle est d'un point de vue social le bien le plus valorisé car elle est source d'identité pour les hommes et les groupes iqar'iyen. Il en est de même du territoire comme espace social. L'analyse de la structure segmentaire montre qu'à l'inverse de ce qui se passe chez les Nuer, la territorialité est chez les Iqar'iyen le principe dominant qui englobe la parenté. Cette valorisation de la terre et du territoire est au centre du système de l'honneur (première partie, chap. 1 et 2).

Notre analyse de ce système peut se résumer en deux propositions en apparence paradoxales :

1. L'honneur consiste en l'exercice d'une autorité sur des domaines de l'interdit (territoire pour les groupes segmentaires ; terre et femme pour chaque chef de maison) et en la transgression des domaines de l'interdit des autres dans ce que nous appelons les échanges de violence.
2. Ceux-ci prennent différentes formes, joutes oratoires, dépenses ostentatoires, meurtres et violence physique, et leurs modalités permettent de distinguer entre honneur individuel et honneur de groupe. Mais avant tout, ils supposent à la fois la différenciation entre les groupes et entre les hommes par rapport à l'honneur et l'annulation de cette différenciation qui réinstaure l'égalité entre les partenaires de l'échange.

Ce dernier paradoxe permet de comprendre comment des rapports d'autorité peuvent se développer au sein de la structure segmentaire. Notre analyse montre en détail comment les « grands », ces hommes pivots des patrilignages, parviennent à contrôler, par l'intermédiaire de la terre, le jeu de l'honneur. Mais elle nous entraîne à voir comment la mort violente ou naturelle de ces « grands » relance l'égalité segmentaire. Aussi, plutôt que de choisir entre segmentarité et autorité pour qualifier la structure sociale iqar'iyen, il nous est apparu plus conforme à la réalité sociale de les ordonner dans un rapport hiérarchique. Comme modèle idéologique, l'égalité segmentaire régit la répétition indéfinie des échanges de violence et se nourrit en quelque sorte de la disparition des hommes d'autorité pour se perpétuer comme valeur dominante dans le système de l'honneur (deuxième partie, chap. 3 à 9).

A l'opposé de l'honneur, qui implique un système de relations et d'échanges entre hommes, la *baraka* est cet autre ordre de valeurs qui définit les rapports entre les hommes et Dieu par l'intermédiaire des *chorfa*. Ceux-ci, en principe pacifiques, sont les seuls à revendiquer cette « force divine » et occupent une position hiérarchiquement supérieure à celle des membres des tribus, qui leur doivent respect et vénération. Si l'honneur s'inscrit dans des rapports d'égalité segmentaire entre « frères », la *baraka* suppose des rapports de « soumission spirituelle » (Dieu/croyants, *cherif*/laïc, équivalents en quelque sorte à ceux entre un père et ses fils) qui ne tolèrent aucune transgression. La relation entre ces deux ordres de valeurs se concrétise dans la médiation des *chorfa* qui, seule, peuvent arrêter l'enchaînement de la violence et rétablir la paix de Dieu. Dispensateurs de la *baraka*, ils inversent le processus qui conduisaient les hommes de la vie à la mort, ils les ramènent au respect des domaines de l'interdit et sont source de fécondité et de prospérité, c'est-à-dire de vie. Mais notre analyse montre que cette paix de Dieu revêt une ambiguïté. Le paiement de la compensation au groupe de la victime et le rituel sacrificiel qui conclut la médiation et interdit la vengeance sont interprétés en référence aux deux ordres de valeurs, comme prix de la *baraka* et comme actes de honte. Si la médiation des *chorfa* souligne la supériorité hiérarchique de la *baraka* dans l'ordre des valeurs, sa signification ambiguë fait de toute paix un arrêt provisoire de l'échange de violence. Nous serons ainsi amené à définir la loi du système social iqar'iyen comme un mouvement indéfiniment répété entre pouvoir et hiérarchie, entre honneur et *baraka*. Ceux-ci sont inséparables l'un de l'autre, comme sont inséparables dans le cours des événements la transgression et le sacrifice, la segmentarité fratricide et la soumission à Dieu, la violation du domaine de l'interdit et sa régénération par la *baraka* divine (troisième partie, chap. 10).

Cette loi du système est symbolisée par la personne du sultan au niveau de la communauté musulmane du Maroc à laquelle les Iqar'iyen appartiennent. Ce mouvement de la violence à la *baraka*, tout prétendant au trône doit le parcourir pour devenir le Commandeur des Croyants. Il lui faut « manger » les tribus rebelles pour faire reconnaître sa *baraka* et soumettre la communauté des croyants à la Loi divine. Mais par ce même mouvement qui l'installe sur le trône, le sultan doit, par sa *baraka*, féconder symboliquement les domaines de l'interdit, légitimer et assurer la reproduction des ordres de valeurs locaux, c'est-à-dire l'honneur des laïcs et la *baraka* des *chorfa*. Ainsi voit-on articulées dans une totalité structurée — celle du Maroc — identité locale et identité islamique (troisième partie, chap. 11).

Si nous avons réservé la dernière partie de l'ouvrage au mariage, c'est d'une part que celui-ci ne peut être compris que par référence à l'idéologie globale de cette société, et d'autre part parce qu'il montre comment cette société iqar'iyen peut perpétuer son identité dans le temps. Le mariage est tout d'abord une compétition pour l'honneur entre les pères des futurs époux et il présente dans ses modalités (type d'épouse choisie, importance ou non de la somme payée comme *sdaq* ou « prix de la fiancée ») des analogies frappantes avec le système du meurtre. D'autre part, il est, dans ses aspects cérémoniels, un rite de passage : le jeune marié, jusque-là irresponsable, établit son autorité sur sa femme, son premier domaine de l'interdit, et voit se profiler devant lui sa carrière d'homme d'honneur. C'est aussi un rituel de fertilité nécessitant le recours à la *baraka* du sultan, joué en la circonstance par le jeune marié dans des simulacres d'intronisation. Mais les rituels ainsi que la parodie des valeurs conduite par les jeunes amis du marié, irresponsables en ce qui concerne l'honneur, ont une valeur plus globale. Ils nous font saisir ce qu'est la destinée des hommes dans cette société et soulignent combien la quête pour le pouvoir et le prestige est, face à la mort, un jeu à la fois illusoire et nécessaire. Dans ce contexte, seuls les domaines de l'interdit, fécondés par la *baraka* divine, assurent la permanence de la société iqar'iyen dans ses valeurs essentielles (quatrième partie, chap. 12 et 13).

Peut-être le lecteur s'étonnera-t-il de la place ainsi donnée au mariage et, en général, de l'importance accordée ici aux rituels et aux récits. Il faut dire comment les uns et les autres se sont imposés. L'intention première était d'étudier la structure sociale contemporaine. Mais nous fûmes vite frappé, quel que soit le sujet abordé, et fût-il le plus anodin en apparence, par la référence constante de nos interlocuteurs iqar'iyen au passé et aux valeurs traditionnelles. Cette obsession nous gagna. Avec l'aide des jeunes, nous entrâmes en contact avec quelques anciens. Ce n'étaient pas des spécialistes de l'histoire des familles ou des groupes lignagers, mais des Iqar'iyen parmi d'autres. Ils conservaient un souvenir très vivace et très précis de la période en cause. Cependant il se révéla très vite qu'il était très difficile de les faire parler abstraitement des règles définissant les rapports sociaux, relations de parenté, préférences de mariage, formes institutionnelles d'alliance politique. Leurs réponses étaient brèves, souvent contradictoires, et nos questions les ennuyaient visiblement. Ils préféraient nous conter les histoires d'autrefois. C'est ainsi qu'ils prenaient plaisir à faire revivre le passé. Leur narration était pleine d'émotion et de vie, et nous étions captivé par les faits et les gestes de ces individus et de ces groupes. Les récits s'enchaînaient les uns aux autres. Ce n'était pas l'histoire d'hommes fabuleux, de héros. Les humbles et les puissants, les « petits » et les « grands » défilaient sous nos yeux comme dans une sorte de théâtre d'ombres. Étant nous-mêmes issu d'une culture où ce type de narration a une grande importance, nous prenions plaisir à les écouter. Ces récits ne s'adressaient pas au seul ethnographe mais aussi en même temps aux jeunes Iqar'iyen. C'étaient là une manière pour ces hommes d'éduquer les jeunes, de les initier à leur culture.

Ces récits ne sont pas de simples descriptions d'événements singuliers ou à caractère purement anecdotique. Ils expriment souvent de manière condensée les relations sociales dans leurs différents aspects, et font constamment référence à un ensemble de catégories, de représentations collectives et de valeurs, c'est-à-dire à une idéologie qui guide l'action des hommes et des groupes. Cette idéologie est présente dans chaque élément de la narration sans avoir à être formulée explicitement, sans avoir à se donner pour telle. Les récits parlent constamment des faits d'honneur, mais comme le dit P. Bourdieu analysant ce thème dans la société kabyle : « Le système des valeurs de l'honneur est agi plutôt que pensé et la grammaire de l'honneur peut informer les actes sans avoir à se formuler... l'essentiel demeure implicite parce qu'indiscuté et indiscutable » (Bourdieu 1972 : 41-42). En effet, cette grammaire de l'honneur n'est l'objet d'aucun code juridique formel et il n'existe aucune institution chargée de la faire respecter. Elle n'a de sens, elle n'est valeur que dans l'action des hommes qu'elle informe. Elle est dans les transgressions des interdits, dans les échanges de violence qui entraînent le mouvement des hommes dans l'espace et dans le temps, et qui rythment leur vie sociale et leur parcours jusqu'à la mort. C'est ce mouvement que les récits font revivre pour nous.

Les rituels présentent des aspects analogues aux récits. Ne peut-on pas dire, là aussi, qu'ils initient les hommes d'une société à leur culture non à travers des règles abstraites mais concrètement, comme sur une scène de théâtre ? Ce sont aussi des événements où l'essentiel n'est jamais expliqué parce qu'il va de soi. Mais alors, que nous apportent ces rituels par rapport aux récits et en quoi les complètent-ils pour une compréhension globale de la société iqar'iyen ?

Ce n'est plus l'univers du quotidien dans les relations entre hommes que ces rituels nous montrent, mais les moments d'une grande densité où les acteurs sont contraints de jouer des rôles fixés d'avance dans un cadre très formalisé. C'est un spectacle réglé où l'affrontement entre les hommes est arbitré par le rapport au divin. Et il ne s'agit pas seulement de ces moments de communion où s'exerce la ferveur des hommes ainsi que leur révérence à Dieu. Comme l'a bien montré A.M. Hocart (1968), les rituels sont orientés vers un but : introduire un surplus de vie par des règles d'équivalence qui mettent les hommes en relation avec les puissances surnaturelles. Chez les Iqar'iyen, ils constituent une césure dans la violence, et, par le sacrifice ou les simulacres, ils inversent le jeu avec la mort pour assurer symboliquement la fécondité et la prospérité. Mais si ces rituels introduisent à l'ordre de la *baraka*, c'est dans une constante référence à l'ordre de l'honneur, qu'ils limitent sans qu'on puisse nier sa prégnance dans les relations entre les hommes. L'accès au surplus de vie implique des mises à mort symboliques comme le montre le rituel du sacrifice dans la médiation des *chorfa*, ou encore la dérision des hommes d'honneur dans les cérémonies du mariage. Ainsi donc, ces rituels sont une sorte de dramatisation théâtrale de la tension entre donner la mort et donner la vie, entre ce qui définit le pouvoir sur les hommes et la nécessaire vénération du divin en tant qu'il peut, seul, installer la société dans la permanence de son identité.

PREMIÈRE PARTIE

Les Iqar'iyen et leur territoire

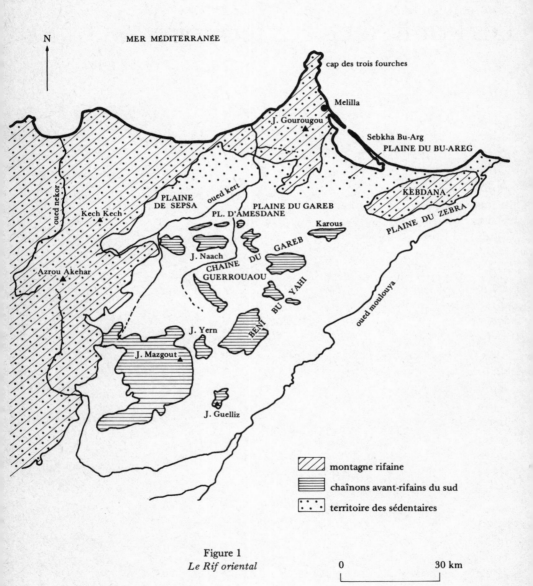

N

MER MÉDITERRANÉE

cap des trois fourches

Melilla

J. Gourougou

Sebkha Bu-Arg
PLAINE DU BU-AREG

oued nekor

PLAINE
DE SEPSA   oued kert

Kech Kech   PLAINE DU GAREB
                    PL. D'AMESDANE

KEBDANA

PLAINE DU ZEBRA

Karous

Azrou Akehar

J. Naach   CHAINE DU GAREB
          GUERROUAOU

              BENI BU YAHI

                                   oued moulouya

J. Yern

J. Mazgout

J. Guelliz

montagne rifaine

chaînons avant-rifains du sud

territoire des sédentaires

Figure 1
Le Rif oriental

0   30 km

1 | Le territoire et la vie matérielle des Iqar'iyen

1. La région : le Rif oriental

Le Rif oriental, qui occupe une surface de plus de 6 000 km², est une zone frontière entre le Haut Rif central et le Maroc oriental. Il peut, du point de vue géographique et économique, être divisé en deux grandes régions : les moyennes montagnes de l'ouest et du nord peuplées d'agriculteurs, et les plaines du sud occupées par les nomades.

Les moyennes montagnes de l'ouest et du nord, adossées à la Méditerranée, appartiennent à la chaîne rifaine. Dans ces territoires, relativement exigus et pauvres en ressources, vivent des sédentaires agriculteurs qui cultivent principalement les céréales (le blé et surtout l'orge), élèvent quelques moutons et pratiquent un peu de pêche sur la côte. Cette région est la plus peuplée du Rif oriental.

Les vastes plaines et plateaux, encerclant une série de montagnes bien individualisées dans la partie sud du Rif oriental, annoncent déjà la steppe du Maroc oriental : paysage blanc, décharné, au climat continental et aride, avec pour seule couverture végétale le jujubier et l'alfa. C'est le domaine de nomades transhumants, éleveurs de chameaux et surtout de moutons, pratiquant dans les plaines la culture extensive de céréales. Contrairement aux grands nomades de l'Est marocain, leur transhumance n'implique pas de longs déplacements. Ils se contentent de dresser leurs tentes sur les hauteurs en été et ils descendent dans les plaines en hiver. Leur installation dans la région est très ancienne et il est très probable qu'ils soient venus, à une époque reculée, des steppes pré-sahariennes et de l'est maghrébin, et qu'ils aient occupé une vaste région dont les horizons ouverts leur convenaient. Ici la densité de population est très faible.

Cette division entre deux groupes de populations et deux genres de vie doit cependant être nuancée. Tous ces groupes, à l'exception des Ulad Settut qui sont arabophones, parlent le même dialecte berbère. Les pratiques et les techniques utilisées en agriculture et pour l'élevage sont les mêmes chez les nomades et chez les sédentaires.

D'autre part, il n'est pas rare que des groupes nomades émigrent vers les zones sédentaires et s'y installent sans que cela pose de graves problèmes de reconversion. Inversement, des sédentaires quittent parfois leur maison pour adopter la tente et vivre parmi les nomades.

Malgré ces liens, les nomades et les sédentaires se disputent une série de plaines (Sepsa, Amesdane, Gareb, Bu-Arg) qui sont à la frontière des deux régions. Originellement, ces plaines appartenaient aux nomades. Les groupes sédentaires leur ont acheté, et parfois même arraché de force, une partie de ces terres, relativement plus fertiles que celles des montagnes.

Les Iqar'iyen font partie des groupes sédentaires. Comme les Ait Tuzine, les Temsaman, les Tafersit, les Ait Waryechek (Beni Oulichek en arabe), les Ait Said et les Ichebdanen (Kebdana), ils cultivent les céréales à sec et n'irriguent que quelques jardins et terrasses, principalement des fruits et des oliviers. Si leur territoire, qui s'étend sur 1 000 km², est le plus original et le plus diversifié du point de vue géographique, il ne leur procure cependant que de maigres ressources. Ici, la population est plus dense que dans les autres régions du Rif oriental et du Maroc rural.

Pour accroître leurs moyens de subsistance, les Iqar'iyen ont dû diversifier leurs ressources. Grâce à la conquête d'une partie des plaines avoisinantes, à l'émigration temporaire en Algérie et aux échanges commerciaux avec l'intérieur du Maroc, ils ont pu souvent éviter les famines qui les menaçaient en permanence.

Le manque de données quantitatives interdit d'analyser avec précision les faits géographiques, démographiques et économiques de cette région. Néanmoins les informations d'ordre qualitatif dont on dispose sont loin d'être négligeables.

2. Les terroirs

La plus grande partie du territoire iqar'iyen est constituée par trois montagnes. Au nord, le massif des Trois Fourches, presqu'île de 25 km de long, culminant à 400 m d'altitude, promontoire constitué d'un dôme volcanique adossé à une pointe de roche primaire, est un pays décharné d'une grande pauvreté. Au centre le Jbel Gourougou, puissante masse volcanique, avec ses épaisses murailles et ses pitons de lave, domine tout le territoire iqar'iyen. Le plus haut sommet atteint 900 m. Des vallées profondes et étroites, relativement bien arrosées, se dégagent dans la partie septentrionale et au voisinage de Melilla. Ailleurs, ce pays rocailleux ne permet pas l'implantation d'une vie agricole. Au sud, le massif dit des Beni Bu Ifrur (dont le sommet, Wixan, s'élève à 600 m) recèle le plus riche gisement de fer du Maroc. De longs glacis le raccordent aux plaines du Gareb et du Bu-Arg, dans sa partie sud. Ces trois montagnes se prolongent vers l'ouest du territoire iqar'iyen et entaillent en divers endroits le bassin de l'oued Masin, une cuvette où a pu se développer une arboriculture constituée essentiellement d'oliviers et d'amandiers. Quoique moins massives, moins élevées et moins impressionnantes que les montagnes du Haut Rif, ces chaînes présentent les mêmes caractéristiques : relief très accidenté, vallées étroites, gorges profondes, côtes rocheuses à hautes falaises isolant ce territoire de la Méditerranée.

Les Iqar'iyen possèdent en outre une partie des plaines de Gareb et du Bu-Arg. La première est une vaste cuvette qu'ils partagent avec les nomades Ait Bu Yahyi (en arabe : Beni Bu Yahi). La seconde, qui affecte la forme d'un croissant, borde une vaste lagune — appelée Sebkha Bu-Arg par les Rifains et Mar Chica par les Espagnols — de 114 km², séparée de la mer par un cordon dunaire de 24 km.

Le territoire iqar'iyen est entièrement dénudé. L'absence de couverture végétale semble assez ancienne. En 1913, un officier espagnol, décrivant cette région, remarque : « La végétation n'est pas abondante dans les différents secteurs de cette tribu [Iqar'iyen]. La région montagneuse est seulement couverte de buissons quand elle n'est pas entièrement pelée » (Donoso Cortes 1913 : 188).

Un géographe pense qu'il n'en fut pas toujours ainsi : « Quelques très beaux sapins d'Alep dans la presqu'île des Trois Fourches et sur le Gourougou témoignent d'une couverture végétale jadis plus dense » (Troin 1967 : 12).

Les Iqar'iyen parlent eux-mêmes d'une forêt qui couvrait ces montagnes dans un temps très lointain qu'il leur est difficile de situer. Ils affirment que les habitants de l'époque brûlèrent les arbres pour gagner ces terres à la culture et pour se débarasser des bêtes féroces qui pillaient les récoltes et tuaient les animaux domestiques. Il n'est pas possible de savoir quand ce déboisement commença et quand il se termina. Il est à peu près sûr qu'au XIXe siècle la forêt avait presque entièrement disparu.

Les terres sont soumises à une forte érosion. On peut facilement en voir les effets aujourd'hui. De grandes failles marquent en de nombreux endroits les montagnes, dont certains secteurs prennent l'allure de *bad-lands*. L'espace cultivable se réduit d'année en année, et la fertilité des terres diminue, aussi bien sur les pentes que dans les vallées. Il n'est pas rare qu'une parcelle soit profondément marquée par des rides. Dans certains endroits, il ne reste d'une parcelle qu'un bout de terrain bordé de précipices et que les paysans s'acharnent à cultiver.

Le pays iqar'iyen est caractérisé par un climat semi-aride : hiver court (novembre à mars) et été long (avril à octobre). Les températures varient entre un minimum de trois à cinq degrés selon les secteurs, et un maximum en juillet-août de quarante degrés.

La pluviométrie est le principal souci des paysans. Les précipitations varient d'année en année entre 200 et 500 mm, et les périodes de sécheresse sont fréquentes. Les agriculteurs estiment qu'ils peuvent faire une bonne récolte une année sur trois ou quatre. Ils sont donc obligés de ne pas consommer toute leur production dans l'année et d'emmagasiner dans des silos souterrains une partie de leurs récoltes, en prévision des mauvaises années.

Ces mauvaises conditions climatiques affectent le réseau hydrographique de la région et empêchent toute irrigation étendue des terres. De nombreuses petites rivières se frayent un chemin dans les montagnes. Seules, deux d'entre elles sont d'une utilité relative pour certains groupes iqar'iyen : l'oued Masin qui se jette dans l'oued Kert permet d'arroser quelques jardins, et le rio de Oro ou oued Farkhana, qui débouche du Gourougou et aboutit à Melilla, irrigue quelques terrasses où la culture maraîchère s'est quelque peu développée.

Les autres rivières ne sont en fait que de petits cours d'eau souvent à sec. Pendant la longue saison d'été ne subsistent çà et là que quelques flaques d'eau croupissante, sources d'épidémies dans le passé. En hiver, à la suite de violents orages, les cours d'eau débordent, inondent les terres avoisinantes et aggravent dans certains endroits l'érosion du sol. Pour pallier cette faiblesse du réseau hydrographique, les Iqar'iyen creusent des puits artésiens et utilisent l'eau de ces puits pour irriguer leurs jardins. L'existence d'une vaste nappe phréatique à faible profondeur a permis d'aménager quelques parcelles dans les vallées pour la culture maraîchère. Sauf sur le versant oriental du Gourougou, cette eau contient un fort pourcentage de sel marin, ce qui empêche l'extension de l'irrigation sur une vaste zone.

Les terres de plaines ne sont pas aussi dégradées que celles des montagnes. C'est pourquoi les Iqar'iyen ont cherché à en acquérir. Selon les agriculteurs, leur rendement est au moins quatre à cinq fois supérieur à celui des parcelles en montagne. Mais, là comme ailleurs, le climat semi-aride et la faible pluviométrie pèsent lourdement sur les récoltes. Ainsi, ce territoire iqar'iyen n'offre à ses habitants que de maigres ressources. Pourtant, c'est une région très peuplée.

3. Quelques données démographiques

Un voyageur français (de Segonzac 1903), qui visita la région au début du XXe siècle, fut impressionné par le nombre d'hommes que pouvaient aligner les Iqar'iyen. Il estime leur force à douze mille hommes et déclare qu'aucun autre groupe du Rif oriental ne possède une « armée » aussi nombreuse. Si l'on se fonde sur ce chiffre, et que l'on y ajoute les femmes et les enfants, on arrive à une population globale de cinquante mille habitants, chiffre qui est donné par un aventurier qui séjourna dans la région à la même époque (Delbrel 1911). Ces estimations ne s'appuient sur aucun recensement. Néanmoins, elles semblent proches de la réalité démographique de cette région. Selon nos propres calculs, la densité de population devrait être comprise entre quarante et cinquante habitants au kilomètre-carré[1]. Dans un Maghreb relativement peu peuplé, seule la Kabylie peut soutenir la comparaison (Bernard 1921 : 137).

Au stade actuel de nos connaissances sur l'histoire démographique

---

1. Le recensement officiel de 1960 donne pour les Iqar'iyen un chiffre dépassant les cent dix mille habitants, avec une densité moyenne de cent dix sept habitants au km^2. Si l'on accepte les chiffres avancés par De Segonzac et Delbrel pour le début du XXe siècle, cela signifierait que la population a seulement doublé entre 1900 et 1960. Cette hypothèse nous paraît proche de la réalité. En effet, les différentes guerres locales (1909-1912, 1921-1926) et extérieures (guerre civile espagnole, 1936-1939) auxquelles participèrent les Iqar'iyen, les périodes de famine (la dernière se situant durant la seconde guerre mondiale) et les mauvaises conditions sanitaires empêchant la réduction de la mortalité infantile jusqu'à la fin de la deuxième guerre mondiale, n'ont permis qu'une très faible croissance économique avant 1960.

de cette zone de la Méditerranée, aucune hypothèse sérieuse ne permet de comprendre ce phénomène. Comme d'autres tribus du Maroc et du Maghreb, les Iqar'iyen subirent au XIXe siècle plusieurs périodes de famine. Les épidémies étaient fréquentes et la mortalité infantile élevée. On peut donc difficilement soutenir que cette forte densité de population soit l'effet d'une croissance démographique d'un groupe de paysans sédentaires installés là depuis des siècles. Par ailleurs, l'hypothèse selon laquelle des groupes nomades affluant dans la région auraient repoussé vers la montagne inhospitalière une population sédentaire doit être écartée. C'est le contraire qui peut être affirmé : les Iqar'iyen ont, depuis le XVIIe siècle, étendu progressivement leur territoire aux dépens de leurs voisins nomades, leur ôtant la plaine du Bu-Arg et une partie de celle du Gareb. Enfin, il est difficile de croire que le pouvoir central du sultan ait été de quelque manière responsable de cette forte implantation humaine dans cette région. Outre qu'aucun document n'étaye une telle hypothèse, il faudrait encore expliquer pourquoi ces « transplantés » ou ces « réfugiés » sont restés dans un environnement aussi peu accueillant. De plus, comme nous le verrons, ce territoire a toujours connu un mouvement migratoire de population. Aucun des groupes que nous avons recensés ne se dit originaire de ce territoire. Tous reconnaissent être venus d'ailleurs. La tradition orale conserve le souvenir de nombreux autres groupes qui ont dû s'exiler pour diverses raisons. Ces arrivées et ces départs ont dû être fréquents, et l'on voit mal comment un pouvoir central relativement faible aurait contrôlé et orienté ce mouvement qui s'est étendu sur des siècles.

Les différentes hypothèses évoquées ici ont été élaborées pour des sociétés paysannes faibles militairement et soumises à des pressions extérieures de groupes puissants. Or, un fait s'impose : les sédentaires du Rif sont des guerriers et ne se conforment en aucun cas à cette image du paysan, européen ou autre, écrasé ou dominé par des féodaux, des nomades ou un pouvoir central. Il suffit de rappeler que les Iqar'iyen ont résisté pendant trois ans (1909-1912) à une armée espagnole disposant de moyens militaires et logistiques autrement plus importants que leurs fusils et que, durant la longue guerre du Rif (1921-1926), près de cent mille hommes de cette région ont pu tenir en échec deux puissances européennes (l'Espagne et la France).

Pour rendre compte de la densité élevée de population à l'aube du XXe siècle, il serait nécessaire de mieux connaître l'histoire démographique du Maghreb, de modifier la conception que nous avons des sédentaires, d'admettre enfin la validité limitée des explications invoquées d'ordinaire pour ce genre de phénomènes. Nous ne pouvons ici que constater la présence de cette surpopulation dans un territoire à faibles ressources.

4. La vie matérielle et économique traditionnelle des Iqar'iyen

Dans ces conditions de surpopulation, toutes les parcelles cultivables, même les plus petites situées sur les pentes des collines et dans les vallées étroites, sont exploitées. Comme les autres populations d'Afrique du Nord, les Iqar'iyen utilisent l'araire manche-sep. Celui-ci « est léger, souple, très maniable et réparé facilement. Le soc ne pénètre pas dans le sol. Il n'éventre ni ne tranche, il écorche la terre, la gratte de quelques centimètres à peine » (Haudricourt 1955 : 252).

Selon les agriculteurs et selon les qualités de la terre, deux méthodes sont pratiquées : ou bien on laboure avant de semer, ou bien on répand les graines sur le sol non labouré avant de passer l'araire. Aucune terre n'est laissée en jachère. Personne ne peut se permettre de laisser reposer le sol quand on sait pertinemment que la terre ne donnera une bonne récolte qu'une année sur trois ou quatre.

Certains jardins sont irrigués par puits ou en utilisant une source. D'étroites terrasses, peu nombreuses, sont aménagées pour des cultures fruitières là où c'est possible. Les informateurs expliquent qu'étant donné la diversité d'origine des habitants, l'importation de différentes techniques pour multiplier les ressources agricoles a été facile. Toutefois, constatent-ils aussi, cela n'a pas su enrayer l'érosion et la dégradation des terres de montagne. C'est pourquoi les plaines avoisinantes ont été convoitées et arrachées aux nomades.

L'extension vers les plaines

Comme nous l'avons signalé, la plaine de Bu-Arg et une partie de celle du Gareb sont occupées par les Iqar'iyen. Selon un récit, cette plaine couverte d'une forêt faisait partie du domaine du sultan. Celui-ci en fit don à un groupe *chorfa* venu s'installer dans la tribu des Ait Bu Ifrur. A la suite de la pression des groupes « laïcs » iqar'iyen, ces *chorfa* furent obligés de leur céder progressivement la plus grande partie de cette plaine[2]. L'acquisition des terres dans la plaine du Gareb semble plus récente. Là, les Iqar'iyen ont dû affronter un groupe nomade, les Ait Bu Yahiyi. Le Gareb servait de pâturage et était en partie utilisé pour la culture extensive des céréales. Certains Iqar'iyen en quête de terres occupèrent par la force des parcelles et forcèrent les individus ou groupes propriétaires à les vendre.

Toutes ces terres de plaines sont réservées à l'agriculture. Les sédentaires continuent à habiter dans la montagne et descendent labourer, semer, sarcler et moissonner leurs parcelles. Des tours de garde sont organisés pour empêcher le vol ou la destruction des récoltes arrivant à maturité. Certains agriculteurs aménagent de petites huttes qui leur servent d'abri pour dormir lors des travaux. Le rendement de ces terres est nettement supérieur à celui de la montagne. Mais le manque d'eau s'y fait sentir tout autant.

L'émigration temporaire vers l'Algérie coloniale

Les ressources agricoles étant insuffisantes, beaucoup de cultivateurs partent vers l'Algérie, où ils travaillent chez des colons français de la région d'Oran. Il est difficile de savoir quand cette émigration a commencé et si, avant la colonisation de l'Algérie, les Iqar'iyen cherchaient déjà au-dehors les moyens d'augmenter leurs revenus. La seule chose à peu près sûre, c'est que, vers 1880, cette émigration est déjà bien établie.

Le chef de famille part ou envoie un ou plusieurs de ses fils. Ceux qui restent sont chargés de surveiller les travaux agricoles. Un homme sans enfants peut louer sa terre et partir. Comme le dit un informateur : « Il y avait toujours moyen de s'arranger. » Le séjour en Algérie est relativement court, entre deux et quatre mois. Certains Iqar'iyen partent chaque année, d'autres quand le besoin s'en fait sentir.

Les émigrants utilisent deux routes : l'une le long de la côte méditerranéenne, l'autre à l'intérieur des terres pour arriver à la ville frontalière d'Oujda, située en territoire marocain, avant l'entrée en Algérie. Le voyage n'est pas sûr, surtout lors du retour. Les voleurs dévalisent les voyageurs et parfois même les tuent. Aussi les départs

---

2. Voir le chapitre 11.

et les retours se font-ils toujours en groupes, mais cela ne suffit pas à assurer la sécurité des émigrants. Pour échapper aux dangers, les voyageurs ont recours à différents stratagèmes. Un *cherif* investi d'un prestige religieux les accompagne. Cette protection d'un homme de la *baraka*, ou bénédiction divine, doit en principe décourager les voleurs par peur de la malédiction du *cherif*. Cette précaution n'est pas toujours suffisante, car parfois l'appât du gain facile est plus fort que la peur. Parfois un système de relais est organisé entre le territoire iqar'iyen et Oujda. A chaque étape, des groupes armés des territoires traversés prennent en charge les voyageurs et les accompagnent jusqu'au relais suivant où d'autres groupes assurent leur défense. Grâce à cette chaîne ininterrompue de groupes protecteurs, le voyage offre moins de difficultés.

Cette émigration prit une plus grande ampleur lorsqu'une liaison maritime fut établie à la fin du XIXe siècle entre Melilla et Oran. La ville espagnole ne devint un véritable port qu'après 1892, et des bateaux firent alors la navette entre cette enclave et l'Algérie. Beaucoup d'émigrants prirent l'habitude de revenir en bateau mais continuèrent à faire le voyage aller par les routes traditionnelles.

Arrivés en Algérie, ces émigrants sont employés « à la tâche » par le colon. Celui-ci demande à un groupe d'émigrants de désigner un responsable. C'est à lui qu'il remet le salaire global quand le travail demandé est achevé. Les émigrants devaient se mettre d'accord entre eux pour se répartir les tâches et le salaire respectif de chacun. Cette forme de contrat a l'avantage de réduire les contacts entre les rifains et les colons « infidèles ». Lorsque le travail est terminé, les groupes d'émigrants cherchent une autre « tâche » ou entreprennent le voyage de retour s'ils s'estiment satisfaits. L'argent français ainsi gagné est converti en monnaie marocaine à Oran ou à Oujda. On fait quelques achats, mais la majeure partie de la somme gagnée est ramenée et sera dépensée dans le territoire iqar'iyen.

Les marchés et le commerce

Selon les jours de la semaine, le marché ou *souk* se tient dans des sites différents du territoire iqar'iyen. Ainsi, par exemple, ceux dits du jeudi (*souk el Khemis*) et du dimanche (*souk el Ḥad*) ont lieu dans des endroits distincts de la tribu Ait Bu Ifrur. Les autres *souk* sont situés chez les Ait Shishar, Ait Sider, Ait Bu Yafar et Imazujen, les quatre autres tribus de la confédération.

L'espace réservé au marché n'est pas clôturé. On peut y accéder de tous les côtés. Il est placé sur le territoire d'un segment de la tribu dénommé ci-après la fraction, et sous sa responsabilité. Seuls les membres de ce segment ont le droit d'avoir des armes et de faire la police dans ce marché. Tous les autres doivent en principe déposer leurs fusils à l'extérieur de cet espace. En effet, le *souk* est un lieu où les échanges doivent être pacifiques. Tout homme qui utilise la violence dans ce lieu doit être sévèrement puni. Il est passible d'une forte amende qui sera répartie entre le groupe agressé et la fraction responsable du marché. En outre, celle-ci, assistée par les autres segments de la tribu, détruira la maison du coupable et dévastera ses champs sans qu'il puisse, en principe, s'y opposer, et sans que ses agnats puissent le défendre. Si cette règle n'est pas appliquée, il s'ensuit la disparition du marché où la fraction s'est révélée incapable de faire respecter l'ordre. Plusieurs sites ont ainsi été abandonnés et remplacés par d'autres.

La fraction responsable du marché ne perçoit des commerçants aucune taxe d'entrée. Nos informateurs connaissent l'existence d'une taxe appelée *meks* dans le centre du Maroc, là où le pouvoir du sultan était fort, mais ils affirment qu'elle est contraire aux lois islamiques et qu'elle n'a jamais été perçue chez eux.

Le marché commence tôt le matin et se termine vers midi ou une heure. En principe, il est interdit aux femmes, sauf aux vieilles femmes qui peuvent y faire quelques emplettes. Comme beaucoup de marchés traditionnels maghrébins, c'est un centre de réunions où les nouvelles sont colportées, transmises, où l'on discute des conflits en cours entre individus, familles et groupes. C'est là que les contacts sont pris pour arranger les mariages. Des spécialistes de l'agriculture appelés *shioukh el fallaha* sont consultés par des sédentaires pour les contrats d'association et de location des terres. Un *qadi*, ou juge coranique, donne son avis sur la conformité de telle ou telle conduite par rapport à l'Islam. Les hommes affluent de toutes les tribus iqar'iyen et aussi d'autres tribus. C'est également l'occasion de prendre des décisions graves quand elles s'imposent. Ainsi, au cours d'un fameux marché du vendredi en 1909, les Iqar'iyen réunis décidèrent d'attaquer les ouvriers espagnols pour s'opposer à la construction du chemin de fer devant relier les mines de Wixan à Melilla. Ce fut le début d'une guerre qui dura trois ans.

Toutes les transactions commerciales se déroulent sur le marché. C'est le seul endroit où l'on peut s'approvisionner en produits de toutes sortes. Dans le marché, l'artisanat local n'a qu'une petite place. Quelques forgerons remplacent les fers à cheval ou le soc de l'araire. Des potiers, peu nombreux, proposent quelques jarres et des plats en argile. Des tisserands-tailleurs fabriquent des djellaba (longue robe à manches longues et à capuchon), des vanniers vendent des selles de mulets et des paniers en alfa. Mais la majeure partie des produits manufacturés est importée de l'intérieur du Maroc. Selon nos informateurs, les tissus anglais, les marmites en cuivre, les théières, les verres, etc. affluèrent dans leur région à la fin du XIXe siècle. Il est difficile de dire si la faiblesse de l'artisanat local est due à cette importation, ou si les Iqar'iyen avaient pris l'habitude depuis longtemps de faire venir des biens de l'intérieur du Maroc.

De nombreux commerçants ambulants pratiquent les marchés de la région. Certains d'entre eux sont juifs et vivent parmi les Iqar'iyen. En plus de leur activité commerciale, ils fabriquent les bijoux en argent pour les femmes. Les autres commerçants sont étrangers à la région. Les Iqar'iyen viennent vendre quelques produits vivriers en très faible quantité : du beurre, quelques œufs, quelques fruits de leurs jardins et, très rarement, des céréales. Ils sont plutôt acheteurs, grâce à l'argent gagné en Algérie. Quand une récolte s'annonce mauvaise, les commerçants vont chercher loin, du côté de Fez, le grain nécessaire pour faire la soudure. Au moment de la fête d'Aid El Kebir, où l'on doit sacrifier un mouton par famille, ce sont les groupes nomades qui amènent et vendent leur bétail sur le marché. Les fruits et les légumes viennent soit de la région d'Oujda, soit de celle de Taza, ou même de la région de Fez. Le volume des achats de marchandises provenant de l'intérieur du Maroc est difficile à estimer, et l'on connaît assez mal les circuits commerciaux entre le Rif oriental et le reste du Maroc.

Le problème de Melilla

Si les transactions avec l'intérieur du Maroc sont relativement importantes, celles avec Melilla, occupé par les Espagnols, restent faibles. Les marchés locaux sont interdits aux « infidèles ». Les

Iqar'iyen, par contre, ont le droit de visiter la ville et d'échanger leurs produits. En fait, jusqu'à la fin du XIXe siècle, Melilla, comme les autres présides espagnols, « ne vivait que d'une piètre existence. Exposés sans cesse aux harcèlements des Rifains, ces établissements manquaient souvent de bois, de pain et même d'eau, qu'il fallait parfois faire venir de Malaga. Ils servaient de lieu de relégation ; les fugitifs de leur bagne alimentaient le corps des renégats au service du Makhzen » (Miège 1961-1963 : II, 350). Jusqu'en 1892-1893, Melilla n'avait pas de port, mais un « mouillage ouvert qui par vent d'est présentait de grands dangers » et les velléités d'établir un port franc n'eurent pas de suite (Miège 1961-1963 : II, 351).

La seule activité relativement lucrative des Espagnols de Melilla était la contrebande d'armes « à laquelle plusieurs maisons... de Malaga participaient » (Miège 1963 : IV, 63). Ce n'est qu'ainsi que les Iqar'iyen et d'autres Rifains, qui disposaient uniquement de fusils à un coup, purent se procurer un matériel de guerre plus moderne. Les armes achetées aux soldats et aux trafiquants espagnols étaient utilisées par les Iqar'iyen pour les attaquer et les harceler, et le gouvernement espagnol chercha vainement à endiguer ce trafic.

Après la guerre hispano-marocaine de 1860, les Espagnols avaient obtenu du sultan marocain le droit d'élargir Melilla. Ils ne commencèrent les travaux qu'en 1892-1893, provoquant une réaction très violente des Iqar'iyen, car ils avaient souillé le mausolée d'un *cherif* très vénéré, Sidi Wariyach. Les incidents qui s'ensuivirent faillirent provoquer une nouvelle guerre entre les deux puissances. Le sultan dut indemniser les Espagnols et envoyer une garnison pour séparer les deux camps.

L'agrandissement de Melilla et la construction d'un port permirent l'accroissement des transactions commerciales avec les Iqar'iyen. Ce furent, semble-t-il, des commerçants français qui profitèrent de ces nouvelles facilités et firent affluer toutes sortes de produits vers le Rif oriental. Les Iqar'iyen obtinrent ainsi plus facilement les produits manufacturés et de consommation. De plus, ils devinrent des commerçants transitaires. Les Européens qui débarquaient leurs marchandises à Melilla ne pouvaient pas pénétrer dans le Rif. Ils étaient obligés de les vendre essentiellement à des Iqar'iyen, ces derniers se chargeant de les revendre avec profit aux autres Rifains. Une nouvelle source de revenus était ainsi trouvée. De nouveau, faute d'informations précises, il est difficile d'en connaître l'ampleur.

En bref, les Iqar'iyen, trop nombreux sur un territoire pauvre en ressources, utilisent différents moyens pour augmenter leurs revenus. Est-ce à dire qu'ils sont toujours parvenus à résoudre leurs problèmes alimentaires ? Rien ne permet de l'affirmer. Comme d'autres habitants du Maroc rural, ils ont eu à affronter des famines, et certaines familles ou groupes n'ayant pas suffisamment de réserves pour faire face à la situation ont dû s'exiler. Mais, si l'on en croit nos informateurs, ces départs étaient très vite compensés par l'arrivée de nouveaux émigrants.

D'après ces données, les Iqar'iyen de la fin du XIXe siècle apparaissent non pas comme des paysans s'enfermant dans leur milieu et refusant tout contact, toute influence du « monde extérieur », mais au contraire comme des sédentaires qui s'adaptent avec une relative facilité à l'environnement économique, social et politique. Ils acceptent d'importer des techniques agricoles qui leur sont étrangères, des produits manufacturés qui ne sont pas fabriqués chez eux. Malgré les risques, ils s'aventurent dans un milieu hostile, un pays musulman occupé par des « infidèles ». En écoutant parler les anciens, on aperçoit chez eux une curiosité peu commune. Cette souplesse a peut-être été forgée par la nécessité, mais, à travers le temps, elle est devenue un trait de caractère très répandu chez les Iqar'iyen. Comme les plus âgés, les jeunes manifestent cette ouverture au monde extérieur, ce sens de l'initiative, pourvu qu'elle soit payante. Des faits innombrables de la période moderne l'attestent.

Ainsi, après la fermeture des frontières algériennes en 1956 et le renvoi des travailleurs marocains dans leurs foyers, les Iqar'iyen ont réorienté leur émigration temporaire avec une facilité déconcertante. Dès 1960, les départs vers l'Europe se sont multipliés et ont pris en quelques années une grande ampleur. Il faut avoir vécu parmi les Iqar'iyen pour voir comment ils utilisent tous les subterfuges pour partir dans ces pays inconnus. En quelques années, l'aspect du pays iqar'iyen s'est transformé, et l'on peut sans exagération parler d'un « boom » économique dont nous ne connaissons pas l'équivalent dans d'autres régions du Maroc. Le commerce, la construction de nouvelles maisons et la spéculation immobilière se développent avec rapidité. Réchauds à gaz, radio-transistors, magnétophones à cassettes sont de plus en plus utilisés par les familles. Parfois même, des réfrigérateurs et des télévisions sont achetés par des Iqar'iyen qui, faute de réseau électrique, les branchent sur des batteries d'automobiles.

Dans ce contexte moderne, l'importance économique des ressources agricoles du pays s'est encore affaiblie. Mais ses habitants restent, comme leurs ancêtres, très attachés à ce territoire qui est la source de leur identité sociale et qui, de ce point de vue, est fortement valorisé.

Photo 1
Un ancien initie de jeunes iqar'iyen à leur culture en leur racontant les faits et gestes des hommes du passé.

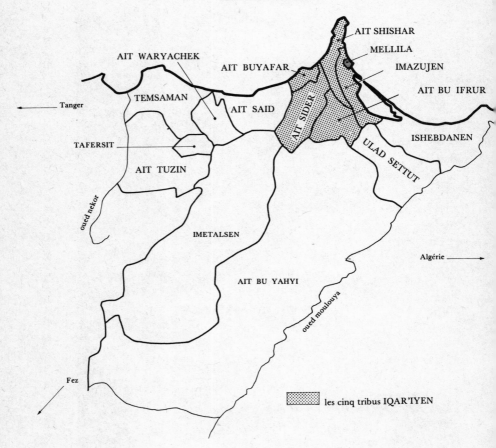

Figure 2
Les tribus du Rif oriental

MER MÉDITERRANÉE

AIT SHISHAR

MELLILA

IMAZUJEN

AIT WARYACHEK

AIT BUYAFAR

AIT BU IFRUR

Tanger

TEMSAMAN

AIT SAID

AIT SIDER

ISHEBDANEN

TAFERSIT

ULAD SETTUT

AIT TUZIN

oued nekor

IMETALSEN

Algérie

AIT BU YAHYI

oued moulouya

Fez

les cinq tribus IQAR'IYEN

2 | Le territoire et la disposition segmentaire

Les anthropologues ont distingué deux principes opératoires dans la disposition d'une société segmentaire : la territorialité et la filiation unilinéaire (généralement la patrilinéarité). Selon les sociétés étudiées, ces deux principes se combinent différemment. Le cas des Iqar'iyen demande à être analysé de ce point de vue.

Ici, six niveaux peuvent être distingués, depuis la confédération jusqu'à la maison composée d'une famille restreinte ou étendue. Les segments des niveaux un à quatre sont exclusivement des unités territoriales et c'est à partir du niveau cinq que patrilinéarité et territorialité s'articulent l'une avec l'autre. Autrement dit, les membres de la confédération, de chacune des cinq tribus, des fractions, et des communautés territoriales ne se reconnaissent aucune parenté commune, ne prétendent pas être les descendants d'un ancêtre qui aurait fondé le groupe territorial correspondant. C'est seulement au cinquième niveau, celui du quartier, que les habitants ont entre eux une relation de parenté agnatique (cf. fig. 3 et 4).

1. Caractéristiques des différents groupes segmentaires

Dans les sociétés segmentaires, les unités des différents niveaux sont similaires et répétitives et se définissent par leur relativité structurale. Comme le terme *cieng* chez les Nuer (Evans-Pritchard 1940 : 162), celui de *thaddart* (de l'arabe *dar*) pour les Iqar'iyen désigne la maison, mais aussi tous les autres segments : quartier, communauté territoriale, fraction, tribu et confédération. Néanmoins, chaque segment a ses propres caractéristiques.

Figure 3
La structure segmentaire

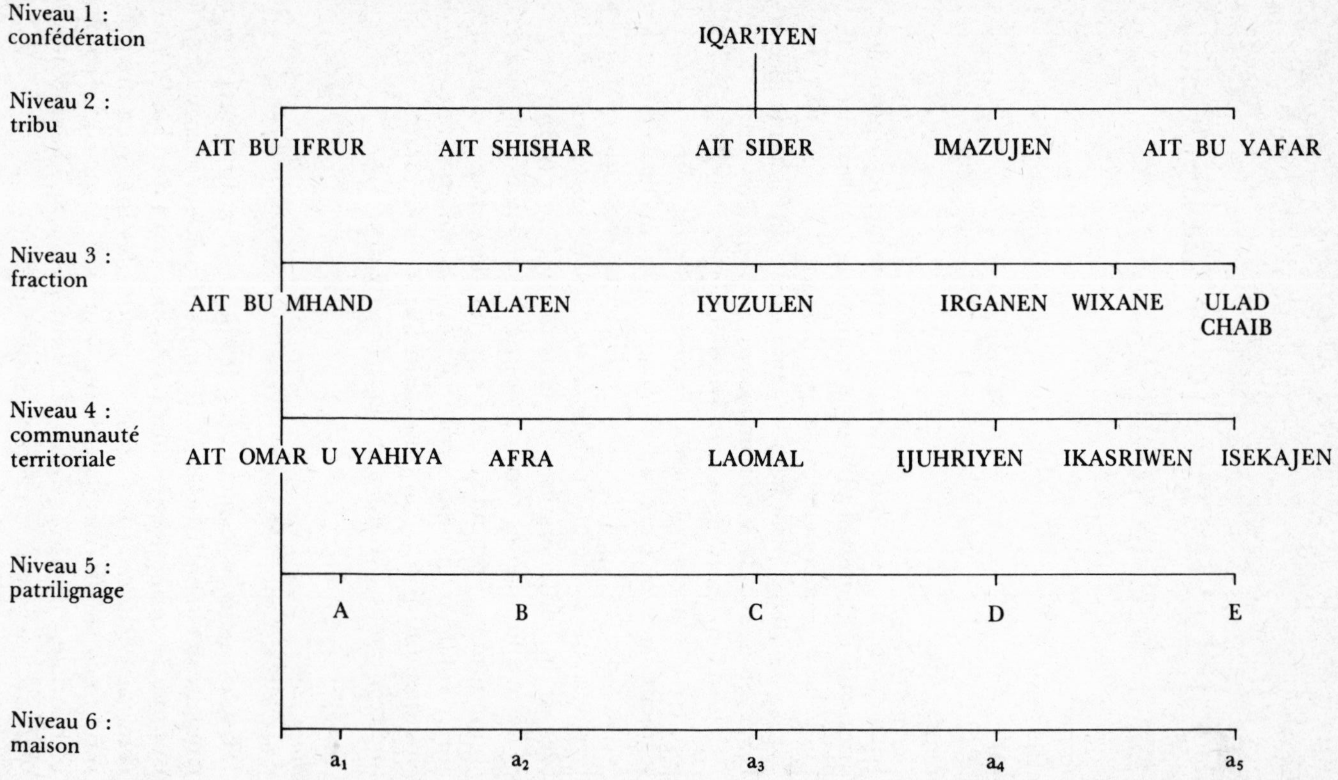

Niveau 1 : confédération — IQAR'IYEN

Niveau 2 : tribu — AIT BU IFRUR, AIT SHISHAR, AIT SIDER, IMAZUJEN, AIT BU YAFAR

Niveau 3 : fraction — AIT BU MHAND, IALATEN, IYUZULEN, IRGANEN, WIXANE, ULAD CHAIB

Niveau 4 : communauté territoriale — AIT OMAR U YAHIYA, AFRA, LAOMAL, IJUHRIYEN, IKASRIWEN, ISEKAJEN

Niveau 5 : patrilignage — A, B, C, D, E

Niveau 6 : maison — a_1, a_2, a_3, a_4, a_5

La confédération des tribus

Cette unité constitue le plus vaste ensemble regroupant la population. Le nom propre qui la désigne, Iqar'iyen, est un terme très ancien et personne ne se souvient de son origine. Selon les informateurs, « ce pays est ainsi désigné depuis une époque fort lointaine (*rwaqt el qeddim*), et il en a toujours été ainsi ». Cet ensemble est nommé *khams khemmas*, « cinq cinquièmes ». Et on dénombre en effet cinq tribus. Mais, dans un autre sens, le terme désigne une population nombreuse, unie comme les cinq doigts de la main et de ce fait puissante, redoutable et redoutée pour sa force. Des groupements autres que la confédération peuvent être appelés ainsi sans que les unités qui les composent soient nécessairement au nombre de cinq[1]. Aux yeux de nos informateurs l'expression *khams khemmas*, quand elle est appliquée à la confédération, désigne une force qui n'a pas d'équivalent dans le Rif oriental. En effet, dans cette région, le plus vaste ensemble est généralement la tribu (*thaqbitch*). C'est par ce terme que sont désignés et que se désignent eux-mêmes les Ait Said, les Imetalsen et les Ait Bu Yahiyi. Seuls les Iqar'iyen ont établi une unité d'un niveau supérieur et ont pu ainsi regrouper une population plus vaste. Cette différence est parfois exprimée par certains, qui affirment : « Nous ne sommes pas des Rifains, mais des Iqar'iyen; notre territoire n'est pas inclus dans le Rif, c'est le pays iqar'iyen. » D'autres informateurs, sans invoquer cet argument, disent : « Regardez alentour : nous sommes les seuls à être aussi nombreux, à avoir regroupé autant de gens. » De ce point de vue, les Iqar'iyen ne constituent pas une tribu qui s'opposerait éventuellement à une tribu extérieure du Rif oriental, mais une confédération, c'est-à-dire le plus vaste ensemble qui soit. Si jamais, par exemple, les Ait Bu Yahiyi s'attaquaient à un groupe iqar'iyen quelconque, c'est le *khams khemmas*, c'est-à-dire la confédération des cinq tribus, qui devraient réagir.

Tout en insistant sur la particularité de cet ensemble, nos informateurs disent ignorer son origine, ou bien ils l'expliquent en termes psychologiques. Ils connaissent ce dicton arabe les concernant : *Ghel'i (aqer'i) khedd'i / Wa law yiqra' bi seb'i*, c'est-à-dire : « Un

---

1. Une ligue politique ou *leff* peut être désignée comme un *khams khemmas* si elle est puissante par le nombre d'hommes de valeur (cf. chapitre 7).

Aqer'i est traître / Même s'il a lu les sept livres [saints]. » Autrement dit, il faut se méfier de tout Aqer'i, aussi pieux soit-il. Les Iqar'iyen retournent l'argument et disent que ces paroles sont prononcées par des Rifains, certes braves, mais un peu timorés, parce qu'ils n'ont pas assez d'intelligence, de prudence, d'agilité d'esprit, de sens de la mesure. Ce sont ces qualités, ajoutent-ils, qui nous ont permis de rester aussi longtemps ensemble (formant donc un tout uni, le *khams khemmas*).

Figure 4
Les liens segmentaires

niveaux de segmen- tation	nom berbère	liens territoriaux	liens agnatiques
1	—	confédération de tribu	—
2	THAQBITSH	tribu	—
3	RBA'	fraction	—
4	DSHAR ou JMA'ATH	communauté territoriale	—
5	DSHAR ou JMA'ATH ou THARFIQT	quartier	patrilignage
6	WASHUN	maison	famille étendue ou restreinte

La tribu

Le terme générique *thaqbitch* pour désigner ce segment provient de l'arabe *qabila*. Pour les Iqar'iyen, le mot « tribu » désigne d'une part une unité politique, puisqu'elle agit comme un seul corps contre ce qui la menace, et d'autre part une unité de parenté, car ses membres sont liés par le sang (*damm*) et sont tous « frères » (*khout*). Mais nos informateurs savent bien que la tribu n'est pas pour eux une unité de parenté. Il n'y a aucune généalogie permettant de relier tous ses membres à un ancêtre commun. Le langage de la parenté — « nous sommes tous frères » — est compris par eux dans le sens « comme si », *bhal*. Comme au niveau précédent, le nom propre a une pure fonction de désignation. Les informateurs disent que les noms des tribus sont très anciens, et ils ne savent pas ce qu'ils ont pu signifier.

La fraction

Rba' signifie littéralement « un quart » et, dans un sens général, « fraction » (de tribu). Or, habituellement, chaque tribu n'est pas divisée en quatre segments, mais en cinq. Il est difficile de savoir pourquoi le terme de *khoms* ou « cinquième », utilisé chez les Ait Waryaghel du Rif central, n'est pas appliqué ici. Selon certains informateurs, *rba'* doit être compris par analogie avec le corps : ce sont les quatre membres du corps, ceux qui permettent le mouvement, la marche en avant et l'action humaine : les pieds pour se dresser et les mains armées pour combattre. Ils sont séparés mais indissociables, sans quoi la vigueur, la vitalité, la force du corps et de la tribu sont diminuées. Un estropié, un manchot, ajoute-t-on, sont certes redoutables, mais moins qu'un homme en pleine possession de ses moyens. Toutes ces analogies entre le corps humain et la société sont utilisées pour montrer que ce qui, dans un sens, divise peut, dans un autre sens, unir également. De plus, elles montrent que les Iqar'iyen, leurs sections et sous-sections ne sont pas des collections d'individus, mais des groupes sociaux articulés les uns aux autres.

A ce niveau de segmentation, l'origine du nom de certaines fractions est signalée. Ainsi, par exemple, Wixan signifie en berbère « chevaux », et désigne aussi bien le segment de territoire que le sommet de la montagne Beni Bu Ifrur (où se trouve la mine de fer). On raconte que cette appellation date de l'époque où l'Espagne était encore musulmane. Des cavaliers venant de la péninsule ibérique apparurent en haut de la montagne, d'où le nom de ce site qui s'est étendu par la suite à une fraction de tribu. Pour la fraction

Iyuzulen, il est question d'un dénommé Yuzuli qui aurait séjourné à son retour d'Espagne dans la région qui a pris son nom[2].

Les unités segmentaires des trois niveaux considérés jusqu'ici n'ont d'existence que relationnelle : Iqar'iyen contre tribus extérieures, tribu contre tribu, fraction contre fraction. Seuls certains de ces derniers segments ont des fonctions propres : l'organisation des marchés.

La communauté territoriale

Dshar est l'équivalent du terme arabe *douar* qui désigne originellement, pour des nomades, un campement circulaire délimitant un certain territoire. *Jma'ath*, de l'arabe *jma'a*, dénomme un groupement de personnes dans un espace déterminé. Chez les Iqar'iyen, ces deux termes sont appliqués à une communauté territoriale rassemblée autour d'une mosquée, exploitant un ensemble de terres et ayant une institution, l'*ayraw*, ou « assemblée », pour régler ses affaires.

---

2. La toponymie de certains lieux-dits est souvent liée à des événements historiques durant lesquels des hommes importants ou des groupes se sont distingués. Parfois aussi, ces sites sont associés à des activités professionnelles passées. Ces différents noms peuvent par extension s'appliquer à des fractions, des communautés territoriales ou même à des patrilignages. Outre les exemples de Wixan et Iyuzulen, on peut citer le nom de la communauté territoriale Laomal. Ce nom signifie « les travailleurs » et désigne un espace où, dans le passé, des « ouvriers » recueillaient la poussière de fer charriée par une rivière. Le cas du patrilignage Isharkiyen est particulièrement intéressant ici. Ce nom signifie littéralement « ceux venus de l'est ». Or, l'ancêtre de ce groupe est dit être arrivé de l'ouest, de la tribu Ait Said. L'explication de cette apparente contradiction est que ce patrilignage occupe un site dont il a pris le nom. Ce site est appelé *thawrat u shergui*, « colline de l'oriental ». El Sherqui ou « l'Oriental » désigne l'émir Abdelkader qui, venant de l'Algérie, donc de l'est, séjourna dans la région. Il installa son campement sur la colline qui prit son nom, et qui par la suite fut occupée par le patrilignage Isharkiyen. Il faut noter que les personnages, mythiques ou historiques, dont les noms sont donnés à des sites, ne sont pas toujours des hommes exemplaires ou des hommes qu'on vénère chez les Iqar'iyen. L'émir Abdelkader voulut, dit-on, se faire proclamer sultan par les Iqar'iyen qui refusèrent en majorité de le soutenir et l'obligèrent à quitter leur territoire avec l'aide des soldats du souverain marocain. Un cas plus intéressant est celui d'une colline qui surplombe le village de Azghanghan ou Segangan. Ce site est appelé Azru Hammar ou « Montagne de Hammar ». Selon la tradition orale, ce Hammar fut, dans un temps très ancien, un tyran qui martyrisait les Iqar'iyen. Ceux-ci décidèrent de s'en débarrasser. Un d'entre eux se proposa de le faire à la condition que ses « frères » prennent soin de sa famille après sa mort. Il emmena Hammar sur la colline en le portant sur son dos, et il se précipita dans le vide avec lui. Depuis lors, cette colline porte le nom de Hammar. Ce qui nous frappe ici, c'est que les Iqar'iyen n'ont guère retenu le nom de l'homme qui les sauva, mais celui du tyran.

La mosquée est construite en commun et utilisée par tous les membres des différents patrilignages vivant dans le *dshar*. Les chefs de maison doivent tous fournir une égale quote-part de travail pour bâtir et entretenir ce lieu du culte. Pour répartir les tâches et organiser les travaux, ils délèguent leur pouvoir à l'un d'entre eux, qui prendra le titre de *Sheykh el jami'* ou responsable de la mosquée. Cet homme est aussi chargé de recruter le *fqih*, lettré musulman qui dirige la prière, enseigne le Coran aux enfants et prend soin de la mosquée[3]. Cette position ne donne aucun prestige et aucun droit particulier à son titulaire. Le *Sheykh el jami'* ne prend aucune décision sans en référer aux autres chefs de maisons.

La coutume veut que seuls les hommes résidant dans la communauté territoriale aient le droit d'y posséder des terres. Il n'existe pas de droit collectif lignager ou communautaire sur la terre. Chaque parcelle est appropriée individuellement. La circulation, c'est-à-dire la vente et l'achat de ce bien foncier, ne peut se faire qu'entre les habitants de ce segment.

L'*ayraw*, ou « assemblée », se tient à côté de la mosquée, à l'ombre d'un arbre, généralement après la prière du vendredi. Tous les hommes de la communauté peuvent y assister, mais seuls les chefs de maison possesseurs d'une terre ont droit à la parole. Les autres ne peuvent parler qu'avec leur permission. Les fonctions de cette assemblée sont très diverses : nomination du *Sheykh el jami'*, répartition des tâches pour l'entretien de la mosquée, forage d'un puits collectif, la réparation des routes communales, règlement des conflits entre les patrilignages composant la communauté. L'assemblée ne formule pas de règles coutumières. Elle prend des décisions circonstancielles. Celles-ci ne sont l'objet d'aucun vote. D'ailleurs, ce concept n'a pas de sens ici. Aucune règle de procédure n'existe dans ces assemblées. Les discussions sont très animées : ou bien elles aboutissent à un accord unanime sur telle décision à prendre, ou bien elles ne débouchent sur rien. Il nous paraît exagéré de prétendre, comme l'ont fait certains auteurs, que ces assemblées soient un organe législatif analogue à ceux de la Grèce antique ou de Rome[4].

---

3. Le *fqih* est un étranger à la région, généralement choisi parmi les lettrés du pays Jbala (nord-ouest du Maroc). En règle générale, il n'est engagé que pour une période très limitée.

4. Voir en particulier les thèses de Robert Montagne dans son ouvrage : *Les Berbères et le Makhzen* (Montagne 1930).

Le quartier et la maison

Le quartier est appelé *dshar, jma'ath* ou *tharfiqt*. Les deux premiers termes sont les mêmes que ceux employés pour désigner la communauté territoriale. Le troisième terme, par contre, désigne spécifiquement le quartier, ou cinquième niveau de segmentation. *Tharfiqt* vient de l'arabe *ferqa* qui signifie section. Selon certains informateurs, il provient plutôt de *rafiq*, « compagnon de route » et s'applique à tous les agnats d'un patrilignage parcourant ensemble les chemins de la vie. Le quartier est le lieu de résidence d'un patrilignage. Celui-ci a son « assemblée » ou *ayraw*, dont la composition et les fonctions sont analogues à celles de l'assemblée de la communauté territoriale.

Washun, ou « maison », désigne aussi bien un espace fermé que le lieu de résidence d'un groupe sous l'autorité d'un patriarche. C'est la maison où habite une famille restreinte ou étendue, c'est-à-dire le père, sa ou ses femmes, ses fils célibataires ou mariés (avec leurs épouses et leurs enfants), ses filles non mariées, ses protégés (des individus ou familles vivant sous son toit, utérins ou non apparentés). Nous reviendrons sur ces deux unités, quartier et maison, du point de vue du territoire et de la parenté (section 3 ci-après).

2. Divisions spatiales du territoire

Quand on représente le modèle segmentaire dans un schéma abstrait, on laisse parfois de côté l'aspect empirique de cette structure en arbre : dimension, emplacement, morcellement ou non du territoire des segments, répartition des terres entre les groupes selon leur qualité. Nous voulons ici étudier ces aspects à chaque niveau de segmentation. Nous partirons pour cela de données qui ont été figées par la colonisation et qui, si elles sont considérées de près, permettent de restituer une image plus souple et moins rigide de cette occupation de l'espace.

Les cinq tribus iqar'iyen et leurs fractions

Les territoires des tribus sont de taille inégale ; la plus petite est celle des Ait Bu Yafar, la plus grande celle des Ait Sider (cf. liste ci-dessous où les tribus sont classées du nord-ouest au sud-est).

Ait Bu Yafar	63 km²
Ait Shishar	169 km²
Ait Sider	309 km²
Ait Bu Ifrur	227 km²
Imazujen	222 km²

Toutes les tribus, sauf celle des Ait Bu Ifrur, ont des frontières maritimes. Chaque tribu occupe un territoire d'un seul tenant. Les différentes tribus, à l'exception des Ait Bu Yafar, confinés dans la montagne, possèdent une partie de leur territoire dans la montagne et une ou plusieurs extensions vers les plaines. Les Ait Shishar et les Imazujen s'étalent en longueur en direction de la plaine du Bu-Arg. Les premiers n'en possèdent qu'une faible partie et sont entièrement confinés dans une montagne peu fertile ; les seconds sont nettement plus favorisés parmi les Iqar'iyen. Ce sont eux qui ont le plus de terres dans cette plaine. Les Ait Sider sont uniquement orientés vers la plaine du Gareb. Enfin, les Ait Bu Ifrur occupent une position médiane. Leur territoire s'ouvre sur les deux plaines et ils y possèdent des terres.

Cette répartition du territoire entre montagnes et plaines est systématisée au niveau des fractions. Chacune possède une portion de territoire dans les deux zones, mais ces portions ne sont pas toujours contiguës. Elles peuvent être séparées par les territoires d'autres fractions. Nous avons retenu pour notre description le cas typique des fractions de la tribu Ait Bu Ifrur. Les Iyuzulen ont trois sections de territoire : une première dans la montagne, une deuxième dans la plaine du Gareb et la troisième dans le Bu-Arg. Cette dernière section est séparée des deux autres par le territoire des Irganen et des Ait Bu Mḥand. La situation géographique des Ialaten et des Irganen est plus complexe, du fait des modifications apportées par les Espagnols. Les premiers ont un territoire dans la plaine du Gareb, qui n'apparaît pas sur notre figure. Celle-ci ne rend pas compte non plus de la position géographique des Irganen, qui possédaient un territoire dans la montagne, situé entre celui des Ialaten et celui des Ait Bu Mḥand. Une communauté territoriale incluse aujourd'hui dans cette dernière fraction, les Ibuyen, se dit faire partie de celle des Irganen. Dans

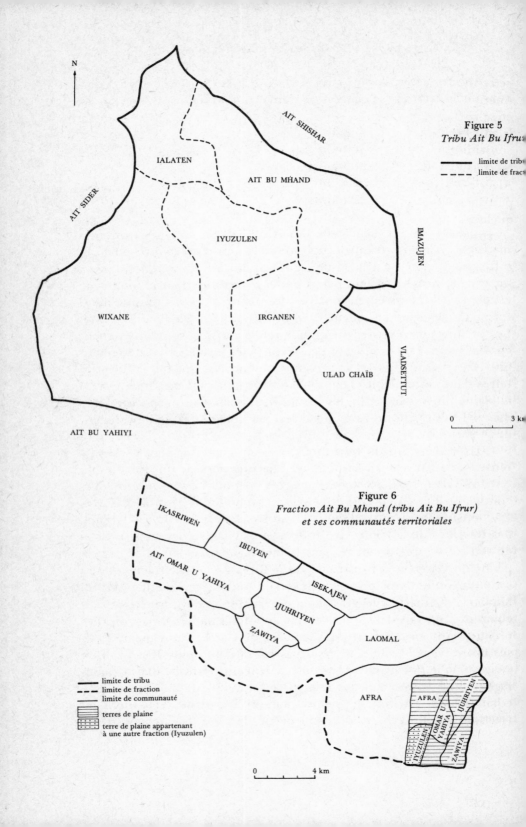

Figure 5
Tribu Ait Bu Ifrur

AIT SHISHAR

IALATEN

AIT BU MHAND

AIT SIDER

IYUZULEN

IMAZUJEN

WIXANE

IRGANEN

VLADSETTUT

ULAD CHAÏB

AIT BU YAHIYI

limite de tribu
limite de fraction

0   3 km

Figure 6
Fraction Ait Bu Mhand (tribu Ait Bu Ifrur)
et ses communautés territoriales

IKASRIWEN

IBUYEN

AIT OMAR U YAHIYA

ISEKAJEN

IJUHRIYEN

ZAWIYA

LAOMAL

AFRA

AFRA

OMAR U YAHIYA

IJUHRIYEN

IYUZULEN

ZAWIYA

limite de tribu
limite de fraction
limite de communauté
terres de plaine
terre de plaine appartenant
à une autre fraction (Iyuzulen)

0   4 km

cette tribu Ait Bu Ifrur apparaît un cas particulier, celui de la sixième fraction, celle des Ulad Chaib : elle s'est formée à la fin du XIXe siècle et se situe entièrement dans la plaine, entre les Ait Bu Yahiyi et les Ulad Settut. Nous savons dans les grandes lignes comment s'est constituée cette nouvelle fraction. Un personnage important parmi les Ialaten, un « grand », fut chassé de chez lui et dut s'exiler en Algérie. Mais il revint et décida de s'installer avec certains de ses partisans dans le territoire des Ulad Settut. Il regroupa autour de lui quelques familles de cette tribu et commença à lutter pour faire accepter l'inclusion de ce nouveau groupement dans la tribu Ait Bu Ifrur. Son plan ne réussit, semble-t-il, qu'après l'arrivée de Bu Ḥmara dans la région, lorsque ce prétendant au trône du sultan le nomma *qaïd*.

Les communautés territoriales et leurs quartiers

Au niveau de la communauté territoriale, la division terre de montagne-terre de plaine, n'est plus générale. Ainsi dans le cas de la fraction d'Ait Bu Mḥand, et ceci est valable pour les autres fractions, toutes les communautés ne possèdent pas nécessairement un territoire dans la plaine. Celles d'Afra, d'Ait Omar ou Yahiya ou de Ijouhriyen sont établies aussi bien dans la montagne que dans le Bu-Arg. Par contre celles de Ikasriwen, de Isekajen et de Laomal sont cantonnées dans la montagne.

Il faut remarquer que toutes les communautés territoriales possèdent un territoire compact d'un seul tenant dans la montagne. Il y a une exception à cette règle qui, en fin de compte, la confirme. C'est le cas d'une communauté territoriale N dont un des patrilignages AN est enclavé dans le territoire d'une autre communauté M.

Cette anomalie nous a été expliquée de la manière suivante : deux communautés, L et N, existaient là où, maintenant, il y en a trois, L, M, N. Un patrilignage AL voulait faire scission. Mais il ne put réussir dans sa tentative qu'après avoir convaincu BN, CN, et DN de se regrouper avec lui dans une nouvelle communauté M. Les autres patrilignages de L décidèrent d'agir et d'expulser AL. N, lui, ne bougea pas. AL, sachant qu'une attaque se préparait contre lui, fit appel à ses nouveaux alliés, BN, CN, DN, qui vinrent prendre position dans son territoire. La bataille n'eut pas lieu et, finalement, L accepta la scission. Une nouvelle communauté M était créée.

Figure 7
Création d'une nouvelle communauté territoriale

a. situation à l'origine

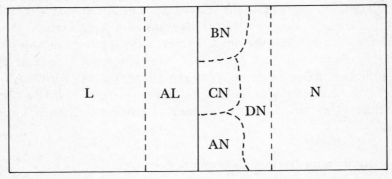

b. situation présente

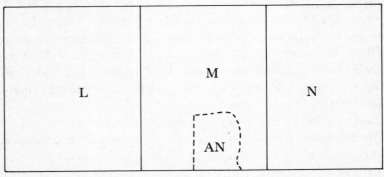

———— limite de communauté
– – – – limite de quartier

Cependant, un problème subsistait : comment opérer les transferts ou échanges de terres nécessaires pour que les membres de chaque communauté territoriale en possèdent uniquement à l'intérieur des frontières de cette même communauté. Selon nos informateurs, de nombreuses difficultés surgirent et des conflits opposèrent les différents propriétaires concernés. En particulier, AN refusa de rejoindre

M et garda ses liens et ses terres dans N, malgré les pressions et les menaces dont il était l'objet.

La colonisation espagnole intervint au moment où les tentatives pour résoudre ce problème étaient en cours. Elle les arrêta et bloqua toute l'affaire. Selon nos informateurs, si les Espagnols n'avaient pas établi leur autorité, ces tentatives auraient abouti. AN serait intégré dans M et la coutume voulant que seuls les membres d'une communauté puissent y posséder des terres aurait finalement prévalu dans les trois segments. Nous voyons donc que l'anomalie provient de l'intervention espagnole. Ainsi, d'une manière générale, chaque communauté territoriale doit occuper un territoire d'un seul tenant dans la montagne.

Une nouvelle caractéristique se dégage si l'on regarde la communauté territoriale non plus du dehors, mais du dedans, comme un ensemble de patrilignages : on remarque alors l'opposition entre aire de résidence (*thaddart*) et terre de culture (*ard el ḥart*). Chaque patrilignage de la communauté territoriale possède un quartier de résidence où sont situées les maisons des différents membres du groupe et de leurs dépendants, ainsi que leurs jardins. L'habitat est dispersé. Chacun construit sa maison sur la crête d'une colline à bonne distance de celle de ses voisins (fussent-ils des agnats proches). Ces constructions sont érigées en forteresses pour décourager toute attaque d'un ennemi éventuel. Quant aux terres de culture des différents patrilignages, elles sont entremêlées. Les informations recueillies à ce sujet nous ont permis de préciser les points suivants[5] :

— Chaque patrilignage a des terres éparpillées sur toute l'étendue de la communauté territoriale.

5. Il est intéressant de noter comment nous avons pu reconstituer la configuration traditionnelle de la communauté territoriale M. La situation moderne a changé beaucoup de ses aspects. Néanmoins tout n'a pas été modifié. Les quartiers de la communauté sont les mêmes que dans le passé. Un vieil informateur nous a montré des titres de propriété (*mulkiya*) des terres de son père. La délimitation de chacunes d'elles était faite par rapport à celles qui l'entouraient, et dont les propriétaires étaient nommés. Ainsi, par exemple, il est dit que le *mulk* ou propriété de Si Mohammed Hmed Allal Si Mohan avait des frontières avec celle de Si Moh Amar, celle de Si Driss Omar Bekkai et celle de Si Mouloud Mimoun Allal Si Mohand. Ce dernier était un cousin parallèle de Si Mohammed. Par contre, les deux autres n'avaient aucun lien de parenté avec lui et appartenaient à d'autres groupes lignagers de la communauté. Partant de là, nous avons interrogé certains descendants des trois propriétaires de ces parcelles, ainsi que d'autres qui possédaient des *mulk* limitrophes. Il ne fut pas toujours possible de pousser le recensement aussi loin que nous l'aurions souhaité, mais les informations recueillies étaient suffisamment riches pour nous permettre de nous faire une idée précise de la situation traditionnelle.

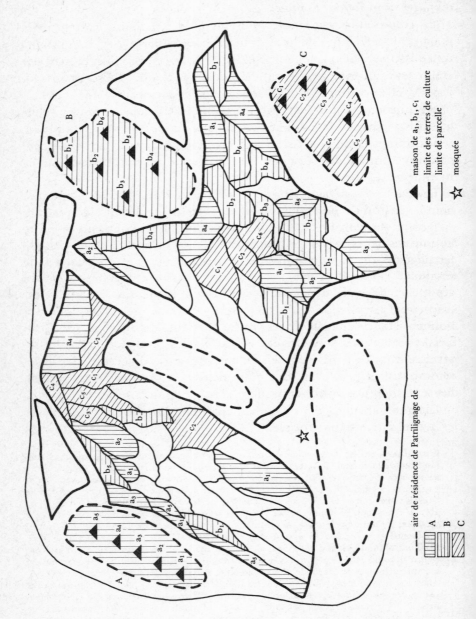

Figure 8
Communauté territoriale M

aire de résidence de Patrilignage de

A

B

C

◄ maison de a_1, b_1, c_1

limite des terres de culture

limite de parcelle

☆ mosquée

— Chaque chef de maison peut posséder plusieurs parcelles non contiguës les unes aux autres.

— Dans le cas où la communauté possède un territoire en plaine, celui-ci n'est pas également réparti entre tous les chefs de maison des différents patrilignages. Certains ont des terres dans la montagne, d'autres dans les deux sections du territoire. Nous n'avons pas rencontré de cas où un chef de maison possède des terres uniquement dans la plaine.

— Enfin, ceux qui sont étrangers à la communauté territoriale n'y possèdent pas de terres.

Nous avons dit que les plaines du Bu-Arg et une partie de celles du Gareb ont été achetées aux nomades. Or, selon nos informateurs, ce ne sont pas les communautés territoriales qui ont acquis une portion de territoire pour en répartir ensuite les parcelles entre leurs membres. A leur avis, c'est l'inverse qui est vrai. Les individus ayant les moyens d'acheter des terres l'ont fait. (On nous a cité plusieurs cas de ce genre pour la plaine du Bu-Arg). C'est après coup que le territoire a été constitué. Si l'on accepte ce type d'information, cela suppose que les initiatives individuelles n'ont pas été anarchiques. Il y a lieu de supposer qu'on n'achetait pas n'importe où dans la plaine, mais près de l'endroit où d'autres membres de la communauté territoriale avaient déjà acquis des terres. L'expansion vers la plaine devait donc être plus méthodique, plus organisée que veulent bien le reconnaître nos informateurs. Sinon, il aurait été difficile de créer des territoires continus en plaine.

Cette analyse de l'occupation de l'espace permet de comprendre les rapports entre territoires et terres, entre groupes segmentaires et acteurs sociaux. Ceux-ci peuvent prendre des initiatives personnelles, mais uniquement dans un cadre de contraintes. Si l'on regarde le problème du territoire dans son ensemble, on remarque que la position géographique des tribus définit les limites et l'orientation de l'extension vers les plaines. La situation des Ait Bu Yafar a empêché ses membres d'acquérir des terres dans le Gareb ou le Bu-Arg et seuls les Ait Bu Ifrur, de par leur position médiane, pouvaient s'étendre dans les deux directions, les trois autres tribus, Ait Sider, Ait Shishar et Imazujen s'orientant vers une seule des deux plaines. Ce cadre tribal fixe donc une contrainte que ne peuvent ignorer les segments des niveaux inférieurs. Il en est de même pour la communauté territoriale par rapport aux membres qui la composent.

3. Territoire et parenté agnatique

Nous avons indiqué que du premier au quatrième niveau, les groupes segmentaires sont définis territorialement. Le langage de parenté est employé dans le sens « comme si ». Les groupes de filiation unilinéaires, les patrilignages, n'apparaissent qu'au cinquième niveau ; ils sont associés à un quartier de résidence dans la communauté territoriale. Ces unités ont une profondeur temporelle de trois à six générations à partir de personnes vivant vers la fin du XIXe siècle. Il est difficile d'établir quelle est la population d'un patrilignage. Dans un récit opposant deux unités de ce niveau, on raconte que la totalité des combattants d'un côté, chiffrée à quinze, et la majorité de l'autre, estimée à vingt, périrent dans ce massacre. Si l'on ajoute les enfants et les femmes, la population de ces deux groupes peut être estimée respectivement à soixante et quatre-vingts personnes. Ce ne sont là que des chiffres approximatifs, car il est possible que les informateurs aient sous-estimé ou surestimé le nombre de combattants alignés de chaque côté. Pour un autre groupe, qui est, dit-on, installé dans le quartier depuis deux ou trois siècles, le chiffre avancé par des informateurs est de cent cinquante habitants. La réalité démographique de chaque patrilignage doit probablement être comprise entre ce dernier chiffre et un minimum de soixante.

Quoiqu'il en soit, les habitants du quartier ne sont pas tous apparentés. Le patrilignage constitue le groupe dominant le plus nombreux. Seuls ses membres possèdent des maisons et des terres. Il s'y ajoute des familles et des individus non reliés par agnation à ce groupe. Ces gens ont le statut de protégés et choisissent, en venant s'installer dans le quartier, un chef de maison chez lequel ils habiteront et dont ils seront dépendants.

Notre propos, dans cette section, est d'établir les différentes caractéristiques de ces patrilignages. Nous commencerons par analyser l'histoire de leur installation et de leur développement, nous étudierons ensuite la signification de l'agnation comme valeur à l'intérieur de la parenté, puis nous verrons enfin comment parenté agnatique et territorialité s'articulent très étroitement l'une à l'autre dans un rapport hiérarchique.

La fondation des patrilignages

Aucun des patrilignages recensés ne se dit originaire du pays iqar'iyen. Tous reconnaissent que l'ancêtre fondateur du groupe est venu soit d'une autre région du Rif, soit de l'intérieur du Maroc, ou même de l'Algérie. Nos informateurs affirment que les plus anciennement installés dans la tribu Ait Bu Ifrur, par exemple, sont arrivés à l'époque du sultan Moulay Ismaïl, donc au XVIIe siècle. D'autres sont venus plus tard, durant le XVIIIe ou le XIXe siècle. Cela ne signifie pas, dans l'esprit de nos informateurs, que le territoire ait été vide à l'origine et se soit peuplé progressivement. Aucune idée de ce genre n'a jamais été avancée. Au contraire, tous nos informateurs sont conscients du fait qu'à ces arrivées d'immigrants correspondait un mouvement en sens inverse. Pour deux sortes de raisons, les unes naturelles — épidémies, famines — les autres sociales — massacres ou menaces d'extermination d'un groupe par un autre — des patrilignages ont dû s'exiler vers d'autres régions du Rif ou du Maroc. Pour ce qui est des dates lointaines, aucune trace de ces départs n'est conservée. Par contre, de nombreux récits attestent, à une époque plus récente, la nécessité pour de nombreux patrilignages de prendre le chemin de l'exil. A propos des catastrophes naturelles, les informateurs indiquent le nom de tel ou tel groupe agnatique, le site où il résidait, et ils ajoutent : « Les Untel étaient prospères jusqu'à ce que le sort, la destinée, les frappe ; ils partirent pour fuir ce malheur, en vendant leurs terres, parfois pour un panier de caroubes. » Nous verrons plus loin des exemples de départs après un combat violent entre patrilignages. C'est donc un double mouvement d'immigration et d'émigration qui semble avoir caractérisé le territoire. Il nous est impossible de savoir à quel rythme il s'est déroulé au cours des siècles.

Les histoires des patrilignages et d'autres récits mettent en évidence, en premier lieu, le statut de protégé de l'ancêtre fondateur du groupe. Tout individu ou groupe qui arrive dans le territoire iqar'iyen, ou qui quitte une communauté pour s'installer dans une autre à l'extérieur de la confédération, n'a pas à demander l'autorisation aux segments de niveau supérieur. Il lui faut seulement trouver un groupe lignager, et plus particulièrement un chef de maison qui veuille bien l'accueillir. L'immigrant doit accepter de devenir le protégé de cet homme et le soutenir en toutes circonstances. En contrepartie, ce protecteur le défendra si jamais il est attaqué, et lui donnera un logement et du travail. Aucun de ces nouveaux arrivants ne peut échapper à cette dépendance, comme le montre de manière frappante le récit suivant :

Récit 1.   *La réception d'un étranger*

Lors d'un marché, celui du jeudi ou *souk el Khemis* (localisé dans la fraction Iyuzulen, tribu Ait Bu Ifrur), un étranger demande à un « grand » d'un patrilignage s'il peut l'accueillir avec sa famille. Le « grand » accepte et lui dit d'attendre la fin du marché : il lui indiquera alors sa nouvelle résidence. En début d'après-midi, les deux hommes partent ensemble. En route, l'étranger s'adresse au « grand » en ces termes : « Que Dieu vous rende le bienfait. Ma famille et moi, nous sommes de pauvres gens. Nous ne pourrons pas vous être d'un grand secours. Mais jamais nous ne prendrons parti contre vous. » Le « grand » ne répond pas. En arrivant dans le territoire de sa communauté, il conduit l'étranger au cimetière et lui dit : « C'est là qu'habitent ceux qui ne sont ni contre moi ni avec moi. C'est là que vous résiderez si vous voulez. »

Le récit s'arrête là. Peut-être est-il purement mythique. Mais il indique avec le maximum de clarté quelle peut être la situation des immigrants s'installant dans le territoire iqar'iyen.

Dans l'histoire des patrilignages retenue par la tradition orale, différents processus d'installation sont évoqués selon que les immigrants sont des familles ou des segments de patrilignages. Nous analyserons ces processus à travers des cas particuliers.

Récit 2.   *Histoire du patrilignage A à partir de l'arrivée d'un ancêtre accompagné de sa famille*

Un homme, Moḥand Moḥ, vit dans la tribu nomade Imetalsen avec ses agnats. A la suite d'une période de sécheresse qui décime son bétail, il décide d'émigrer. Avec sa femme et ses enfants, dont la plupart sont encore en bas âge, il part chez les Ait Said où il s'installe dans un *dshar* et travaille comme *akhemmas*[6] sur les terres de son protecteur. Au cours de la deuxième année de son séjour, il est averti qu'un groupe des Ait Said veut l'assassiner. Il s'agit, pour ce groupe, de régler un conflit avec le groupe d'origine de Moḥand Moḥ. Ce dernier, voyant que son protecteur n'est pas totalement disposé à la défendre, décide de fuir chez les Ait Bu Ifrur où il a établi quelques contacts avec un patrilignage B de la

---

6. *Akhemmas* (pluriel *ikhemmasen*) signifie « celui du cinquième ». C'est généralement un homme sans terre qui fournit sa force de travail et qui prend un cinquième des récoltes.

communauté territoriale M. Ses nouveaux hôtes l'accueillent et s'empressent de le rassurer en affirmant qu'ils empêcheront toute atteinte à sa personne par le groupe des Ait Said.

Le patrilignage BM est à cette époque en conflit violent avec ses voisins. Mohand Moh, homme d'un grand courage et d'une bravoure reconnue, et son fils aîné, se rangent aux côtés de leurs protecteurs et combattent les adversaires de ces derniers.

Mohand Moh construit une petite maison où il installe sa famille. Avec ses fils il travaille durement sur les terres du patrilignage BM, pour gagner sa vie et nourrir sa famille qui s'accroît. Mais il lui est impossible d'acheter des terres, car ses protecteurs l'en empêchent. A sa mort, deux fils lui survivent et héritent d'une somme d'argent discrètement amassée par leur père. Celui-ci, avant de disparaître, leur avait recommandé de rester unis, de travailler aussi durement qu'il l'avait fait lui-même, de penser à leurs propres descendants et au nom qu'il fallait établir et transmettre. Les deux frères restent ensemble dans la petite maison de leur père et continuent à travailler pour le patrilignage BM et à l'assister. Ils ont plusieurs fils et veillent à ce que ces derniers se marient rapidement, afin d'avoir leur propre descendance. Après de longs efforts, ils achètent quelques parcelles de terre. Ils vivent assez longtemps pour voir leur groupe agnatique grandir en nombre. Après leur mort, ce nouveau patrilignage AM peut se libérer de la tutelle de BM. Il s'installe dans un quartier qui venait d'être abandonné par un autre groupe agnatique de la communauté territoriale. La rupture des liens de dépendance s'accomplit à l'occasion d'un conflit entre AM et BM pour l'achat d'une terre. BM, autrefois très puissant, mais affaibli par des dissenssions internes, ne peut empêcher les descendants de Mohand Moh de s'approprier la parcelle. L'échange de violence qui s'ensuit entre les deux groupes marque très nettement le nouveau statut de AM et son indépendance par rapport à BM. L'opposition entre les deux patrilignages persista jusqu'à l'arrivée des Espagnols.

On retrouve des thèmes analogues dans d'autres récits de fondation de patrilignages. Les patrilignages installés cherchent à augmenter leur force et leur nombre, non seulement en acceptant des familles d'immigrants, mais en les incitant à venir s'installer auprès d'eux. Le chef de famille qui devient le protecteur de ces immigrants doit avoir suffisamment de moyens pour assurer leur subsistance et leur donner du travail. L'appui qu'il reçoit renforce sa lignée aux dépens des autres. On garde en mémoire que l'ancêtre fondateur du patrilignage est un homme de condition modeste. Mais on lui reconnaît des qualités d'intelligence, de prévoyance, de persévérance qui ont permis à ses descendants de se faire un nom. Cet ancêtre et ses descendants immédiats travaillent dur, épargnent et gardent leur unité pour permettre à leurs enfants de s'acheter de la terre, afin de se libérer des liens de dépendance.

Cependant nos informateurs racontent que cela ne fut pas toujours possible. Dans l'histoire de certains lignages, il est dit qu'un

premier ancêtre s'installa dans un quartier. A sa mort, ses fils ne gar-
dèrent pas leur unité et se séparèrent, l'un restant, l'autre partant
chercher des protecteurs dans d'autres communautés territoriales
éloignées. De l'avis de nos informateurs, cela retardait d'au moins
une génération la constitution du patrilignage. Cette séparation de
deux ou plusieurs frères entraîne la disparition des liens agnatiques
entre eux et leurs descendants. Nous avons à ce sujet deux récits
inverses l'un de l'autre. Dans le premier cas, l'histoire du patrilignage
concerne le frère qui est resté sur place et dont les descendants ont
pu former un groupe agnatique. Les informateurs se souviennent
vaguement que l'ancêtre fondateur a eu trois fils dont deux sont
partis. Ils affirment que leurs pères leur ont parlé de ces deux
hommes qui purent trouver une place dans d'autres communautés.
Mais ils déclarent ignorer s'ils ont pu constituer un patrilignage, ou
s'ils ont dû émigrer de nouveau, et ils terminent en disant : « Nous
n'avons pas gardé de liens avec eux, c'est pourquoi nous ne pouvons
pas en parler. Ils ne vivent peut-être pas très loin d'ici. Mais ça n'a
pas d'importance. On est maintenant des étrangers. » Dans le
deuxième cas, l'ancêtre fondateur d'un groupe lignager a quitté un
frère installé dans une communauté. Le nom de ce dernier est totalement oublié et, là encore, on déclare ignorer ce que sont devenus
ses descendants.

Cette séparation entre frères est réputée être la conséquence de
disputes relatives à l'héritage. Mais il existe un récit où ce sont les
protecteurs qui forcent les deux frères à s'exiler et à s'établir ailleurs,
après la mort de leur père. Ici chacun est obligé d'aller chercher de
son côté un protecteur différent. Le récit concerne par la suite l'un
d'entre eux. Toutes ces variations sur les débuts d'un patrilignage ne
modifient pas le schéma général, à savoir que le groupe agnatique ne
peut se constituer que si les descendants de l'ancêtre fondateur
restent unis, s'accroissent en nombre et acquièrent des terres de
culture avec une aire de résidence.

Dans le récit 2, le patrilignage s'établit dans un quartier abandonné
par un autre. Les histoires des autres groupes agnatiques diffèrent
sur ce point. Dans un cas, le groupe de dépendants élimine le patrilignage protecteur affaibli, lui achète ses terres et s'installe à sa place.
Dans un autre, les descendants d'immigrants créent une nouvelle
aire de résidence, en même temps qu'ils achètent des terres à d'autres
patrilignages de la communauté.

Enfin, il faut montrer ici l'importance du mariage dans la constitution des patrilignages. Dans une autre version de l'histoire de AM, nettement moins détaillée que la première, on rapporte que Moḥand Moḥ et ses fils durent donner chacun une fille en mariage à des lignées du groupe protecteur. Comme nous demandions à nos informateurs s'ils avaient reçu des épouses en contrepartie, nous nous sommes attirés une réponse cinglante : « Quoi ! Vous voulez que nous disparaissions comme *tharfiqt*. » Cette affirmation ne pourra être vraiment comprise qu'à travers l'analyse du mariage dans la quatrième partie de ce travail. Contentons-nous ici d'éclairer brièvement le cas des mariages entre patrilignages protecteurs et groupes dépendants.

Pour les dépendants, donner leur fille, c'est reconnaître leur statut inférieur. Ils ne peuvent réclamer un fort *sdaq* (somme d'argent donnée par le garçon pour constituer le trousseau de la fille), qui seul permet d'inverser dans d'autres cas l'infériorité du donneur par rapport au preneur de femmes. Mais si d'une part leur statut de dépendant est confirmé par ce type de mariage, d'autre part ils gardent leur identité, si faible soit-elle, particulièrement leur nom de famille et par là la possibilité de gagner plus tard leur indépendance.

Accepter d'épouser la fille du lignage protecteur constitue une humiliation plus grande pour le dépendant, car, dans ce cas, le père de la mariée fournira le *sdaq* pour sa fille et les enfants de celle-ci seront comptés dans la lignée de leur grand-père maternel, et non dans celle de leur père comme d'ordinaire chez les Iqar'iyen. Ici, la filiation patrilinéaire est niée et le père de ces enfants apparaît comme un simple géniteur qui ne laisse aucune trace dans la généalogie. Ce n'est pas tout, et ce mariage a des conséquences plus graves. En effet, la famille qui a ainsi donné son fils est obligée de s'exiler afin d'être empêchée de contester l'appartenance des enfants qui naîtront de cette union particulière. Son départ, c'est la fin de ses espoirs et le début d'une aventure qui retarde ou même rend impossible sa transformation future en patrilignage.

Généralement, ce sont des individus dépendants isolés qui acceptent ce genre de mariage. Les familles déjà constituées préfèrent l'éviter, sauf lorsqu'elles sont trop faibles et n'ont pas le choix. Toutes celles qui veulent ou qui ont pu se développer en patrilignage, préfèrent, tout au moins à notre connaissance, donner leur fille, plutôt que leur fils aux lignées protectrices.

En bref, certains patrilignages recensés présentent leur intégration au système segmentaire comme résultant de leur croissance démographique à partir d'un ancêtre fondateur qui s'est installé dans une communauté territoriale, auprès d'un groupe lignager protecteur. Le chemin qui les conduit de la dépendance à la libération d'une tutelle devenue pesante est parcouru par trois ou quatre générations qui sont restées unies, ont acquis progressivement des terres, ont donné des femmes à leur groupe protecteur sans leur en prendre et ont pu éviter ainsi de connaître un nouvel exil.

Il existe quelques récits concernant l'installation non pas d'une famille, mais d'un segment de patrilignage étranger au pays iqar'iyen.

Récit 3. *Le segment de patrilignage Ait Bu Yahiyi devient un patrilignage iqar'iyen*

Deux patrilignages E et F de la communauté territoriale M sont en conflit permanent. Chacun a un « grand » et cherche à acquérir des partisans dans les autres quartiers. Le « grand » de E, Mu Allal, décide d'en finir avec son adversaire. Il prépare longuement et secrètement son attaque et prend contact avec un segment de patrilignage nomade des Ait Bu Yahiyi. Une nuit, il attaque F en force. La surprise est totale. Plusieurs hommes, dont le « grand » de F, périssent. Les autres doivent s'enfuir avec leurs femmes et leurs enfants ; ils trouvent refuge dans la tribu Imazujen. Là, ils recrutent des mercenaires pour venger leurs morts. Mais Mu Allal déjoue le piège et fait assassiner les hommes chargés de l'exécuter.

L'action de Mu Allal provoque un remous chez les Iqar'iyen. Des alliés de F, appartenant à la même ligue politique ou *leff*, veulent organiser un raid contre le patrilignage E, détruire ses maisons et ravager ses champs. Mais cette initiative n'a pas de suite, car Mu Allal a sa propre ligue pour le défendre. Ce « grand » déclare par la suite : « F a voulu m'exterminer et j'ai dû me défendre. » Il propose de payer une forte amende pour les morts et invite les survivants de F à revenir chez eux pour faire la paix avec lui. Les hommes de F acceptent l'amende, mais ne veulent pas retourner chez eux. Leur groupe est diminué, affaibli, et ils pensent que Mu Allal s'attaquera de nouveau à eux. Il ne leur reste plus qu'à s'exiler en vendant leurs terres et leurs maisons. C'est ici qu'intervient le segment de patrilignage nomade Ait Bu Yahiyi. Ce dernier a de graves problèmes avec ses agnats concernant le bétail. Il veut se séparer d'eux, quitter le mode de vie nomade et devenir sédentaire, à condition d'avoir des terres. Mu Allal prend contact avec eux, leur promet de leur trouver des terres et de leur fournir l'argent pour les acheter s'ils sont prêts à venir l'assister. Le groupe nomade accepte. Mu Allal, homme méfiant, ne leur révèle son plan qu'après l'exil des hommes de F. C'est alors que le groupe Ait Bu Yahiyi propose à ceux-ci d'acheter leurs terres. Après de longues négociations, la cession de ces biens est acquise et le groupe d'immigrants vient s'installer dans le territoire abandonné par F. Mu Allal a avancé l'argent pour l'achat des terres. Un peu plus tard, il demande à être remboursé. Les nouveaux propriétaires, ne pouvant pas rendre la somme avancée, hypothèquent (*rhan*) leurs terres en faveur de ce « grand ». Tout cela était convenu d'avance. Mu Allal devient propriétaire de fait de ces terres et le segment de patrilignage, tout en gardant ses droits en principe, devient locataire de fait. La relation de dépendance entre le « grand » et les immigrants est établie. Quelques années après, Mu Allal est tué (probablement, dit-on, par des mercenaires recrutés par F). Saisissant l'occasion, le groupe Ait Bu Yahiyi, devenu patrilignage iqar'iyen, fait valoir qu'il a fini par rembourser le « grand », juste avant sa mort. Les fils de ce dernier contestent cette affirmation et réclament le remboursement du prêt. Un échange de violences commence entre les deux groupes. Il est stoppé par l'arrivée des Espagnols. Mais, ajoutent les informateurs, le conflit ne fut pas réglé pour autant, et continua de manière larvée jusqu'à l'époque contemporaine.

Toute la première partie du récit concerne l'opposition de deux « grands », et ne pourra être bien comprise qu'après l'analyse des rapports d'autorité et de pouvoir[7]. Nous ne nous intéresserons ici qu'à l'installation du segment de patrilignage. Contrairement aux cas précédents, plusieurs familles apparentées entre elles immigrent après avoir acquis des terres. Mais l'avance de l'argent par le « grand », l'hypothèque de leurs terres en faveur de ce dernier, établissent néanmoins leur dépendance à l'égard de celui qui a favorisé leur installation.

On vérifie donc ici encore que tout groupe agnatique du territoire iqar'iyen a dû passer, à l'origine, par le statut de protégé avant d'acquérir avec le temps son indépendance et son intégration dans la structure segmentaire. De plus, la rupture des liens de dépendance entraîne généralement, pour ne pas dire systématiquement, l'instauration d'une opposition segmentaire. L'alternative, pour tout groupe iqar'iyen, est soit d'être inféodé à un autre, seul moyen d'établir des liens pacifiques, soit d'entrer dans des conflits de violence sans fin. Dans ce contexte, les querelles pour l'appropriation de la terre apparaissent comme un élément central de la relation. Nous analyserons plus loin l'importance de ces biens fonciers dans la structure sociale des Iqar'iyen et dans le système de l'honneur[8].

La primauté de l'agnation comme valeur au plan de la parenté

Dans leur analyse du mariage avec la cousine parallèle patrilatérale, Murphy et Kasdan ont insisté sur l'aspect « mensonger » des groupes

---

7. Voir les chapitres 4 à 9.
8. Voir en particulier les chapitres 3, 5 et 6.

de filiation pratiquant ce type d'union (Murphy & Kasdan 1959 : 17-38). En effet, dans le cas de mariage à l'intérieur d'un lignage, les membres de ce groupe peuvent se relier à l'ancêtre commun aussi bien par les femmes que par les hommes. C'est là une caractéristique des sociétés cognatiques. Or, cet aspect n'apparaît pas dans la généalogie de ces lignages, où seule la filiation par les hommes est considérée comme pertinente, tandis que la filiation par les femmes est totalement escamotée au bénéfice de la précédente.

Cette proposition est valable pour les Iqar'iyen où le mariage à l'intérieur du lignage est pratiqué couramment. Les généalogies ne signalent nulle part les chaînons féminins. De plus, on peut affirmer la primauté de l'agnation comme valeur au plan de la parenté, non seulement dans le mariage interne au lignage, mais aussi dans les différentes formes de mariage à l'extérieur du lignage.

En effet le mariage à l'extérieur du lignage ne crée pas une relation d'alliance entre patrilignages, mais seulement une relation temporaire et pas nécessairement pacifique entre les lignées des époux. Nous analyserons les implications de ce type de mariage dans le chapitre 12. Nous signalerons ici une forme de mariage à l'extérieur du lignage particulièrement intéressante, celle où il y a ce que nous appellerons « captation du gendre ».

Le patrilignage n'est pas toujours composé de lignées apparentées par l'agnation, il comprend aussi dans certains cas des enfants de sœur. Nous avons vu qu'une femme peut épouser un étranger qui joue le rôle de géniteur (en venant résider dans le patrilignage de la fille) et dont le nom est effacé. Dans ce cas, c'est la relation entre grand-père maternel et petit-fils qui est retenue dans la généalogie. Dans d'autres exemples, le nom de l'étranger n'est pas effacé, mais au contraire intégré dans le groupe agnatique : il devient le fondateur d'une lignée et même d'un segment de patrilignage. Pour comprendre ce fait, nous analyserons deux cas.

Dans un premier cas, emprunté au patrilignage G, l'ancêtre fondateur du patrilignage, Moḥand, est dit être venu de la tribu Ait Waryashek (Beni Oulichek en arabe). Deux versions d'une même généalogie nous furent données dans un premier temps : celle des descendants de Ḥemida et celle des descendants de Moḥ. Elles différaient dans la présentation des ancêtres intermédiaires. Dans la première version, Mḥand est le frère de Mustafa et le père de Ḥemida. Dans la deuxième version, ce dernier est le fils de Mustafa, et Mḥand n'apparaît nulle part. Les informateurs rejetèrent violemment la version opposée à la leur. Il fut tout d'abord très difficile de connaître les causes de telles réactions. Dans un deuxième temps, quelques remarques suscitèrent notre attention : un descendant de Moḥ nous dit un jour : « Les enfants de Ḥemida sont nos *nmis khari* (enfants de l'oncle maternel) », et il refusa de poursuivre. Un autre informateur, cette fois descendant de Ḥemida, ayant entendu ces paroles, entra dans une grande colère et affirma que si Ḥemida avait épousé la sœur de Moḥ, celui-ci avait également reçu une femme en contrepartie de Ḥemida. Les choses en étaient là lorsqu'un jour un vieil homme, descendant de Mḥammed, nous expliqua toute l'affaire, en nous demandant de garder le secret devant les autres, pour ne pas

Figure 9
Captation du gendre dans le patrilignage G

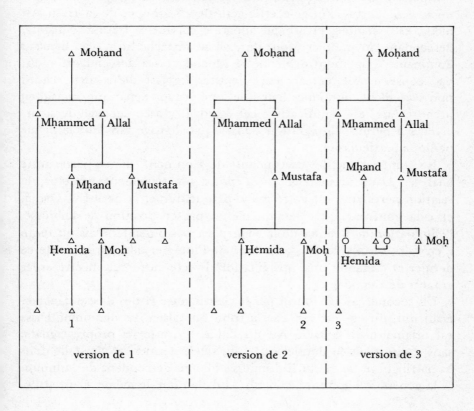

provoquer des ennuis : c'est la troisième version. Selon lui, Mḥand n'est pas le frère de Mustafa, mais un homme venant de la tribu Ait Sider. Son fils Ḥemida, et Moḥ, échangèrent des femmes, et, dit-il, depuis ce temps-là, les enfants de Ḥemida sont comptés parmi nous : « Ils sont nos frères. » Ils ont voulu garder le nom de leur père Mḥand, car c'était un vrai homme (un *ariaz*) et « Je crois que c'est mieux ainsi. » Par la suite, d'autres indications vinrent appuyer cette troisième version, notamment à propos d'un conflit de terres entre les descendants de Moḥ et ceux de Ḥemida.

Si la troisième version est véridique, comme c'est probable, on peut comprendre comment se fait l'intégration de lignées étrangères dans un patrilignage et les problèmes qu'elle suscite. Contrairement à l'époux étranger géniteur, Ḥemida, en épousant la sœur de Moḥ, garda son nom et le transmit à ses enfants. Cela signifie très probablement qu'il était suffisamment fort pour s'imposer, ou encore que son père Mḥand avait résisté pour que le nom de sa lignée ne disparaisse pas. Certes, l'origine étrangère de ce groupe, de la tribu Ait Sider, est occultée, et Mḥand apparaît comme le frère de Mustafa, descendant du premier Moḥ, donc il se rattache au noyau lignager dominant. Cela montre bien que Mḥand et ses descendants n'ont pas conservé totalement leur identité. Le fait qu'ils aient choisi non seulement de donner leur fille à ce groupe agnatique, mais d'en prendre une, est significatif à cet égard. Il y a eu échange de sœurs et cela a permis l'intégration dans le patrilignage sans que la lignée perde sa particularité.

Le point de vue des descendants de Moḥ confirme en partie cette analyse. Dans le mariage où l'époux est seulement géniteur, la relation pertinente est entre grand-père maternel et petit-fils. Or ici, et cela confirme que Ḥemida n'était pas en position de faiblesse, l'élimination de l'époux de la sœur n'est pas possible. Mais on tente d'en faire un fils de Mustafa, donc de l'intégrer dans la lignée de ce dernier et d'établir ainsi une filiation directe entre cet ancêtre et les enfants de Ḥemida.

Un second cas est fourni par le patrilignage H des descendants de Hadi qui, dit-on, est venu de la tribu Imetalsen. Le dénommé Driss est originaire de la tribu Ait Bu Yafar. Il quitte ses propres agnats, sans doute dans le dernier quart du siècle dernier, et s'installe dans le patrilignage de Hadi. Il donne sa fille au descendant de Mimoun. A la génération suivante, son fils Abdallah fait de même. C'est seulement à la troisième génération que les descendants de Driss reçoivent une fille du patrilignage de Hadi.

Dans ce cas, il n'y a pas eu intégration dans le patrilignage dominant. Pourtant, les membres de chacun des deux groupes désignent

Figure 10
Intégration incomplète dans le patrilignage H

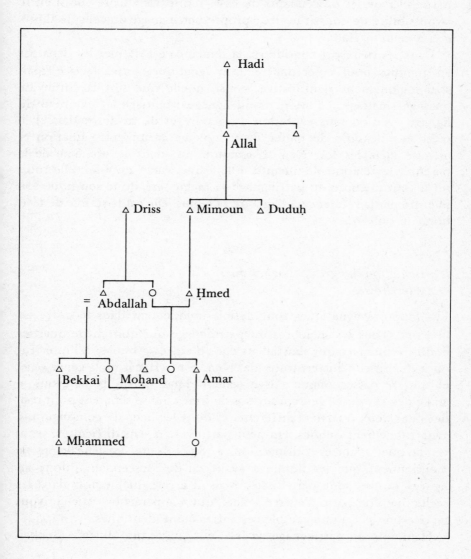

l'autre comme étant composé de *nmis 'azizi* (fils de l'oncle paternel), et, interrogés à ce sujet, les informateurs des deux groupes disent tous : « Nous ne sommes plus qu'un seul *tharfiqt* (patrilignage), nous sommes frères. » Et ils ajoutent : « Avec le temps, nous allons abolir la distinction entre fils de Hadi et fils de Driss. » En fait, on peut se demander si nous ne sommes pas ici dans un cas particulier où les descendants de Driss n'ont pas encore choisi entre la possibilité de constituer leur propre patrilignage ou celle de s'intégrer à celui de Hadi.

Dans les deux cas considérés, la tendance est de nier les liens par les femmes pour créer une relation agnatique, certes factice, mais sociologiquement significative. Ainsi, quelle que soit la forme de mariage (mariage à l'intérieur du lignage ; mariage à l'extérieur du lignage avec ou sans captation du gendre et de sa descendance), il n'est pas possible de parler de complémentarité entre filiation et affinité chez les Iqar'iyen. L'agnation est, dans le domaine de la parenté, la relation dominante. Elle a une valeur double : elle fournit à tout membre du patrilignage sa racine, *asl*, donc son nom, son identité par la référence à l'ancêtre ; de plus, elle est la source de tout honneur ou *r'ird*.

L'articulation des groupes agnatiques et du territoire

Les rapports agnatiques sont définis uniquement dans le cadre du quartier. Tous les membres du patrilignage qui quittent le quartier définitivement et qui s'installent dans d'autres groupes, à l'intérieur ou à l'extérieur du territoire iqar'iyen, sont effacés de la généalogie, et tout se passe comme s'ils n'avaient jamais existé. Nous avons signalé des cas de ce genre à propos de frères qui se séparent pour résider dans deux quartiers différents et dont les liens de consanguinité sont totalement oubliés. On peut parfois, non sans difficultés, trouver la trace d'autres « disparitions ». Sans doute les généalogies ne mentionnent que les hommes ayant eu des descendants, donc les lignées qui se sont perpétuées. Mais il arrive quelquefois dans les récits que l'on parle d'autres agnats, qui n'apparaissent que là. Nous ne citerons ici qu'un exemple, les autres étant identiques.

Ḥammou, du patrilignage de Issa, eut quatre fils, Mustafa, Bekkai,

Allal, Moḥand. Or, dans un récit, il est question de trois autres fils, Tahar, Amar, Mimoun. Tahar fut assassiné dans des circonstances peu honorables. Amar et Mimoun quittèrent le quartier dans des circonstances mal définies (s'agissait-il d'une affaire d'héritage de terre, ou de conflit avec les autres frères à propos de la mort de Tahar qu'ils auraient dû venger en tant qu'aînés ; l'informateur ne se souvient pas très bien). Les autres descendants de Ḥammou ne nient pas l'existence de ces trois fils. Mais ils ajoutent : « Pourquoi voulez-vous qu'on en parle ? Ils ne comptent plus. »

Cette affirmation nous a été répétée systématiquement dans les autres exemples. Un informateur, après avoir parlé de quelques cas de « disparitions », clarifia pour nous ce fait sans ambiguïté :

> Chez nous, ou vous êtes avec vos frères, ou vous les quittez. Si vous les quittez, pourquoi voulez-vous qu'on se souvienne de vous ? Vous n'avez pas voulu partager leur vie. Alors, que vous soyez à côté ou à Fez, ça ne change rien. Votre *tharfiqt* vous oubliera. Prenez le cas d'Untel : je sais qu'il a quitté ses frères et est parti vivre avec le *tharfiqt* de son oncle maternel. Maintenant, allez voir son *tharfiqt* [d'origine], demandez aux gens s'ils se souviennent de lui. Ils vous diront : « Non ! Tout ça, c'est du passé, c'est oublié. »...

Toute scission dans un patrilignage entraîne le départ du segment lignager le plus faible. Ce dernier rompt les liens agnatiques avec son groupe d'origine. Ce ne sont donc plus, dans ce cas, des individus qui partent, mais un ensemble de familles. D'après les quelques exemples que nous avons, le fait que le segment lignager s'installe dans un autre quartier, dans une autre communauté, ou dans une autre fraction ne change rien.

Nous citerons un cas extrême. Plusieurs informateurs d'un même groupe se souviennent qu'un segment de leur patrilignage les a quittés autrefois pour s'établir dans un autre quartier de la même communauté territoriale. A la question : « Qui sont-ils ? », les uns répondent : « C'est les Untel », d'autres désignent un autre groupe, d'autres enfin avouent leur ignorance et reconnaissent être incapables de savoir de quel patrilignage il s'agit. Tous les informateurs terminent leur propos ainsi : « Quelle importance cela a-t-il ? Ils sont différents, ils ne sont plus nos frères. »

Il faut cependant signaler trois cas de scission, datant probablement de l'époque coloniale, qui font exception. Les liens agnatiques sont conservés et rappelés. On peut établir à quel niveau généalogique et pour quelles raisons la scission a entraîné le départ d'un segment du patrilignage. Il s'agit essentiellement de disputes entre cousins à propos de terres. Nous analyserons un de ces cas qui nous semble très révélateur :

Figure 11
Scission dans le patrilignage J

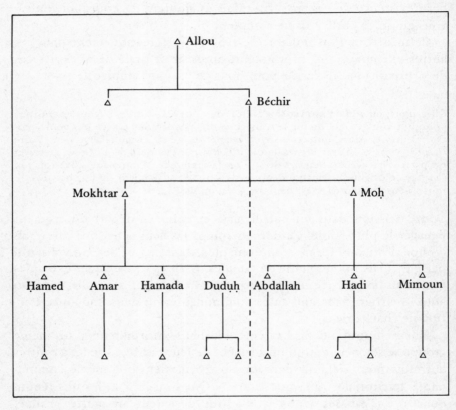

Récit 4.   *Scission dans le patrilignage J sans oblitération des relations agnatiques*

La scission s'est opérée entre les descendants de Mokhtar et ceux de Moḥ. Ces derniers sont partis s'installer dans une autre communauté de la même fraction. Une étude plus détaillée de la généalogie révèle que cette division n'est pas aussi nette qu'il apparaît d'abord. Les descendants d'Abdallah, après avoir quitté leur quartier d'origine, y sont revenus, de même qu'un des deux fils de Hadi, tandis qu'un des fils de Duduḥ quittait son segment et partait rejoindre les descendants de Moḥ.

Les informateurs du segment Mokhtar expliquent la scission de la manière suivante : dans un conflit avec un autre patrilignage, les descendants de Moh refusèrent d'appuyer leurs agnats. A partir de là, les relations entre les deux segments se détériorèrent. Les fils de Mimoun s'opposèrent un jour très violemment à ceux de Ḥamada pour une affaire de terres. Ils prétendaient que Ḥamada avait pris illégalement plusieurs parcelles appartenant à Mimoun. Le conflit s'envenima. L'arbitrage du Sheykh el Fallaḥa fut refusé par le segment de Moḥ. Les fils de Mimoun voulurent occuper par la force les terres contestées, mais ils en furent empêchés. Ils demandèrent l'aide d'alliés politiques dans une autre communauté. Ces derniers les convainquirent de quitter leur groupe et de venir s'installer avec eux. Tout le segment de Moḥ quitta pour un temps son quartier d'origine. Quelques mois plus tard, ils purent acheter des terres dans cette nouvelle communauté et construisirent leurs propres maisons, qu'on peut voir aujourd'hui. Mais ils continuaient à posséder leurs parcelles dans leur communauté d'origine. Les fils de Mimoun et un des deux fils de Hadi, grâce à l'argent gagné en Algérie, purent acheter d'autres parcelles dans leur nouvelle communauté. Ils convainquirent un fils de Duduḥ de venir s'installer avec eux. Les autres membres du segment de Moḥ, un des fils de Hadi et les fils d'Abdallah, rencontraient des difficultés. Ils étaient pauvres et ne parvenaient pas à acquérir des terres. Ils décidèrent alors de revenir chez eux, où ils furent mal accueillis dans un premier temps. Un grand problème restait à résoudre : qu'allait-il advenir des terres possédées dans sa communauté d'origine par le groupe qui avait fait scission ? Selon nos informateurs, cette situation ne pouvait pas continuer ainsi : ou les descendants de Moḥ reviendraient chez eux, ou ils vendraient leur terre. Les fils de Mimoun revenaient périodiquement cultiver leurs parcelles dans leur communauté d'origine. Mais les harcèlements dont ils furent l'objet les décidèrent à vendre leur terre. Cependant, ils refusèrent que ce soient les descendants de Mokhtar qui rachètent leur part. Ils voulaient céder leur patrimoine aux membres d'autres patrilignages. Les fils de Ḥamed, Amar et Ḥamada, déclarèrent que, si un étranger (à leur patrilignage) achetait de ces terres, « la poudre parlerait ». « Ce sont, disaient-ils, les terres de nos ancêtres, et personne d'autre que nous n'a le droit de les posséder. » Le fils de Hadi, qui était rentré et qui avait repris la part de son frère, et l'autre descendant de Duduḥ qui avait fait de même, tentèrent de s'interposer. Finalement, les fils de Mimoun acceptèrent de vendre leur terre au segment de Mokhtar. Mais les Espagnols s'interposèrent et la transaction ne fut pas achevée. C'est pourquoi les fils de Mimoun ont encore des terres dans leur communauté d'origine. Seulement, ajoutent les informateurs, « ils ne sont plus nos frères, ils disent être fils de Allou, ce n'est pas vrai. Nous sommes les fils de Allou. Eux, ce sont les fils de Moḥ. Nos noms ne sont plus pareils. Ils sont partis, qu'ils prennent le nom de leur père et non celui de notre ancêtre. »

La version des fils de Mimoun est différente, mais moins précise, et moins détaillée. Pour eux, le conflit d'origine est bien l'affaire des terres entre Ḥamada et Mimoun. Mais cela remonte plus loin. Mokhtar, un « grand », un *amghar*, avait dépossédé son frère Moḥ d'une partie de son héritage. Les fils de ce dernier essayèrent de récupérer leur bien après la mort du « grand », sans succès. C'est pourquoi ils décidèrent de partir là où ils pouvaient acquérir des terres. Ils s'installèrent dans la nouvelle communauté et purent y prospérer. Ces informateurs ne voulurent pas aborder le problème des terres qu'ils possèdent dans leur communauté d'origine. Ils firent le commentaire suivant sur leur nom : « Nous sommes les fils de Moḥ et les autres, les fils de Mokhtar. Nous sommes aussi les fils de Allou. C'est notre ancêtre. Rien ne nous empêchera de porter son nom, même si nous ne sommes plus frères avec les fils de Mokhtar. Eux, c'est un *tharfiqt*, et nous un autre. »

Ainsi, d'après les deux parties, la scission doit aboutir à la rupture des liens agnatiques entre les deux segments. Si cette rupture n'est pas complète, c'est sans doute que la transaction au sujet des terres n'est pas achevée, et ceci en raison de l'intervention des Espagnols. On voit ici de nouveau l'importance de la liaison entre terre et patrilignage. La scission entraîne nécessairement pour le segment partant l'achat de nouvelles terres et la vente des terres du quartier d'origine à ses propres agnats. La rupture au niveau territorial entraîne la rupture des liens agnatiques. La nécessité de se réclamer d'un ancêtre commun disparaît alors.

Concluons. Si nous replaçons les patrilignages dans le contexte segmentaire, il apparaît que la structure dominante chez les Iqar'iyen est celle du territoire. Dans ce cadre, la parenté ne constitue qu'une dimension englobée et dont toutes les caractéristiques sont assujetties au principe territorial.

Les Iqar'iyen présentent une structure qui, pour être segmentaire, est néanmoins très différente de celle des Nuer. La comparaison entre les deux permet de mieux faire ressortir la particularité du système iqar'iyen. Chez les Nuer, si l'on peut parler d'une correspondance entre le système politique — territorial — et le système lignager, c'est d'une manière bien spécifique. Certains clans Nuer (et non pas tous) et leurs divisions lignagères sont dominants dans une tribu et ses sections. Leur statut « aristocratique » (*dil*) confère plus de prestige que de pouvoir. Mais tous les membres des clans ou des lignages ne vivent pas là où ils sont dominants. Au contraire, ils sont dispersés dans tout le pays nuer, sans pour autant rompre leurs liens agnatiques (Evans-Pritchard 1940 : 203-215).

La correspondance entre lignage et territoire n'est donc pas analogue à celle des Iqar'iyen. Dans la confédération du Rif, on perd son identité agnatique si l'on quitte le territoire de son patrilignage, chose qui paraît impensable pour les Nuer. La dispersion, chez ces derniers, n'équivaut pas à une rupture. La mobilité est possible et ne remet pas en cause l'identité agnatique du Nuer qui se transporte d'un territoire à l'autre. De plus, s'il réside là où son clan n'est pas dominant, et là où il a statut d'étranger (*rul*), cela ne signifie pas, comme chez les Iqar'iyen, qu'il devient le protégé du noyau agnatique dominant. Il existe donc dans ce groupe nilotique une autonomie de la parenté agnatique par rapport au système territorial, autonomie qui ne serait pas tolérable chez les Iqar'iyen.

Il y a plus. Les Nuer ne peuvent pas se marier dans le clan de leur père, ni dans le lignage maximal de leur mère. A ce propos Evans-Pritchard écrit : « Les règles d'exogamie brisent l'exclusivisme des groupes agnatiques en obligeant leurs membres à se marier au-dehors, créant ainsi de nouveaux liens de parenté » (Evans-Pritchard 1940 : 225). Mais comme l'a montré Louis Dumont, cette formulation introduit un primat de filiation, pour ne faire du mariage qu'un élément « brisant l'exclusivisme des groupes agnatiques ». Elle part de la partie pour retrouver la totalité, l'ensemble. En réalité, celui-ci n'est définissable chez les Nuer qu'à travers la complémentarité entre filiation et mariage.

« Les mythes établissent des relations entre différents clans dominants et différentes tribus, faisant finalement entrer "la totalité du pays Nuer dans une seule structure de parenté". Pour opposition au "système de lignages" qui est intérieur chaque fois à un clan donné, on aurait ici un "système de clans" ; les tribus elles-mêmes sont personnifiées et mises en relation de parenté ; à la limite, on nomme les ancêtres ou l'ancêtre commun de tous les Nuer : "un système unique de parenté ou de pseudo-parenté... relie tous les segments territoriaux du pays Nuer". On voit donc, d'une part que la parenté agnatique, si elle constitue le "squelette conceptuel" des unités territoriales, fait appel à titre complémentaire à la parenté non agnatique, et d'autre part que ces liens de parenté ne sont pas, en dernière analyse, contenus dans le cadre des unités territoriales, même les plus vastes, mais au contraire les englobent » (Dumont 1971 : 67).

A l'inverse des Nuer, la parenté chez les Iqar'iyen n'a pas cette extension. Tout se passe comme si les liens d'affinité étaient systématiquement dévalorisés par rapport à la primauté de la filiation unilinéaire. Et celle-ci, à son tour, n'est qu'une dimension englobée d'une structure fortement marquée par le principe territorial qui apparaît comme le principe dominant et englobant de la structure sociale. Il s'agit ici d'un rapport hiérarchique inverse de celui que l'on trouve dans le système social nuer.

DEUXIÈME PARTIE

Le système de l'honneur

Photo 2
Une communauté territoriale et sa mosquée.

3 | L'honneur

Pour décrire leurs relations sociales, les Iqar'iyen utilisent le terme *r'ird* (de l'arabe *'ard*) qui signifie honneur, inviter, étaler avec éclat, et implique un défi lancé. Mais la définition de cette valeur sociale, que nous désignerons désormais par le terme d'« honneur », est plus complexe qu'il n'apparaît à première vue.

L'honneur désigne cette vertu, cette « force », cette qualité, cette valeur attachée à un groupe ou à un individu particulier. Il est une « substance » que l'on ne peut saisir en elle-même, mais seulement appréhender par ses signes extérieurs. Ceux-ci se situent à deux niveaux : la possession des domaines de l'interdit et la participation à des échanges de violence. Ils permettent de distinguer entre ceux qui ont de l'honneur, ceux qui peuvent en avoir et ceux qui n'en auront jamais.

1. Les domaines de l'interdit

L'honneur est un certain rapport des groupes ou des individus à ce qui est la source de toute identité sociale. Un être humain est un *bnu adam*, un « fils d'Adam », c'est-à-dire une créature de Dieu douée d'intelligence (*raql*) et de passion (*shahiyya*). Un groupe ou un individu d'honneur sont des personnes morales qui contrôlent des domaines particuliers et ont de l'autorité sur eux. Chez les Iqar'iyen, ces domaines dits du *ḥaram*, de l'interdit, sont : le territoire, la femme, la maison et la terre.

Le territoire

Chaque groupe segmentaire doit maintenir l'intégrité de son territoire. De ce point de vue, le territoire, en tant que valeur, coïncide avec l'honneur. La notion d'interdit signifie que chaque groupe, de quelque niveau qu'il soit, exerce son autorité sur un espace social bien délimité qu'il doit protéger contre toute violation par un groupe étranger de même niveau. A l'intérieur des groupes, et plus particulièrement des patrilignages, chaque homme doit défendre ses propres domaines de l'interdit qui sont sa ou ses femmes, sa maison et sa terre.

La femme et la maison

Etre un homme d'honneur, c'est d'abord être marié, donc avoir une femme qui doit être préservée du regard d'autrui, et dont la conduite doit être surveillée pour qu'elle ne suscite pas la honte, le scandale (*efsed*). Les Iqar'iyen disent que la femme a une intelligence et des passions comme l'homme, mais qu'elle est faible et ne peut maîtriser ses désirs sexuels. Les hommes, son père d'abord et ensuite son mari, doivent contrôler sa conduite grâce à l'autorité qu'ils ont sur elle. Le mari a pleine autorité, non seulement sur sa femme, mais aussi sur les enfants qu'elle lui donne. Ces enfants lui doivent, jusqu'à sa mort, respect et obéissance. Il est le chef de la maison et toutes les décisions doivent apparaître comme émanant de lui. Là encore son honneur est en jeu. Il lui faut être ferme, surtout avec ses fils, car toute défaillance de sa part ou toute désobéissance à ses ordres amène la honte sur sa famille et en premier lieu sur lui.

La terre

Cependant un homme marié, ayant des enfants, n'est un homme complet que s'il possède de la terre. Sans ce bien foncier, le plus valorisé des biens dans cette société, personne ne peut être un homme au sens plein du terme, un *ariaz*, un homme d'honneur. Nous avons vu dans l'histoire des patrilignages que l'acquisition de terres est capitale pour tout groupe qui veut affirmer son autonomie et ne plus avoir un statut de protégé. La terre n'est pas recherchée pour sa valeur économique mais plutôt pour sa valeur sociale, idéologique. En effet, les Iqar'iyen font la différence entre la possession de la terre et celle d'autres biens. Un homme peut être riche grâce au commerce ou parce qu'il a hérité de l'argent. Il sera néanmoins méprisé et se sentira lui-même diminué s'il n'est le maître ne serait-ce que d'un petit lopin de terre. Un chef de maison ne vend sa terre qu'en dernière extrémité, et dans ce cas il lui faut s'exiler ou devenir le protégé d'une famille propriétaire de terres[1].

La population mâle peut être répartie en trois catégories : les hommes qui ne pourront jamais posséder des terres, ceux qui ne possèdent pas de terres mais peuvent accéder à la propriété, et enfin les chefs de maison, hommes mariés et possesseurs de terre.

Les premiers sont essentiellement les juifs et les groupes de musiciens ou *imidiyazen*. Ils ont un très bas statut social et sont exclus du jeu de l'honneur. Les seconds se divisent en deux sous-catégories : les familles de protégés et les fils de chef de maison. Les familles de protégés sont dépendantes d'un chef de maison propriétaire d'un bien foncier. Ceux qui appartiennent à ces familles sont considérés comme irresponsables du point de vue de l'honneur. Les fils d'un homme possesseur d'une terre doivent respect et obéissance à leur père. Célibataires, ils travaillent sur ses champs. Mariés, ils ont droit à une chambre personnelle dans la maison paternelle. Mais ils ne peuvent en principe posséder une terre qu'à la mort de leur père. Jusque-là, c'est lui qui est responsable devant l'opinion en ce qui concerne l'honneur.

Enfin, les chefs de maison, qui ont autorité pleine et entière sur les domaines de l'interdit, du *ḥaram*, peuvent seuls revendiquer la qualité d'hommes d'honneur et entrer dans les échanges de violence. La possession de la terre fait d'eux des membres à part entière des patrilignages et des autres groupes segmentaires. En tant que chefs de maison, ils ont le droit de prendre la parole dans les assemblées, les *ayraw*. De ce point de vue, possession d'une terre et affiliation à un territoire, honneur personnel et honneur collectif sont intimement liés. Les fils de ces chefs de maison ne sont affiliés à ces groupes territoriaux que par l'intermédiaire de leur père et ne pourront participer aux décisions collectives que lorsqu'ils auront leur propre terre.

2. Les échanges de violence

Il ne suffit pas à un groupe ou à un homme d'honneur d'exercer son autorité sur ses domaines de l'interdit. Il lui faut lancer des défis à autrui et s'attendre à être défié. Un groupe qui se replie sur lui-

1. Cf. chapitre II, « Territoire et parenté agnatique ».

même et refuse tout contact se déshonore. Un homme d'honneur limitant sa vie sociale à sa ou ses femmes, ses enfants et son travail sur ses champs, est méprisé et méprisable aux yeux de l'opinion. Même de nos jours, on ridiculise celui qui reste constamment dans sa maison. L'honneur suppose que l'on aille au-devant des autres et qu'on n'ait pas peur de les affronter. Rappelons que *r'ird*, que nous traduisons par « honneur », signifie : inviter, étaler avec éclat.

Les conduites d'honneur se situent à trois niveaux : joutes oratoires, dépenses ostentatoires, meurtres et violence physique. Toutes impliquent défi et contre-défi. Le défi est une mise en question de l'autorité d'un chef de maison ou d'un groupe sur son domaine de l'interdit. Il peut prendre la forme de provocation directe dans les joutes oratoires, les dépenses ostentatoires, ou de provocation indirecte dans la violation de l'un des domaines de l'interdit par le vol, le raid, le meurtre ou une offense faite à une femme.

Ces manifestations de l'honneur — joutes oratoires, dépenses ostentatoires, meurtres — constituent ce que nous appelons les échanges de violence. Chez les Iqar'iyen, la parole et les dépenses sont des provocations qui doivent être « rendues » par ceux qui les ont « reçues », sous peine de ruiner leur honneur. Toute agression physique contre un groupe ou contre une personne est une atteinte à son honneur et « invite » à une réponse de même type. Nous affirmons que le meurtre est un échange, car la vengeance n'est pas simplement conçue comme un moyen de punir, de sanctionner l'agresseur qui a porté atteinte à l'intégrité du groupe ; elle est un contre-défi par lequel l'on reconnaît la valeur de l'agresseur, et l'on affirme la sienne en lui répondant.

Toutes ces conduites de défi et de contre-défi sont transgressives. Elles posent l'interdit en le violant. En effet, la transgression de l'interdit n'est pas une mise en question fondamentale d'un ordre de valeurs. Celui qui défie viole les limites qu'il doit respecter, mais il reconnaît aussi la valeur de ce qu'il transgresse. On n'agresse que celui qui est digne de l'être. Personne ne s'attaquera à un musicien ou à un juif sans se déshonorer lui-même. Par ailleurs, ceux-ci peuvent pénétrer dans les champs d'un homme d'honneur ou dans sa maison en son absence, voir sa femme et lui parler, sans que l'on considère cela comme un défi à l'honneur. L'acte transgressif est le fait d'hommes d'honneur et non de marginaux. En même temps qu'il provoque la personne ou le groupe dans son honneur, il est la reconnaissance, la confirmation de cet ordre de valeurs puisqu'il invite l'agressé à faire une réponse de même type.

Tel est ici le paradoxe de l'honneur : il suppose l'affirmation de l'autorité sur les domaines de l'interdit, et aussi la transgression de ces interdits par le défi et le contre-défi. Cette double facette de l'honneur nous éloigne d'une formulation juridique de cet ordre de valeurs. La transgression de l'interdit n'est pas le fait de déviants, de marginaux. Comprendre la transgression en ces termes, c'est ne pas admettre que l'échange de violence soit valorisé. Inversement, le fait que la transgression soit une condition du jeu de l'honneur ne signifie pas pour autant que ce soit une conduite « normale ». Rien ne nous paraît plus faux, car ce serait dénier à l'interdit toute valeur et vider l'honneur de son contenu. Celui-ci, comme fait social, doit être saisi dans son ambiguïté même, en dehors des concepts juridiques de normalité et de déviance.

De toutes les différentes manifestations de l'honneur, le meurtre et la violence physique constituent les formes d'échange les plus redoutables. On ne doit s'y engager que si l'on est prêt à affronter les risques impliqués. Mais par ailleurs, on ne peut revendiquer l'honneur si on recule devant ces risques. Les joutes oratoires, les dépenses ostentatoires, sont certes des formes valorisées d'échange de violence. Mais c'est dans le meurtre et la violence physique que le sens de l'honneur s'affirme le plus totalement. Comme l'a dit un informateur : « Ici un homme d'honneur, un *ariaz*, a son courage, sa bravoure et son fusil, ou alors il n'est pas un homme. »

Il n'est donc pas étonnant que les formes de meurtre soient très développées chez les Iqar'iyen et constituent le terrain privilégié pour étudier le système de l'honneur. C'est pourquoi, après avoir décrit brièvement les joutes oratoires et les dépenses ostentatoires, nous analyserons les modalités différentes et complexes du plus significatif des échanges de violence : le meurtre.

Les joutes oratoires

L'homme d'honneur doit être humble et modeste. Il ne doit pas fanfaronner. Si d'autres le font pour lui, il doit faire comme si cela ne le concernait pas. Il laissera parler les « ignorants », les *ibuhariyen*, les irresponsables, sans leur répondre, pour ne pas gaspiller sa parole. Cet homme, cet *ariaz*, doit se contrôler et peser chaque mot qu'il prononce. Il sait ce qui se dit et la façon dont il faut le dire, et aussi ce qui ne se dit pas. Son discours est précis, concis et prononcé avec calme et mesure. Plus encore, il lui faut connaître parfaitement la langue et se singulariser en utilisant les mots et les phrases qui ont du « poids », du *thaql*. Cette maîtrise de la parole suppose un long apprentissage. L'homme d'honneur écoute ses aînés, étudie leur comportement, s'instruit longuement avant de pouvoir tenir son rang, disent les vieux informateurs.

C'est dans ce contexte qu'il faut situer les joutes oratoires. Il nous est très difficile de donner des exemples ici. Nous n'avons pas pu en recueillir, et cela pour une raison précise. La parole, comme l'a dit un informateur, ne se prononce pas dans n'importe quelle circonstance et ne se répète pas, sinon elle n'a aucune valeur. Néanmoins, il est possible de préciser les circonstances dans lesquelles se déroulent ces joutes oratoires et les formes qu'elles prennent.

Lors des assemblées de patrilignage ou de la communauté, des hommes d'honneur peuvent s'engager dans des compétitions de cette nature. Chacun exercera son talent à montrer le plus d'humilité et à vanter l'autre. Dans ce cadre, il faut savoir tourner ses phrases, utiliser avec soin les mots à sens multiples, riches de signification. L'improvisation imagée, le sens du rythme, de la formule poétique et lyrique, sont très appréciés. Dans ces échanges, qui peuvent durer des heures et sont parfois suivis par une foule passionnée, deux hommes peuvent ainsi se mesurer. Celui qui saura le mieux jouer la modestie en utilisant avec art les finesses de la langue berbère acquerra du prestige, un renom auprès des Iqar'iyen. Mais, par là même, il sera jalousé, et il lui faudra subir les défis des autres.

Durant ces échanges, la violence est retenue mais présente. Jouer à être modeste, c'est accuser implicitement son rival d'être un fanfaron, un irresponsable en ce qui concerne l'honneur. Celui-ci doit répondre par un défi du même genre s'il ne veut pas perdre la face. Le public est seul juge. Une parole maladroite, un mot mal placé peuvent entraîner la honte, la chute, la mort symbolique de l'un des partenaires.

A l'opposé de ces échanges « nobles » et honorables, il nous faut citer les joutes oratoires qui opposent deux groupes de jeunes — irresponsables quant à l'honneur — et se déroulent sur le mode de la vantardise. Elles ont lieu lors des batailles et lors des cérémonies de mariage. Elles pourront être comprises lorsque ces deux institutions seront analysées.

Les dépenses ostentatoires

Chez les Iqar'iyen comme dans d'autres sociétés, les dépenses en vue du prestige sont très valorisées. Elles prennent deux formes essentielles : dépenses fastueuses chez soi et pour soi, et dépenses en forme de dons faits à d'autres. Les unes et les autres supposent que l'on « étale », que l'on donne à voir, que l'on défie.

Les dépenses fastueuses chez soi ont cette particularité d'entraîner l'imitation en chaîne de tout le dispositif segmentaire. Par contre, la série de dons et de contre-dons s'inscrit dans un ensemble de relations dyadiques entre familles ou entre patrilignages, quelle que soit leur distance segmentaire. On retrouvera cette différence entre l'opposition segmentaire et l'opposition des patrilignages dans le meurtre et la violence physique.

Deux récits vont permettre de saisir comment se déroulent les dépenses fastueuses chez soi et pour soi.

Récit 5.   Les femmes et le tissu de soie sur la jarre

Une femme vient un jour au puits de son patrilignage. Un tissu de soie recouvre le goulot de sa jarre. Les autres femmes du groupe la voient. Jalouses, elles demandent à leur mari de leur acheter un tissu analogue. Les hommes s'inclinent et achètent des tissus de soie. On raconte même que certains furent obligés de vendre du bétail pour pouvoir le faire. La soie venait de l'intérieur du Maroc et coûtait cher. Quelques temps après, l'innovation s'étend aux autres patrilignages de la communauté territoriale. Les femmes de ces différents lignages veulent de la soie et beaucoup l'obtiennent. Ensuite, tour à tour, les femmes des autres communautés de la même fraction, puis celles des autres fractions de la même tribu font la même demande. Ainsi l'usage de la soie se généralise. Même les tribus voisines ne veulent pas demeurer en reste.

Récit 6.   L'embellissement des mosquées

Une communauté territoriale décide d'embellir sa mosquée. Elle engage un maçon pour décorer le minaret et collecte de l'argent pour acheter de beaux tapis venant de l'intérieur du Maroc. Les autres communautés de la même fraction décident alors de les imiter. Les autres fractions de la tribu, à leur suite, en font autant.

Les deux cas sont analogues : la dépense initiale se produit dans un segment de bas niveau et se propage comme une onde à travers le dispositif segmentaire. Aucun groupe ne veut ni ne peut rester en marge. Chacun se voit obligé de dépenser pour maintenir son prestige et son égalité avec les autres. Apparemment, dans ces circonstances, on dépense pour soi. En fait, on donne à voir, on étale son honneur et on défie les autres. On peut noter que, dans les deux récits, les objets utilisés pour ces dépenses viennent de l'extérieur et ne sont pas produits localement. Les biens de l'extérieur sont donc valorisés. Mais ils ne prennent sens que lorsqu'ils circulent selon les règles et les coutumes locales.

Les dépenses sous formes de dons s'inscrivent dans le cadre de la générosité et de l'hospitalité, qui sont très valorisées. En effet, pour les Iqar'iyen, consacrer ses récoltes, son bétail ou son argent à l'accumulation ou à la consommation propre à la famille, c'est faire preuve de peur, de crainte devant les autres, ce n'est pas être un homme, un *ariaz*. L'avarice est considérée comme anormale. Loin d'être une vertu, c'est une aberration. Celui qui garde tout pour lui est constamment ridiculisé. On dit : « Il ne veut pas partager avec nous mais avec les rats, eux seuls sont ses invités. » Au contraire, la générosité et l'hospitalité sont des devoirs impératifs.

On raconte souvent l'histoire d'un homme qui dut égorger le seul mouton qu'il possédait et cuire toute la semoule qui lui restait pour honorer son invité. Certes, ajoute-t-on, il se ruina, mais n'a-t-il pas ainsi montré aux autres ce qu'était et devait être un homme d'honneur ? On oppose cette conduite à celle d'un misérable (*miskin*) qui, n'ayant pas suffisamment de biens pour recevoir dignement ses invités, voulut cacher son déshonneur et son humiliation. Il tua et enterra secrètement ses invités. Ses agnats et les autres membres de sa communauté découvrirent la chose, le lapidèrent et brûlèrent sa maison.

Mais l'hospitalité est plus qu'un devoir, elle est une forme de défi à l'égard des autres partenaires de l'échange. A diverses occasions — naissance, circoncision, mariage, pélerinage à La Mecque, retour d'un voyage, fêtes religieuses, etc. — un chef de maison doit engager des dépenses pour recevoir et nourrir ses invités. Réciproquement, ceux-ci doivent recevoir leurs hôtes lors d'une fête qu'ils célèbrent. Toute la confédération iqar'iyen est ainsi parcourue par ces invitations réciproques qui s'étalent dans le temps.

Les dépenses les plus importantes sont faites lors des mariages et des funérailles. Un homme d'honneur doit donner à voir « le poids de son nom » lors des mariages de ses filles et, surtout, de ses fils. S'il n'a pas ce qu'il faut pour recevoir ses invités, il s'endettera auprès d'agnats ou de commerçants. Pendant trois jours, il devra nourrir tous ceux qui assistent aux cérémonies. Chacun saura par la suite combien de moutons il a égorgé, quelle quantité de semoule et de blé il a puisé dans ses réserves. C'est en fonction de ces dépenses que l'opinion mesurera son sens de l'honneur et son prestige.

Un chef de maison doit aussi, par ces dépenses, préparer celles qui suivront sa mort. Lors de ses funérailles, son nom sera affirmé une dernière fois. Ses fils devront recevoir et nourrir non seulement les amis, mais aussi les ennemis du défunt, et cela durant une période variant entre sept et quarante jours. Pendant ce deuil, ils seront obligés, pour honorer leur père décédé, de prélever une partie non négligeable de leur héritage. En accédant ainsi au statut d'hommes d'honneur, ces fils voient ainsi se profiler leur propre carrière et leur propre destinée : ils doivent dépenser, subir de fortes pertes pour être des *ariaz*.

En parlant de toutes ces dépenses ostentatoires, les Iqar'iyen disent qu'ils donnent à « manger » (*tsh*). L'expression signifie non seulement nourrir, mais aussi, au niveau symbolique, donner à dévaster, à piller. L'hôte accepte le risque d'être « mangé », ruiné, c'est-à-dire de perdre sa terre, ce domaine de l'interdit sans lequel il n'a pas de nom, pas d'identité.

Cette seconde forme de dépenses ostentatoires se caractérise par un aspect de violence qui ne se manifeste pas dans la première. Les dépenses fastueuses pour soi ont un caractère limité et l'émulation y joue un rôle essentiel. Les dépenses sous formes de dons entraînent des pertes importantes de biens et de richesses. Celui qui s'y engage sait qu'il entre dans des rapports d'une grande violence pouvant causer sa ruine et sa mort symbolique.

Le meurtre et la violence physique

Le troisième volet de l'échange de violence, et le plus complexe, c'est le meurtre, ainsi que toute agression armée (raid, razzia) entraînant vol de bétail ou de grain et blessure d'homme.

Certains informateurs considèrent que leurs parents et ancêtres avaient la gâchette facile. Les meurtres étaient fréquents, parfois sans mobile apparent. Un de ces informateurs raconte même qu'un homme, ayant acquis un nouveau fusil, l'essaya en tuant un autre homme qui passait paisiblement sur la route à quelques pas de là. Un autre affirme que les hommes du passé étaient des sauvages n'hésitant pas à tuer leurs « frères » pour un oui ou pour un non. Il raconte l'épisode suivant : un homme allant au souk devait traverser le territoire d'une autre communauté. Un membre de celle-ci s'interposa, lui demanda de rebrousser chemin et de prendre une autre route. L'« étranger » refusa de reculer et fut tué.

Cette vision moderne de la période traditionnelle est très nettement contestée par les vieillards, qui refusent de se considérer et de considérer leurs pères comme des sauvages. Ils ne nient pas qu'il y ait eu des meurtres, bien au contraire beaucoup de leurs récits sont axés sur des faits de ce genre. Mais ils affirment que l'on ne s'entretuait pas aussi facilement que les jeunes le prétendent. L'un d'eux nous a fait remarquer que si le meurtre avait été tellement fréquent, il ne resterait plus d'Iqar'iyen aujourd'hui.

Les récits des anciens témoignent que la vérité au sujet des meurtres est plus complexe. Dans les raids ou les affrontements directs, on essayait au maximum de limiter le nombre des morts. On savait que chaque mort pouvait entraîner un échange de violence particulièrement dur, aux conséquences redoutables pour les groupes en présence, qui perdraient des hommes et paieraient chèrement la revendication de l'honneur. De plus, l'échange de meurtres n'est pas un phénomène déréglé, anarchique. Bien au contraire, il est ordonné, et les règles du jeu indiquent quels actes exaltent l'honneur et lesquels le ruinent. Les premiers n'impliquent que peu de morts, et les autres entraînent des massacres.

Ces indications sont données pour contredire non seulement l'interprétation des meurtres comme relevant de la sauvagerie, mais aussi certaines théories de type écologique. D. Hart, parlant des Ait Waryaghel du Rif central, considère les meurtres comme un moyen de rétablir un équilibre entre population et ressources (Hart 1971 : 3-75). Cette explication pourrait apparaître séduisante pour le cas des Iqar'iyen. En effet, comme nous l'avons dit, ce territoire n'offre que de maigres ressources à une population très dense. On peut donc concevoir le meurtre comme un moyen de réduire le nombre des habitants ayant à partager la nourriture. Mais cette interprétation nous paraît difficilement soutenable. Nous avons indiqué comment les Iqar'iyen suppléent au manque de ressources par l'émigration temporaire et l'extension du territoire. Les groupes peuvent donc parer au déficit alimentaire par d'autres moyens que le meurtre. De plus, il n'est pas prouvé que celui-ci contribue à diminuer la pression démographique. Dans la majorité des récits, il y a très peu de morts. Dans quelques cas seulement il y a massacre. Le groupe ayant subi de fortes pertes en hommes est obligé de s'expatrier, mais les récits ajoutent que des immigrants viennent vite occuper le territoire abandonné. Selon nous, suivant en cela les indications de nos informateurs, le meurtre est un phénomène social total, et c'est à ce niveau qu'il faut l'étudier.

3. Les modalités de la violence physique

Les Iqar'iyen disent qu'ils s'affrontent entre eux pour des questions de femmes et de terres. Par là, ils indiquent que l'échange de violence débute toujours par une transgression du domaine de l'interdit. Le raid, la razzia, le vol dans une maison, l'offense envers une femme, l'atteinte aux enfants ou aux biens d'autrui sont considérés comme des affronts à l'honneur d'un homme et de son groupe. Un tel acte transgressif a pour conséquence soit un échange de meurtre, soit une bataille. Nous étudierons successivement ces deux modalités.

Le meurtre par ruse et le geste de défi

A la suite d'un affront, un homme décidé à tuer son adversaire peut attendre que sa future victime vienne se placer dans le champ de mire de son fusil. Il s'embusque dans la montagne, sur une crête, dans un endroit inexpugnable, avec quelques figues et du pain. L'attente peut durer plusieurs jours, pendant lesquels notre homme ne bouge pas. Il lui faut patienter et surtout ne pas se montrer. Il doit se cacher, se confondre avec la nature environnante, sinon sa présence sera signalée, et il ne pourra pas parvenir à ses fins. Quand la victime passe enfin devant lui, le point d'honneur consiste à l'atteindre entre les deux yeux. Il faut signaler qu'avant l'arrivée du fusil à répétition, obtenu en contrebande grâce aux militaires espagnols de Mellila, les

Iqar'iyen ne disposaient que du fusil à silex, à un coup. Après la mort de la victime, le meurtrier se lève, se montre et lance son fusil en l'air pour marquer son geste de défi ou de contre-défi.

Deux phases sont essentielles dans le déroulement du meurtre : l'assassinat par embuscade et le geste de défi. Nous étudierons successivement ces deux phases.

Le meurtre n'est jamais perpétré dans un combat face à face. La ruse, l'astuce sont toujours les moyens utilisés par le meurtrier, comme le montre l'exemple de l'embuscade tendue à la victime dans la montagne. D'autres stratagèmes sont utilisés par le meurtrier pour amener la future victime à se départir de toute prudence. Dans un récit qui sera développé plus loin (récit 16), le meurtrier cache son fusil dans sa djellaba, s'en va au marché et y attend l'arrivée de celui qui a tué son agnat. Dès qu'il le voit, d'un coup violent et rapide, il soulève sa djellaba, épaule et tire avant que la victime ne se soit aperçue de rien. La ruse du meurtrier consiste à avoir choisi de tuer sur le marché, lieu pacifique par excellence où seuls les responsables de l'ordre peuvent détenir des armes, les autres devant les déposer à l'entrée. Elle est dangereuse, car elle expose celui qui l'accomplit à se voir lapidé sur place et à voir son champ et sa maison ravagés par la tribu, à moins qu'il ne paye une très forte amende. Ici, le meurtrier a choisi le danger. Il frappe la victime dans le lieu où elle peut se croire le plus en sûreté, parmi la foule, là où pourtant elle doit savoir que, même en cet endroit, la mort peut l'atteindre.

Une autre ruse consiste à utiliser les services d'un mercenaire pour accomplir le meurtre. Ce mercenaire n'est pas un tueur professionnel qui offre ses services au plus payant. C'est un homme d'honneur qui cherche à se distinguer, et qui est d'un autre lignage que celui qui loue ses services. Cet homme — parfois aussi c'est un groupe d'hommes — peut choisir de faire tomber la future victime dans le piège d'une amitié de façade. Dans le récit 18, les mercenaires engagés pour abattre un meurtrier décident d'employer un stratagème de ce genre. L'agresseur est fanfaron, mais il est redouté. Aussi les mercenaires décident-ils de se lier d'amitié avec lui. Plusieurs mois passent ainsi. Mis en confiance, l'homme se laisse surprendre. Les « amis » réunis avec lui dans la cour prétendent que des lapins passent à proximité et lui demandent de leur prêter son fusil qu'il ne quittait jamais, pour en tuer quelques-uns et faire bombance. L'homme leur passe son arme. Ils sortent, s'éloignent quelque peu pour récupérer leurs propres armes et reviennent en criant à leur hôte de venir voir les beaux lapins qu'ils ont attrapés. L'homme sort. Il est criblé de balles sur le seuil de sa maison.

Ces exemples n'ont pas la prétention d'épuiser toutes les formes de ruses qu'utilisent les Iqar'iyen. Il en est probablement d'autres qu'il ne nous a pas été possible de connaître.

Le meurtre par embuscade montre l'équivalence entre meurtre et chasse. Notons ici l'analogie dans le dernier exemple entre la chasse au lapin et le meurtre d'homme et, en général, l'idée d'un piège tendu à la victime, le meurtrier s'embusquant ou se mêlant à la foule, c'est-à-dire, dans les deux cas, se mêlant à l'environnement et se rendant invisible à son adversaire. Traquer son adversaire et le prendre au piège par surprise n'est en aucune manière déshonorant. Les Iqar'iyen soulignent les vertus de l'homme qui attent patiemment son gibier ou bien qui, malgré le risque qu'il encourt, n'hésite pas à tuer en plein marché. La ruse n'est pas signe de lâcheté. Tout tueur, quelle que soit la manière dont il agit, sait qu'il sera probablement la prochaine victime. Et réussir à prendre au piège l'adversaire, c'est montrer, en plus du courage, l'astuce du chasseur.

Cependant, l'honneur se manifeste avant tout dans le geste de défi. Dans certains récits, on raconte que ce n'est pas le meurtrier qui lance son fusil en l'air, mais quelqu'un d'autre. C'est alors à ce dernier et à son groupe que le contre-défi sera adressé et non pas au véritable meurtrier, qui sera complètement négligé. Quand nous leur avons demandé l'explication de ce fait, les informateurs se sont étonnés de notre incompréhension. Pour eux, il était évident que dans ce cas le meurtrier de fait était un lâche qui ne méritait que le mépris. Celui qui s'était substitué à lui en lançant son fusil en l'air était en somme le véritable meurtrier. Par ce défi, il avait engagé son honneur, et c'était à lui que devait s'adresser la réponse, le contre-défi. Un récit raconte qu'un meurtrier, non seulement fait ce geste de défi, mais proclame devant tous qu'il a agi et attend les armes à la main qu'on essaie de le tuer, se mettant ainsi, en même temps qu'il revendique son acte, en posture de prochaine victime.

Tous les meurtres ne sont pas ainsi caractérisés, mais ceux qui ne s'accompagnent pas du geste de défi humilient leurs auteurs. En effet, personne ne peut cacher son acte, et tout finira par se savoir. Ne pas revendiquer son meurtre, c'est donc s'exposer au plus grand déshonneur.

Récit 7.   *Un « grand » tue son fils*

Un homme du patrilignage A tue un membre du patrilignage B de la même communauté territoriale. Le frère du mort découvre le cadavre et le ramène chez lui. Après l'enterrement, il dit devant tous : « Où est-il, ce rien (*bḥal wallu*) qui a tué mon frère ? Gaspillerai-je une balle pour lui, gaspillerai-je mon honneur pour ses frères qui ne l'ont pas forcé à se montrer, pour ses parents qui l'ont élevé dans la lâcheté ? » Le soir même, le père du meurtrier, un « grand » très réputé dans le pays, surprend son fils au moment où il essaie de quitter le territoire en emportant quelques vêtements, et le force à avouer son crime. Après cela, il rassemble les hommes de son groupe et tous se dirigent, au lever du jour, vers le territoire du patrilignage B. Le père du meurtrier, traînant ce dernier, appelle les hommes de B. Il leur dévoile ce qu'il a découvert, déclare que son fils est sa honte et l'égorge devant l'assemblée réunie. Il offre ensuite de payer la compensation pour le mort de B, ce qui est accepté.

Ce geste du père montre combien il est humiliant et dangereux pour tout le groupe de vouloir éluder l'échange de violence, et à quelle conduite extrême cela peut mener. Selon les informateurs, le « grand », l'homme d'honneur par excellence, ne pouvait pas faire autrement. Le meurtrier honteux n'est pas toujours tué par son père, mais le plus souvent exilé définitivement, banni, chassé comme un chien. C'est une mort symbolique qui, comme l'égorgement qu'on vient d'évoquer, ne suffit pas à restaurer l'honneur du groupe.

A la distinction entre le meurtre comme défi d'honneur et le meurtre qui déshonore son auteur par absence du geste de défi, correspond celle entre une mort honorable et une mort humiliante. Etre tué par un homme à l'affût dans la montagne ou être abattu sur le marché ne souille en aucune manière la mémoire du mort. On dira que ce dernier n'a pas pris assez de précautions, mais on reconnaîtra qu'il est mort « comme un lion », *bḥal el assad*, comme un animal libre, disent les Iqar'iyen. Par contre, tomber après s'être laissé désarmer, après s'être démuni de son fusil, c'est-à-dire de ce qui fait le propre de l'homme d'honneur, c'est se conduire comme un animal vil, comme un lapin qui fonce sur le piège qu'on lui a tendu.

La bataille

Deux types d'affrontement entre groupes peuvent mener à la bataille : les raids réciproques entre deux groupes segmentaires de haut niveau, ou bien la menace d'extermination réciproque entre deux patrilignages d'une même communauté territoriale. Les raids peuvent concerner, par exemple, deux fractions d'une même tribu. La première fraction décide d'organiser une ḥarka, ou « expédition », contre sa rivale. Elle mobilise ses meilleurs hommes et attaque un groupe (patrilignage ou communauté territoriale) de la deuxième fraction. Elle surprend son adversaire et lui vole du bétail, dévaste ses champs ou pille ses maisons. Elle doit procéder rapidement et éviter, si possible, qu'il y ait mort d'homme. La fraction agressée mobilise ses hommes de la même manière et organise un contre-raid. Après ce défi et ce contre-défi, les deux fractions peuvent décider de s'opposer dans une bataille pour régler leur querelle.

Le deuxième type d'affrontement est différent. Les tensions et les conflits entre deux patrilignages d'une même communauté risquent parfois de déboucher sur un massacre. Pour éviter ce danger, les deux groupes font appel à leur alliés, leff. Ce dernier terme désigne un type d'alliance politique. Un chapitre spécial étant réservé plus loin à ces leff ou ligues politiques, signalons seulement ici que les alliés leff d'un groupe sont répartis sur tout le territoire iqar'iyen et même au-delà, et qu'ils doivent l'assister en cas de besoin. Quand l'appel est lancé, ces alliés affluent et prennent position dans les quartiers respectifs des deux patrilignages.

La bataille a lieu dans un espace ouvert, les groupes prenant position l'un en face de l'autre, mais à distance. Elle commence par des joutes oratoires. Chaque groupe vante ses propres mérites et insulte son adversaire, comme dans l'exemple suivant.

Récit 8.   *Joutes oratoires entre les deux fractions X et Y*

Un homme de Y : Vous, les X, l'insulte, la honte, sont sur vous ! Y a-t-il des hommes parmi vous ? Notre honneur a été bafoué ! Y a-t-il des hommes parmi vous ? Que la poudre parle ! Donnez la poudre !

Un homme de X : Vous entendez, les Y veulent donner la poudre ! Vous entendez ! Ne vous laissez pas intimider mes frères ! Vous êtes des hommes, pas des femmes ! Courage mes frères ! En avant ! Ceux d'en face seraient-ils des hommes ? Vous, vous en êtes à coup sûr ! Suivez la voix de nos pères ! Ont-ils jamais cédé à leur peur ? Honte, honte à celui qui baissera son arme, qui oubliera nos ancêtres ! En avant mes frères, en avant !

Un homme de Y : Les voilà qui crient, les X : ne sommes-nous pas des hommes ? Dieu le sait, que son nom soit béni ! Ils parlent de leurs pères, que Dieu ait leur âme ! Les morts sont morts ! Mais qui sont ceux d'en face ? Ils attaquent et ils s'enfuient ! Ils parlent courage ! C'est ça le courage ? Mes frères, vous n'allez pas les laisser parler ainsi ! Leur arrogance demande punition ! Donnez, donnez la poudre ! Montrez-leur !

Un homme de X : Mes frères, ne reculez pas ! Ne cédez pas ! Ils veulent venir ! Qu'ils viennent ! Ils verront bien qui sont les vrais hommes et ce que vaut la parole de nos pères ! N'oubliez pas, mes frères ! Les Y ont espéré nous battre, et puis ils ont vu qui nous étions, ô frères ! Donnez-leur encore une leçon. Donnez-leur la poudre !

Un homme de Y : Assez parlé, levez-vous les Y ! Y a-t-il des hommes parmi vous ? A l'attaque mes frères ! Vous les X, vous allez mourir !

Un homme de X : Venez, vous verrez bien qui sont les hommes ! La mort vous attend !

Les joutes oratoires se déroulent en trois temps : on exhorte de part et d'autre les guerriers à ne pas faiblir ; on exalte ensuite le *nom* du groupe, et on commence à dénigrer l'adversaire ; enfin, on s'adresse à l'ennemi pour lui dire qu'on lui apporte la mort. Ainsi, chaque groupe vante ses propres mérites, son honneur, et s'emploie à rabaisser son adversaire. Mais il faut signaler que, dans ces circonstances, ce sont les jeunes et non les chefs de maison qui s'expriment. Ils claironnent leurs mérites alors que, comme nous l'avons dit, les hommes d'honneur doivent se montrer humbles. Il y a un aspect parodique, une dérision de l'honneur dans ce genre de confrontations verbales.

Après ces invectives, on se jette des pierres, des coups de feu sont tirés en l'air. Chacun s'abrite derrière un rocher pour éviter autant que possible d'être tué. Alors que dans le meurtre, le point d'honneur est de tuer sa victime d'une seule balle, ici on gaspille énormément de poudre. Il y a plus de balles perdues que de coups au but. Il est possible qu'un ou deux hommes soient tués ou blessés.

Après un moment, des *chorfa* médiateurs, hommes pacifiques dont on dit qu'ils ont la *baraka* ou « bénédiction divine », surgissent brusquement et s'interposent entre les belligérants. Le feu cesse. Les médiateurs implorent les guerriers d'arrêter cet affrontement. Dans un premier temps, les jeunes, dont l'esprit s'est échauffé, refusent. Mais finalement, après que les *chorfa* ont insisté, on accepte de part et d'autre, pour rendre hommage à ces hommes saints, d'arrêter la bataille. Les négociations commencent. Chaque groupe rend ce qu'il a capturé. S'il y a eu mort d'homme, l'affaire est plus compliquée, nous y reviendrons. Dans tous les cas, la paix est restaurée jusqu'au prochain affrontement.

Le déroulement de la bataille apparaît comme une inversion de celui du meurtre. Les combattants sont face à face ; le défi des jeunes, sur le mode dérisoire, précède le combat ; la poudre est gaspillée. Ainsi, à l'opposé du meurtre par ruse, la bataille apparaît comme un combat simulé (ou, pour reprendre une expression anglaise, *a mock fight*), comme un rituel parodique où l'honneur est tourné en dérision par les jeunes, les irresponsables. Nous retrouverons cette dérision dans les cérémonies de mariage et nous en proposerons une interprétation. La bataille apparaît aussi comme une ouverture à un règlement pacifique, que seuls les *chorfa* médiateurs peuvent instaurer, les guerriers des deux groupes ne pouvant arrêter la violence d'eux-mêmes sans se déshonorer.

La comparaison entre meurtre et bataille peut être poussée plus loin. L'échange de meurtres oppose uniquement des patrilignages, quelle que soit leur distance segmentaire. Les segments de niveau supérieur n'ont pas à intervenir dans cette affaire. Inversement, si dans la bataille il y a un mort, cela crée un conflit entre le patrilignage de la victime et le patrilignage du meurtrier, conflit qu'ils doivent régler entre eux. L'échange de meurtres engage, en plus de l'honneur collectif de deux patrilignages, l'honneur individuel. En effet, le meurtrier marque personnellement son acte. C'est son honneur qu'il affirme par son défi, en même temps qu'il engage l'honneur de son patrilignage. Du côté de la victime, ce sont les proches agnats du mort (ses fils et ses frères) qui doivent répondre par un contre-défi pour sauver leur honneur et celui du patrilignage. L'échange de meurtres fait donc intervenir simultanément deux niveaux de l'honneur, l'un collectif, l'autre individuel.

A l'opposé, la bataille ne fait intervenir que de vastes groupes. Dans le cas des *leff*, elle permet d'éviter le massacre entre patrilignages ; dans celui des groupes segmentaires de haut niveau, elle ouvre la voie à un règlement pacifique, après le combat simulé. Si l'on met de côté provisoirement le problème particulier des *leff*, on voit que l'échange de violence entre groupes segmentaires de niveau supérieur et ceux de niveau inférieur ont des formes différentes.

4. Les échanges de meurtres

La comptabilisation des morts dans l'échange de meurtres exprime d'une autre manière cette différence entre l'affrontement des patrilignages et celui des segments de haut niveau. Ce type d'échange de violence est basé sur un principe simple : un mort pour un autre mort. Prendre une vie, tuer, supposera un acte analogue de la part de ceux qui ont perdu un homme. Ce principe s'actualise différemment selon le contexte social où il apparaît.

Le coup pour coup

Aux niveaux inférieurs de segmentation (patrilignage, segment de patrilignage, famille), la correspondance entre les morts est rigoureuse. Les meurtres se comptabilisent toujours : tel mort pour tel autre, défi et contre-défi. Les comptes se règlent donc coup pour coup selon le schéma suivant, où ⚤ désigne la victime, et la flèche la perte d'une vie dans un groupe (en l'occurence groupe A dans le premier meurtre et groupe B dans le second) et la revendication du meurtre par un autre groupe (groupe B dans le premier meurtre et groupe A dans le second). Le schéma suivant est une traduction de l'échange des meurtres entre deux groupes :

Le massacre

En dehors du coup pour coup, la seule possibilité de réponse à un meurtre est le massacre. Il est possible que B, pour venger son mort, tue plusieurs hommes de A. Cela veut dire, et tout le monde le comprend, qu'il n'y aura plus d'arrêt possible : il faudra que l'une ou l'autre partie s'exile si elle veut éviter l'extermination.

Récit 9.   *Massacre après l'affrontement entre deux patrilignages pourvus chacun d'un « grand »*

Une femme du patrilignage A est donnée en mariage à un homme du patrilignage B (même communauté territoriale). Son mari, ainsi que les agnats de ce dernier, la maltraitent. Malgré l'intervention des parents de la femme, rien ne s'arrange. Finalement, elle revient dans son groupe d'origine. Un jour, un homme de B rencontre sur le chemin un homme de A. Tous deux sont armés. Ils commencent par s'insulter. L'homme de B veut tuer celui de A, mais ce dernier est plus rapide. Un compte est ainsi ouvert entre les deux patrilignages. Quelque temps après, le fils de l'assassiné se venge sur le meurtrier initial. Le compte est fermé. Mais A n'est pas satisfait. Il veut continuer car, en plus des meurtres, une de leurs femmes a été maltraitée. Les autres patrilignages de la communauté s'interposent, de même que les *leff*. Il faut faire la paix et la sceller. On décide que la cérémonie aura lieu à tel endroit, tel jour, avec sacrifice et repas collectif, en présence des *chorfa*. Les hommes de B se présentent devant l'assemblée réunie, mais seulement une partie des hommes de A. Des membres de ce dernier groupe, cachés derrière des rochers, abattent cinq hommes de B. Dans la confusion générale, les hommes de A se réfugient dans le territoire de D, leurs alliés *leff* dans la communauté territoriale. Une vraie bataille va se dérouler entre les *leff* ennemis. Les *chorfa* qu'on avait appelés pour sceller la paix ne peuvent accepter une telle insulte. Ils s'interposent entre les parties et disent : « Il faut nous tuer d'abord si vous voulez continuer le massacre. » Les hommes de A doivent payer une grosse somme pour les morts de B et s'engager à ne plus les agresser. Mais B avait subi une trop forte perte. Six des siens avaient été tués et il ne restait que quelques adultes pour défendre l'honneur du lignage. L'exil était la seule issue. Ils vendirent leurs terres. Plusieurs partirent on ne sait où, d'autres allèrent dans une autre communauté territoriale de la même fraction.

Ce récit est significatif sur plusieurs plans (alliance politique du type *leff*, médiation des *chorfa*, paix et sacrifice) que nous ne pouvons analyser tant que de nombreuses données ne sont pas exposées. Nous retiendrons ici le fait qu'un patrilignage a utilisé la ruse au cours d'un rituel de paix pour aller plus loin que le coup pour coup et forcer un autre groupe de la communauté à l'exil.

On connaît d'autres cas de multiplication des meurtres au niveau des patrilignages. Dans un affrontement de ce genre, trente hommes adultes périrent en un jour sur les trente-six des deux groupes qui s'affrontèrent. Les survivants durent s'exiler avec leur famille.

Selon nos informateurs, seul le coup pour coup entre dans le jeu de l'honneur. Le massacre, par contre, est la manifestation d'une volonté de domination d'un patrilignage à l'intérieur d'une communauté territoriale, comme le montre la description de ses conséquences. Le groupe vainqueur ne peut en aucun cas occuper le territoire du groupe vaincu. Celui-ci s'exile certes, mais plusieurs de ses membres restent dans le voisinage pour vendre leurs terres, dont une partie est achetée par des patrilignages de la communauté territoriale, à l'exclusion du groupe vainqueur, et le reste par un groupe immigrant qui décide de s'installer. Toutes ces tractations peuvent durer plusieurs années. Le patrilignage vainqueur cherche à remplacer les exilés par un groupe immigrant qui lui prête allégeance et devient son dépendant. Les autres patriliganges peuvent tenter de faire de même. Le plus rusé, le plus fort, imposera sa solution. Le groupe vainqueur peut échouer ou réussir son coup de force. Le massacre est donc un moyen pour un groupe de se débarasser d'un rival afin d'installer sur ses terres un groupe d'immigrants, c'est-à-dire un nouveau groupe de dépendants. C'est une opération politique liée à la recherche du pouvoir. Le groupe vainqueur pourra montrer sa prééminence et, par la suite, prouver qu'il a la force de soutenir son honneur et sa réputation.

Dans le coup pour coup, aussi bien que dans le massacre, l'enjeu est l'honneur, mais de deux manières différentes : le défi et le contre-défi, avec un mort de chaque côté, impliquent une volonté d'accroître sa réputation dans un échange de violence. Ici, moyen et but sont inscrits dans l'acte. Le massacre, quant à lui, est un moyen pour acquérir des dépendants qui serviront pour de futurs actes du premier genre. La négation de l'honneur sert l'honneur. On voit donc toute l'ambiguïté que revêt ce concept, que nous approfondirons à propos de l'étude des « grands ».

Il faut néanmoins insister sur le fait que le massacre paraît avoir un caractère exceptionnel. Aucune société ne peut persister dans cette violence aveugle et l'honneur serait, à terme, vide de sens. Un mort pour un autre mort, telle est la pratique courante entre segments de bas niveaux.

La série du coup pour coup

Une variante de ce coup pour coup doit être signalée. Notre étude impliquait jusque-là que les meurtriers étaient membres des segments concernés par l'échange de violence. Or les Iqar'iyen considèrent comme honorable d'avoir recours à un membre d'un groupe extérieur, un mercenaire d'un autre patrilignage. Mandater quelqu'un pour tuer à votre place est une ruse, une façon de tromper votre adversaire. Nous avons déjà donné un exemple de ce genre.

Généralement, le mercenaire est utilisé pour un contre-défi. Il est payé en nature ou en monnaie une fois sa tâche accomplie. Ce second meurtre est la réponse du groupe agressé, mais, en même temps, il ouvre un compte entre le groupe du mercenaire et celui du premier agresseur, ce dernier devenant dans ce cas l'agressé qui doit se venger. Cette nouvelle opposition se manifestera entre deux patrilignages, sans prendre en compte leur distance segmentaire. Elle concerne uniquement les deux patrilignages.

Le recours à de tels mercenaires est un moyen d'exporter la violence vers d'autres groupes. On accepte de servir comme mercenaire, aussi bien pour percevoir la rétribution en nature ou en monnaie, que parce qu'on veut rehausser son honneur par un défi. La violence peut ainsi se propager, comme dans le cas que nous allons décrire.

Récit 10. *Série d'échanges de meurtres*

Un homme *a* du patrilignage A, qui labourait son champ, est tué par *b* du patrilignage B (même communauté territoriale). Le meurtrier lance son fusil en l'air et s'en va avertir son groupe de l'acte de défi qu'il vient d'accomplir. Le patrilignage le fête, car il a répondu à l'affront de *a* sur la personne de sa sœur (cet homme *a* avait adressé la parole à cette femme, chose interdite). Tous les hommes de B se tiennent sur leurs gardes et il n'est pas possible à A de les attaquer. Quelques mois après, un médiateur offre ses services, ce qui est accepté ; *b* paie une compensation pour le mort de A. Mais ce dernier groupe n'est point satisfait. Le frère du mort va contacter *c* du patrilignage C et lui propose de lui payer une somme d'argent s'il parvient à tuer *b* ; *c* accepte la proposition et, par ruse, tue le premier meurtrier. Il jette son fusil en l'air, en disant pour qui il a accompli ce geste. *c* est payé. B réclame qu'on lui rembourse la compensation, ce qui est fait. C'en est fini entre A et B. Pour B, un compte est ouvert avec C qui les a agressés. Pendant quelque temps, ils s'emploient à essayer de tuer *c*, sans succès. A leur tour, ils font intervenir *d* du patrilignage D et le paient après qu'il a tué *c*.

Un compte se ferme, un autre s'ouvre entre C et D : il y a un mort entre eux. La série est donc à nouveau amorcée. Ici, l'informateur interrompt son récit, en disant qu'il ne sait pas comment cette série a pris fin.

Un schéma permet de représenter cette variante du coup pour coup :

Un autre récit du même type fut raconté avec clôture au niveau *f* et *e*. Ce dernier, au lieu d'avoir recours à un mercenaire pour venger le mort pris par *f*, décide qu'il se vengera lui-même. Il attend longtemps et réussit à tuer le meurtrier.

Il nous est difficile de dire si cette variante du coup pour coup était générale chez les Iqar'iyen.

L'hostilité permanente entre segments de niveaux supérieurs

Contrairement à l'opposition entre patrilignages, celle entre communautés territoriales, fractions et tribus, est caractérisée par un état d'hostilité permanente. Il n'y a ni début ni fin dans l'affrontement de ces segments de niveaux supérieurs. Pour comprendre ce phénomène, il faut revenir au système du meurtre.

Nous avons dit que le meurtre fait intervenir uniquement des patrilignages, quelle que soit leur distance segmentaire. Cela ne signifie pas que les unités de niveaux supérieurs n'entrent pas en ligne de compte. Au contraire, elles aussi comptabilisent les morts et cela de deux façons.

Le premier cas est celui où les deux patrilignages en conflit A et B appartiennent à deux fractions différentes, par exemple X et Y.

Au schéma :

A   B

correspond :

X   Y

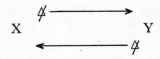

.   A chaque moment, le compte entre X et Y est plus élevé que celui entre A et B. Chaque fraction est composée de nombreux patrilignages et il y a de fortes chances pour qu'il y ait d'autres conflits. De plus, après la mort de *a*, un homme de CX peut décider de venger la victime au niveau de la fraction et de tuer un homme de DY. Dans ce cas, il inaugure un autre échange de meurtres, entre C et D. Ce processus peut ainsi se propager par ondes et les comptes entre X et Y resteront toujours ouverts.

Le deuxième cas est celui où les deux patrilignages A et B appartiennent à la même communauté territoriale M, fraction V. Ici intervient un homme de fraction W qui favorise l'échange de meurtres entre A et B, ou le provoque. Dans un récit de ce genre, chacun des deux patrilignages perd un homme. Pour ces deux morts, la fraction W est tenue pour responsable. Un compte est ouvert. Dans un autre cas du même genre, l'affrontement des patrilignages se termine par un massacre. Les trente hommes perdus dans le conflit des deux lignages de la fraction X sont considérés comme pris par la fraction Y, un des hommes de cette fraction ayant favorisé l'hécatombe.

En bref, tout se passe comme si les conflits déterminants entre patrilignages se répercutaient dans les segments de niveaux supérieurs. Ceux-ci comptabilisent aussi leurs morts. Mais de plus, ils empêchent l'arrêt de la violence entre patrilignages et relancent l'affrontement entre ces groupes.

5. Le meurtre et la compensation

Jusqu'ici, nous nous sommes intéressés au cas où l'on exige un mort pour un autre mort. Mais ce schéma, comme on peut s'en douter, est loin d'être toujours suivi. Une compensation ou « prix du meurtre » peut être versée au groupe de la victime, si celui-ci l'accepte. En principe, dans ce cas, la vengeance n'est plus admise. Si elle a lieu malgré tout, la somme versée doit être retournée au groupe du meurtrier initial.

Notre propos dans cette section est de montrer que le paiement d'une compensation crée un déséquilibre entre les deux parties concernées. La paix qui s'instaure dans ces conditions ne peut être qu'un intermède entre deux échanges de violence.

Le prix du meurtre

La compensation est appelée *diyith* (de l'arabe *diya*, qui a le même sens) chez les Iqar'iyen. Ce terme signifie « prix du meurtre ». Le groupe agressé la reçoit pour compenser la perte d'un des siens. Nous verrons pourquoi et dans quel sens on emploie ici l'expression « prix du meurtre ».

Si le ou les meurtres sont accomplis par plusieurs hommes non identifiés d'un groupe donné, c'est celui-ci qui doit payer la compensation. Ainsi, par exemple, si au cours d'une bataille opposant des fractions d'une même tribu, il y a eu un ou plusieurs morts d'un côté ou de l'autre sans possibilité d'identifier les meurtriers, c'est la fraction qui verse la *diyith*. Des cas de ce genre sont rares, nous a-t-on dit. Si, par contre, le meurtre est accompli par un seul individu ayant fait le geste de défi, c'est à lui de payer. Les membres de son groupe (ou d'autres) peuvent l'aider, s'ils le veulent bien. On raconte même que l'intéressé parcourt différents territoires, demandant le secours matériel des gens qu'il rencontre. Cela dit, les membres du groupe du meurtrier, même s'ils ne sont pas obligés de participer au paiement, doivent néanmoins marquer leur solidarité quel que soit leur avis sur la nécessité de verser ou non la compensation. En tout cas, la plus grosse part de la *diyith* est donnée par le meurtrier.

Cette différence entre le paiement collectif et le paiement individuel doit être mise en relation avec ce que nous avons dit des modalités de l'échange de violence. Le premier est surtout associé aux batailles, le second aux meurtres individuels. Celui qui tue a revendiqué son acte. C'est donc à lui de payer, s'il a choisi ce moyen de résoudre l'échange de meurtres.

Le paiement de la *diyith* doit être fait aux proches agnats du mort: à son père s'il est vivant, sinon à ses frères et à ses fils. Personne d'autre ne reçoit de part ni ne peut en réclamer. A la différence des biens du mort, la *diyith* ne va qu'à des hommes, porteurs de l'honneur ; les femmes n'y ont pas droit.

La compensation et les médiateurs

Généralement, quand il y a un mort d'un côté, il faut s'attendre à ce que le groupe agressé réponde par un meurtre. Instaurer la paix entre les parties par le paiement de la compensation nécessite le recours à des médiateurs. Ceux-ci sont principalement les *chorfa* prestigieux, membres des lignages auxquels on reconnaît une filiation directe avec le Prophète. Comme un chapitre spécial sera consacré à ces *chorfa* (cf. chap. 10), nous nous contenterons ici de résumer leur rôle.

Ces *chorfa* sont hors système du meurtre. Ils sont en principe pacifiques et ne doivent pas s'engager dans un conflit armé. Ils n'interviennent que si l'on fait appel à eux. En aucun cas, ils ne doivent s'interposer de leur propre initiative entre les parties en conflit. Il faut, pour qu'ils puissent remplir leur rôle avec succès, que les deux parties en conflit acceptent leur médiation, sinon ils s'exposeraient à un désaveu public de leur action. Or un *cherif* (singulier de *chorfa*) *n'échoue pas dans sa médiation*. Ceci étant, tout doit se passer comme s'il en prenait lui-même l'initiative. Le rituel l'impose. Nous examinerons les différentes modalités d'intervention des *chorfa* en cas de bataille et en cas de meurtre.

Quand les parties décident de s'affronter au cours d'une bataille, les *chorfa* sont contactés secrètement par les anciens des deux groupes ou par les « grands ». Si une des parties seulement se manifeste, ils ne peuvent pas intervenir, ou du moins ils doivent s'informer de la position de l'autre partie et obtenir son accord pour commencer leur action. En fait, nous ne connaissons pas de cas où les *chorfa* se soient abstenus d'intervenir dans une bataille. Celle-ci se termine toujours par l'irruption soudaine de ces *chorfa*. Les négociations se déroulent par leur intermédiaire. Si l'une des parties a perdu un homme, les *chorfa* doivent faire preuve d'une grande habileté pour mettre d'accord les belligérants sur la forme que prendra la compensation.

Lors de la bataille, les *chorfa* ou le *cherif* interviennent après que quelques coups de feu ont été tirés. Ils se placent entre les parties et commencent à exhorter les combattants pour qu'ils cessent la bataille. Après un moment de stupeur, les membres des deux parties refusent de mettre bas les armes. Arrêter, c'est montrer sa peur, c'est donc se laisser humilier. Les *chorfa* reprennent leur supplique, s'adressant aux combattants, et, après avoir vanté leurs mérites respectifs, leur disent qu'être un homme, ce n'est pas seulement savoir se battre mais c'est aussi savoir accepter la paix. Les combattants se concertent chacun de leur côté, puis, après un temps plus ou moins long, disent accepter la demande des *chorfa*, afin de leur rendre hommage. Il est sous-entendu par là que, si cela ne tenait qu'à eux, la bataille continuerait. Après cet accord, les négociations pour la restitution des biens volés commencent.

Après un meurtre par embuscade, le meurtrier prend souvent l'initiative et contacte le *cherif* qui lui paraît le plus apte à faire accepter la médiation par les agressés. Dans certains cas, il se réfugie dans le territoire-sanctuaire du lignage des *chorfa*, où personne ne peut l'atteindre, et de là demande au médiateur d'intervenir. Celui-ci contacte la partie adverse, et les négociations secrètes commencent. Si les deux parties arrivent à un accord, la médiation est rendue publique. Le paiement de la compensation se déroule au cours d'un rituel de paix que nous décrirons en détail dans le chapitre sur les *chorfa*.

Pour conclure, il faut noter l'importance des *chorfa* dans le processus de paix. Les parties n'acceptent pas de s'adresser l'une à l'autre directement. Il leur faut un tiers qui ne puisse avoir d'intérêt dans l'affaire. Tout se déroule comme si on cédait aux demandes des *chorfa*, alors que chacun sait pertinemment que ce n'est pas le cas.

Mais personne ne peut afficher publiquement qu'il veut payer la *diyith* ou qu'il la quémande. Ce serait perdre la face, l'honneur.

6. Les formes de compensation

Le paiement de la *diyith* est considéré par les Iqar'iyen comme conforme aux prescriptions coraniques. Dans cette confédération, elle est de trois sortes : une somme d'argent, une femme en mariage, un serviteur.

Quel que soit le mode de paiement, les Iqar'iyen ne considèrent pas qu'à travers la compensation une équivalence s'établisse entre le mort et la *diyith*. On ne pourra jamais dire ici qu'un homme vaut telle somme de monnaie. La *diyith* n'est pas une mesure de celui qui est mort assassiné, mais de l'honneur des groupes en conflit et de l'inégalité entre l'honneur de l'un et de l'autre à la suite du paiement. Elle est le « prix de l'honneur » dans un système de relations, et non l'expression d'une équivalence entre substances (homme, argent).

Les parties en conflit choisissent d'arrêter l'échange de violence pour différentes raisons : elles ne veulent pas se laisser entraîner dans un massacre, ou bien l'une ou l'autre partie n'est pas en mesure, à un moment donné, de soutenir sa réputation parce qu'il y a peu d'hommes adultes dans le groupe.

Compensation en argent

Selon les informateurs, une somme fixe était payée comme compensation. Ils l'estiment en *douros* : deux cents pour un mort et cent cinquante pour un blessé. Ces sommes étaient très importantes pour l'époque. Très peu d'hommes avaient, dit-on, de telles liquidités. La majeure partie de la population ne pouvait en réunir que très difficilement le cinquième, les plus pauvres évidemment encore moins. Les informateurs disent que payer la *diyith* était une lourde charge pour les intéressés. Il leur fallait emprunter, parfois hypothéquer lourdement leur terre. Beaucoup se retrouvaient par la suite à la merci des prêteurs.

Cela dit, il se révèle à travers les différents cas de paiement de compensation que les sommes versées ne sont jamais celles fixées par cette règle. Elles sont soit nettement inférieures (quarante, cinquante, soixante, cinquante-cinq douros pour un mort), soit nettement supérieures (trois cents, trois cent vingt, trois cent cinquante, trois cent dix, et un cas exceptionnel non confirmé de quatre cents douros, toujours pour un mort). Il est possible qu'il y ait eu des paiements de deux cents douros, mais nous n'en connaissons pas.

Or les récits indiquent une différence entre la règle et la pratique. Nous ne savons pas comment nos informateurs l'auraient interprétée (car nous nous sommes aperçu de cette différence après notre séjour sur le terrain, et il n'a pas été possible d'obtenir des informations par correspondance). On peut avancer une hypothèse pour l'expliquer : la somme fixée par la règle est un indice qui permet de voir en faveur de qui, de l'agresseur ou de l'agressé, s'établit l'inégalité qui résulte du paiement de la *diyith*. Les récits semblent renforcer une telle interprétation. En effet, dans tous les cas où la somme payée est nettement inférieure à la règle, il est indiqué que les agressés voulaient obtenir plus, mais qu'ils ont dû se satisfaire de ce qu'on a bien voulu leur donner. Au contraire, là où la somme est forte, on insiste sur le fait que l'agresseur avait proposé de verser une somme inférieure. L'agressé a refusé et n'a cédé aux instances du médiateur que lorsqu'on lui eut promis une somme élevée. Selon le cas, c'est l'agresseur ou l'agressé qui affirme sa force ou reconnaît sa faiblesse. Deux récits permettront de mieux situer ces faits.

Récit 11. *Faible compensation pour un meurtre*

Ce récit concerne deux patrilignages A et B d'une même communauté territoriale. *a*A et *b*B ont des terres voisines. Le premier tente régulièrement de déplacer les bornes entre deux parcelles pour s'agrandir aux dépens de son voisin. Celui-ci les remet à leur place tout aussi régulièrement. Après quelques mois de ce jeu, excédé par les manœuvres de *a*A, il décide de porter l'affaire à l'*ayraw*, l'assemblée de la communauté. Après de longues discussions et palabres, on demande à *a*A de cesser ses harcèlements. Rien n'y fait, et *a*A continue à déplacer les bornes. *b*B décide de surprendre son voisin et de le tuer s'il ne remet pas les bornes à leur place originelle. Un jour, son fils l'avertit que *a*A recommence ses manœuvres. Il prend son fusil et accourt sur les lieux, mais avant qu'il ait pu parler à *a*A, celui-ci le tue. Le meurtrier s'en va avertir son groupe de son acte et leur explique qu'il a tué pour ne pas l'être lui-même. Il se dit prêt à payer la compensation, et il charge un vieux du lignage d'aller contacter le *cherif*. Celui-ci va voir les hommes de B. Ces derniers, dit l'histoire, sont moins nombreux que ceux de A. Les deux fils du mort ne veulent pas accepter le paiement de la *diyith*, ils veulent se venger. Les autres membres du groupe leur font comprendre qu'ils risquent de se faire tuer comme leur père, les hommes de A étant trop aguerris et trop nombreux pour se laisser surprendre. Cependant les fils du mort persistent dans leur refus.

Un vieux du groupe va les voir et leur raconte sa propre histoire. Son père a été tué alors qu'il était jeune. Il a dû accepter de recevoir la *diyith*, car il n'était pas en mesure de se venger. Certes, sur le moment, comme eux, il s'est senti humilié. Il aurait dû tuer. Mais les vieux de l'époque lui avaient dit d'attendre son heure et de tuer le meurtrier ou ses fils le jour où il se sentirait assez fort, avec ses frères (ses agnats) derrière lui. Il a attendu quinze ans et il s'est vengé. Voilà ce qu'il leur dit. A la suite de cet entretien, les enfants de *b*B acceptent en fin de compte de recevoir la compensation. Le *cherif* va voir les hommes de A pour savoir combien ils veulent payer. *a*A, le meurtrier, propose une très faible somme, arguant qu'il n'a pas les moyens de donner plus. Les fils de *b*B refusent. *a*A propose alors soixante douros et affirme qu'il est obligé de s'endetter pour assembler cette somme, et que c'est sa dernière proposition. De nouveau, les enfants de *b*B refusent. Mais cette fois *a*A et son groupe ne cèdent plus. C'était soixante douros ou rien. Finalement, après de longues discussions entre le *cherif* et les hommes de B, ceux-ci et les enfants de *b*B, la proposition de *a*A est acceptée, et soixante douros sont donnés. Quelques années après, les fils de *b*B tuent *a*A qui revenait de son champ, et doivent rendre la somme reçue auparavant (il faut signaler qu'entre temps une épidémie de variole avait emporté plusieurs hommes de A et fortement diminué leur force).

Récit 12. *Forte compensation pour un meurtre*

Ce récit se situe à peu près à la même période que le précédent. Il oppose toujours deux patrilignages C et D d'une même communauté territoriale.

Un homme *c*C veut obtenir en mariage la fille de *d*D. On la lui refuse. Il n'accepte pas l'affront et tue *d*D. Après quoi il se réfugie dans la *zawiya*, le territoire des *chorfa*. Les hommes de D décident d'attaquer le territoire de C. Celui-ci fait alors appel à ses alliés *leff*. D, sachant cela, fait de même. En quelques jours, un grand nombre d'hommes viennent se ranger d'un côté et de l'autre. Une bataille va se dérouler, et, comme dans beaucoup de cas de ce genre, les *chorfa* interviennent. Les hommes de D ne veulent pas accepter le principe d'une compensation. Ils veulent tuer les hommes de C. Ils disent que rien ne les arrêtera, même s'il leur faut se battre seuls contre tout le *leff* ennemi. Il y avait, dit-on, beaucoup de vrais hommes dans ce groupe D. Les médiateurs essaient de calmer les esprits des uns et des autres. La négociation commence. Elle est longue, dit-on, car les hommes de D refusent tout ce qu'on leur propose. Finalement, il est convenu que le meurtrier, toujours réfugié à la *zawiya*, doit payer la somme énorme de trois cents douros. D accepte ; ses alliés *leff* le convainquent qu'il a fait la démonstration de sa force, et qu'il ne faut pas être intransigeant. On va avertir le meurtrier de l'accord. Cet homme refuse de payer une telle somme. Il n'en avait pas même le dixième. Ses alliés proposent de l'aider. Il refuse encore. Finalement, les pressions et les menaces ont raison de sa résistance. *c*C doit vendre une bonne partie de ses terres pour réunir deux cents douros, ses agnats et ses alliés *leff* fournissent le reste. On décide qu'après le versement de la compensation, les hommes de C quitteront leur territoire pour un an ou deux, le temps que les esprits se calment. Ce qu'ils font. Quelques années après, l'hostilité entre les deux groupes recommence, et cette fois, c'est un homme de D qui tue un autre de C. Le récit ne dit pas si la compensation pour le premier meurtre fut rendue.

Ces deux récits, et nous pourrions en citer d'analogues, indiquent que la compétition pour l'honneur peut passer du plan du meurtre à celui du prix du meurtre. Ici, ce n'est pas, comme dans les dépenses ostentatoires, celui qui donne le plus qui surclasse son rival, mais celui qui paie le moins. Le meurtrier, dans le premier récit, impose des limites à son « offre » et, comme l'histoire le montre, les agnats de la victime ne sont pas en mesure d'exiger plus. Ils sont peu nombreux, relativement faibles, et subissent les conditions de leurs adversaires. Le second récit souligne l'intransigeance des agressés, qui font reculer leurs adversaires et les obligent à payer cher le meurtre. Dans un cas donc, le meurtrier reste maître du terrain, et affirme, par son acte et par le versement d'une *diyith* médiocre, sa supériorité sur les agnats de la victime. Dans l'autre, le meurtrier n'est pas à la hauteur de son acte et finit par subir la loi des agressés qui, malgré la perte d'un des leurs, affirment leur prééminence.

Ces récits montrent que la paix qui s'établit à la suite du paiement est provisoire. Elle est une pause. Le premier récit le montre bien. Les fils du mort acceptent la *diyith*, mais ils attendent, comme le vieil homme qui raconte son histoire, le moment propice pour rétablir l'équilibre et montrer qu'ils sont intraitables quant à leur honneur bafoué. Dans le second récit, il est simplement signalé sans autre indication que les hostilités reprirent entre les deux patrilignages. La paix instaure donc, quant à l'honneur, un déséquilibre entre les parties, mais elle ne peut qu'être temporaire, et l'échange de violence sera relancé après quelques années.

Une femme en mariage

Chez les Iqar'iyen, une femme peut être donnée en mariage par le groupe du meurtrier en compensation du meurtre, pour être épousée par le frère ou le fils du mort. En général, cette épouse n'est conservée que jusqu'à ce qu'elle donne naissance à un fils ; elle est alors renvoyée chez les siens. On affirme que, dans de rares cas, elle reste chez son mari.

A l'ordinaire, le mariage s'accompagne du paiement du *sdaq* ou

« prix du trousseau ». Rien de tel ici. Aucun prix n'est versé. Il n'y a pas de plus grand déshonneur pour un groupe que de céder une de ses filles dans de telles conditions. Cette femme sera maltraitée par son mari, ses beaux-parents et leurs agnats. C'est ainsi qu'une femme normalement mariée, se plaint si son mari la brime, en disant : *Was muwsheth thi diyith ?*, « T'ai-je été donnée comme compensation ? » (pour que tu me traites ainsi). On dit que, quand cette femme *diyith* revient chez ses parents, après la naissance de son fils, rares sont ceux qui voudront l'épouser, car elle porte les stigmates du déshonneur.

Que le groupe du meurtrier en arrive à céder une femme en compensation du mort montre sa grande faiblesse et son incapacité à soutenir sa réputation. Ce groupe ne se relèvera de l'humiliation subie qu'après une longue période.

Un serviteur

Alors que, dans les deux cas précédents, les deux parties restent face à face, malgré le déséquilibre quant à leur honneur respectif, dans le troisième type de compensation, le groupe du meurtrier est définitivement éliminé.

Le groupe de la victime peut exiger que le meurtrier vienne servir ceux qu'il a agressés. Cet homme, devenant *akheddam*, « serviteur », subira leur loi et sera l'objet d'un mépris général. Son groupe, qui a accepté ce genre de conditions, n'a guère d'autres choix que de vendre ses terres et de s'exiler. Cette dernière forme de compensation équivaut à un massacre symbolique. Un récit est très significatif à ce sujet.

Récit 13. *Un meurtrier devient serviteur*

Ce récit concerne deux patrilignages E et F d'une même communauté territoriale. *e*E est invité par *f*F à venir déjeuner chez lui. On ne sait pas très bien pourquoi, ils en viennent à se quereller ; *e*E tire sur son hôte ; il s'enfuit rapidement et se réfugie chez les *chorfa*. Un membre de ces derniers, homme très prestigieux, est chargé par le meurtrier de mener la négociation. *f*F n'était pas mort, mais seulement gravement blessé. Le *cherif* vient lui dire que *e*E est prêt à payer. L'agressé refuse. L'affront qu'il a subi dans sa propre maison est trop grave pour qu'il puisse accepter la *diyith*. Le meurtrier propose une grosse somme. Rien n'y fait. Finalement l'agressé fait sa proposition. Il est prêt à pardonner si le meurtrier accepte de devenir son serviteur. Le *cherif* va consulter les hommes de E. Ce groupe est faible. Il sait que *f*F et ses agnats sont déterminés à le massacrer s'il n'accepte pas leurs conditions. Le meurtrier plus que tous, dit-on, a peur. Il se résigne à son sort, et son groupe se disperse après avoir vendu ses terres. C'en est fini de ce patrilignage. Le meurtrier devenu serviteur vécut quelques années auprès de ƒF, qui le traita bien. Mais il se laissa mourir, dit-on, car il ne se sentait plus un homme.

Ce récit est le seul de ce genre qui nous fut raconté. Différents informateurs l'ont évoqué. Il est difficile de dire si d'autres cas semblables ont existé.

7. L'ambiguïté de la compensation

De ces trois types de compensation, le plus fréquent dans les récits est le versement d'une somme d'argent, et le plus humiliant pour le meurtrier est celui qui consiste à se transformer en serviteur. Seul le paiement en argent permet une alternative, le groupe du meurtrier ou celui de la victime pouvant affirmer leur prééminence. Donner un serviteur ou une femme comme épouse abaisse le meurtrier et son patrilignage.

Les deux types de déséquilibre qui résultent du paiement en argent et de la donation d'une épouse ne sont pas définitifs. Les groupes restent face à face. Celui qui a été humilié peut se redresser et reprendre son statut. Au contraire, lorsque le meurtrier se transforme en serviteur, le déséquilibre est définitif. Le groupe humilié n'a plus de raison d'être, du moins sur le territoire qu'il occupe.

Dans les deux premiers types de compensation, une ambiguïté subsiste. Certes le groupe de la victime qui reçoit une forte somme d'argent ou une femme, voit son honneur rehaussé. Mais accepter le prix du meurtre plutôt que de prendre une vie, c'est, pour les agressés, avoir reculé devant la mort. Ils ont accepté de remplacer un mort par un *ersatz* de mort.

Pour se convaincre de cette ambiguïté, il suffit de reprendre le récit 12 de la forte compensation et ce qu'en dit un informateur : le groupe D agressé clame sa volonté d'écraser le groupe C. N'est-ce pas le meilleur moyen de pousser ce groupe à appeler ses alliés *leff*, à provoquer une bataille dont on sait qu'elle va se terminer par un compromis, donc par le paiement de la *diyith* ? Les hommes de D ne sont pas des irresponsables qui ne pensent qu'à leur vengeance. La manière même dont ils ont provoqué la suite des événements indique de leur part de l'hésitation. Un groupe qui veut se venger ne fanfaronne pas, il tue.

Cette interprétation de l'informateur révèle que, avec ce mode de règlement du meurtre, il n'y a jamais de vrai vainqueur. Des doutes subsistent. Les uns ont reculé après avoir tué, mais les autres ont reculé avant d'avoir tué. Ainsi le déséquilibre que crée le paiement de la compensation ne donne pas que des avantages au vainqueur. C'est une raison supplémentaire pour rendre la paix précaire. L'échange de violence doit reprendre à plus ou moins long terme.

Dans ce chapitre, après avoir situé l'ambiguïté de l'honneur comme affirmation de l'autorité sur les domaines de l'interdit et comme transgression de ces interdits par le défi et le contre-défi, nous avons étudié les différentes manifestations des échanges de violence et en particulier des échanges de meurtres. Celles-ci prennent des formes variées selon la force des groupes qui s'affrontent. Dans ce contexte, ces échanges sont les moyens privilégiés de la compétition pour l'honneur. Certains trouveront là l'occasion pour affirmer leur supériorité sur d'autres par le truchement du massacre ou par la compensation. Mais l'analyse de ces échanges montre aussi que tout déséquilibre et toute inégalité quant à l'honneur seront mis en question, car les échanges de violence ne peuvent être interrompus que temporairement. En conclusion, trois ordres de problèmes restent en suspens et demandent un examen plus approfondi.

Tout d'abord, nous avons noté les différences entre les formes que prennent les conflits segmentaires de haut niveau et celles que prennent les conflits entre patrilignages, quelle que soit leur distance segmentaire. Aux premières correspondent les dépenses fastueuses chez soi et pour soi, les joutes oratoires de dérision et les batailles ; aux secondes, les dépenses en forme de don et contre-don, les joutes oratoires « nobles » et le meurtre. Par ailleurs, au sein des patrilignages, la distinction entre honneur collectif et honneur individuel et l'émergence possible de « grands », hommes d'autorité et de prestige, marquent encore plus la particularité de ce niveau par rapport aux niveaux supérieurs. Une double question se pose : comment se développent les rapports d'autorité à l'intérieur des patrilignages et comment s'articule l'ordre segmentaire avec ces rapports d'autorité. Ce sera l'objet de la deuxième partie de cet ouvrage.

La médiation des *chorfa* dans les échanges de violence délimite un autre ordre de problèmes qui déborde le seul cadre de l'honneur. En effet, l'intervention de ces détenteurs de la *baraka*, ou « bénédiction divine », introduit dans les rapports entre hommes la référence au divin, à un ordre transcendant. L'analyse du système social iqar'iyen ne peut donc pas se limiter à la description et à la compréhension du jeu de l'honneur, mais doit situer cette valeur par rapport à la *baraka*. Il existe une relation entre honneur et *baraka*, entre les échanges de violence et l'instauration d'une paix de Dieu, entre la mort donnée et la vie reçue. C'est cette relation que nous étudierons dans la troisième partie.

Enfin, la description de la bataille nous a amené à signaler des échanges de violence quasi rituels par opposition à ceux où les actes transgressifs se concluent par un meurtre. La simulation de la violence dans un combat face à face et la dérision de l'honneur par les « jeunes irresponsables » constituent une mise en scène amenant nécessairement l'intervention spectaculaire des *chorfa*, en contraste avec leur action discrète, secrète même, dans le cas de meurtre. Tout, dans la bataille, est un spectacle de parodie que s'offrent ainsi les Iqar'iyen, parodie du jeu de l'honneur par les inversions des rapports d'autorité entre générations et parodie des rituels de paix, les *chorfa* intervenant dans cette mascarade comme s'il s'agissait d'un échange de violence particulièrement dramatique. Or ces simulations et cette dérision des valeurs de l'honneur et de la *baraka* prennent toute leur ampleur dans les cérémonies de mariage où le système social iqar'iyen est parodié par les jeunes. Il n'est donc pas suffisant d'analyser le système de l'honneur et la relation entre honneur et *baraka*, il faut aussi comprendre la signification de cette parodie des valeurs au niveau global de la société. Ce sera l'objet de la quatrième partie de cet ouvrage.

4 | Patrilignage et rapports d'autorité

Pour expliciter la règle segmentaire, les Iqar'iyen citent le proverbe arabe : « Moi contre mes frères ; moi et mes frères contre mes cousins ; moi, mes frères et mes cousins contre tout le monde. » La segmentarité ayant été maintes fois décrite dans la littérature anthropologique, nous ne noterons que ses principales caractéristiques chez les Iqar'iyen.

Comme nous l'avons montré, l'opposition des segments des niveaux un à quatre, de la confédération à la communauté territoriale, se manifeste dans les raids et les batailles ; celle entre patrilignages, dans le meurtre.

Dans toutes les sociétés segmentaires, il existe une limite supérieure au-delà de laquelle aucune entité politique pré-existante ne peut plus s'affirmer. Ici, c'est la confédération des cinq tribus. Le Rif est une unité culturelle qui ne se mobilise que pour lutter contre les « infidèles ». Cette unité rifaine n'est pas automatique. Il a fallu l'action énergique d'un chef charismatique pour que se produise le soulèvement rifain.

La limite au-dessous de laquelle l'opposition segmentaire n'opère plus, c'est la famille restreinte ou étendue placée sous l'autorité du chef de maison. Le parricide et le fratricide sont considérés comme des actes de folie, qui condamnent leurs auteurs à être lapidés ou exilés sans que personne puisse s'y opposer. Entre cousins parallèles du premier degré, ou même entre oncle paternel et neveu, le meurtre n'est pas prohibé, même s'il n'est pas bien vu. Nous avons des exemples d'hommes qui tuèrent leur oncle paternel sans que personne s'en mêlât. Cependant, il est reconnu par les informateurs que, par un tel meurtre, l'on peut s'attirer la malédiction divine.

Mais les échanges de violence ne se limitent pas aux conflits segmentaires. L'affrontement entre patrilignages, quelle que soit leur

distance segmentaire, est aussi la règle. Ce type de conflit peut prendre deux formes, qui dépendent de la présence ou de l'absence d'un
« grand », c'est-à-dire d'un homme ayant une position prééminente
dans le patrilignage. L'affrontement peut concerner soit deux
groupes sans « grand » à leur tête, soit deux groupes agnatiques dont
l'un ou les deux ont un « grand ». Les règles de l'échange de violence
dans ces deux cas sont différentes. Avant de les examiner, il est
nécessaire de voir ce qu'est un « grand », et quelle position il occupe
dans son patrilignage.

1. Le « grand » ou *amghar*

Amghar est un terme berbère qui signifie étymologiquement
« vieux », « grand » et « homme puissant ». Tous les hommes âgés ne
sont pas des *amghar*. On les appelle plutôt *aqdim*, le « vieux », ou
jidd, « grand-père ». Le terme d'*amghar* est réservé aux hommes
occupant une position particulière dans leur groupe et possédant des
qualités singulières.

Le titre de « grand » ne s'hérite pas, il s'acquiert. L'*amghar* doit
répondre à certaines normes pour être reconnu. Ces normes lui imposent des comportements particuliers et révèlent sa personnalité
et son autorité. Nous esquisserons le portrait du « grand » tel que se
le représentent les Iqar'iyen.

La polygamie du « grand »

Un « grand » a généralement plusieurs femmes (la Loi coranique permet au maximum quatre épouses). La polygamie indique sa force et
sa puissance. Nous avons signalé que l'honneur d'un homme se reconnaît tout d'abord au domaine qu'il possède, c'est-à-dire la maison, la ou les femmes, les enfants et la terre. Plus ce domaine est
vaste, plus la réputation et le prestige d'un homme sont grands. La
polygamie n'est pas réservée aux « grands ». Tout homme a le droit
de prendre plusieurs femmes, mais cela suppose d'importantes ressources qui permettent de payer le *sdaq*, ou « prix de la fiancée »,
et de nourrir la grande famille qui en résultera. Peu d'hommes en
dehors du « grand » disposent d'une telle richesse.

La polygamie des « grands » signifie encore autre chose. Prendre
plusieurs femmes, c'est en priver d'autres hommes. A propos des

seconde, troisième et quatrième épouses, il y a antagonisme entre le
« grand » et d'autres prétendants qui, repoussés, cherchent parfois à
se venger sur le père de la fille ou sur leur rival. Ses propres fils eux-
mêmes se voient souvent privés d'une épouse au profit de leur père
et sont obligés d'attendre longtemps pour l'obtenir. Ceci crée des
tensions entre père et fils. Il faut ajouter la difficulté qu'il y a à faire
cohabiter plusieurs épouses dans une même maison. Chacune a droit
à une chambre particulière et veut faire la cuisine pour elle et ses
enfants, et chacune cherche à s'attirer les faveurs du mari au détriment des autres. Il est donc difficile de maintenir l'ordre à la maison.
Comme nous l'a dit un informateur, il est déjà difficile de faire cohabiter une femme avec sa belle-mère, et si vous ajoutez une deuxième
épouse, vous multipliez les difficultés.

Le « grand » doit faire preuve d'une grande autorité et de beaucoup de diplomatie pour éviter qu'un scandale n'éclate dans sa
maison. Si deux femmes se querellent ou se plaignent auprès de leur
famille d'être maltraitées ou délaissées, l'opinion publique le saura, et
le « grand » n'aura d'autre choix que de répudier les responsables,
sinon on ironisera sur son incapacité à mettre de l'ordre chez lui. On
raconte l'histoire d'un pauvre homme dont les deux femmes en vinrent aux mains, se frappant l'une l'autre parce que chacune voulait
avoir le monopole de la préparation du repas du mari. L'époux chercha sans succès à les calmer. Les mésaventures de ce pauvre homme
provoquaient l'hilarité chez les informateurs qui prenaient plaisir à
les répéter sans cesse. Le « grand » ne peut pas et ne doit pas donner
matière à moqueries.

Pour éviter ce genre de complications, le « grand » confie généralement à sa première femme le soin de diriger la maison, de contrôler
les co-épouses, de régler les différends entre elles. Il l'investit ainsi
d'une certaine autorité. C'est à elle que les femmes se plaignent
quand elles sont mécontentes. Elle ne prend aucune décision importante sans se concerter avec son mari. Cela suppose que le « grand »
sache bien choisir sa première épouse, qu'il l'éduque et la prépare
aux responsabilités qu'elle doit assumer. De plus, comme elle est
souvent délaissée sexuellement au profit de co-épouses plus jeunes,
l'autorité qui lui est accordée adoucit sa jalousie, dit-on. Malgré tout,
le mari doit rester vigilant.

Quand la femme d'un « grand » commet l'adultère, son mari doit
la tuer ainsi que son amant pour laver son honneur souillé. S'il hésite

ou tarde à le faire, sa chute est irrémédiable. Nous ne connaissons
pas de cas d'adultère chez les « grands ». Est-ce parce qu'il n'y en
a pas eu, ou parce que les informateurs ont préféré ne pas en parler ? Il est difficile de le savoir. Le même rigorisme doit être observé
par le « grand » si sa fille a des relations sexuelles avant le mariage.
Il doit la tuer ainsi que l'amant.

Sa descendance

Le « grand », polygame, a de nombreux enfants. Ses fils l'aideront
dans le travail des champs, défendront la maison si jamais elle est
attaquée et constitueront sa garde quand il se déplacera. Mais sa
nombreuse descendance est aussi une source de difficultés. Le
« grand » peut prendre une femme pour lui, plutôt que de marier
son fils. Une tension peut donc toujours exister entre ces deux
hommes. Un homme doit généralement attendre la mort de son
père pour être indépendant et acquérir sa propre identité sociale.
Tant que son père est vivant, il ne reçoit pas de terre de sa part et
il peut difficilement en acquérir par ailleurs. Il semble, il est vrai,
que ces règles ne soient pas toujours observées. Un homme peut
aller travailler en Algérie, y gagner de l'argent et, au lieu de verser
la somme à son père, s'acheter une terre et construire sa propre maison. Les cas de ce genre sont rares, nous a-t-on dit. Un « grand » ne
doit en aucune manière tolérer les velléités d'indépendance de l'un
ou l'autre de ses fils. Ceux-ci lui doivent une obéissance sans discussion et un respect total. Sans faire preuve d'initiative personnelle, ils
s'effaceront en toutes circonstances devant leur père et ne prendront
jamais d'eux-mêmes la parole en sa présence.

Le « grand » doit éviter de favoriser un ou plusieurs de ses fils au
détriment des autres, non que cela soit interdit, mais pour ne pas
provoquer de jalousie ni de conflits dans la famille. Il lui faut cependant choisir son « dauphin », tout en sachant bien qu'assurer sa
propre succession est, sinon impossible, du moins très difficile,
comme nous le verrons.

L'art et le savoir-faire du « grand » ne consistent pas à régler une
fois pour toutes les conflits de ce genre, mais à les contenir pour
qu'aucun scandale n'éclate. Il ne lui faut pas seulement être autori-
taire ; tout en n'acceptant aucune indiscipline, il doit associer ses fils

aux décisions à prendre, leur donner des responsabilités dans la gestion des affaires de la famille. Ainsi, un fils sera envoyé en Algérie
pour travailler et ramener de l'argent, un deuxième s'occupera des
terres à cultiver, un troisième des terres données en location, etc.

Ses richesses et sa générosité

L'*amghar* possède beaucoup de terres, et ses ressources sont nettement plus importantes que celles des hommes ordinaires. Cela lui
est indispensable, car il doit être généreux et hospitalier. Parlant
d'un « grand », un informateur dit : « Sa maison était toujours
ouverte pour ses amis et pour tous les étrangers de passage, sa table
toujours garnie. Nombreux étaient ceux qui s'affairaient dans la
cuisine en permanence, préparant les plats les plus fins pour les
invités. » D'un autre, il dit que son hospitalité était connue dans tout
le Rif oriental.

A toutes les occasions, le « grand » doit manifester sa générosité.
Le jour de l'*Aid El Kêbir* (fête du sacrifice), il donnera un mouton à
sacrifier à ceux de ses amis et agnats pauvres qui ne peuvent en acheter. Le mariage de ses fils l'obligera à de grosses dépenses : il devra
donner le *sdaq* pour constituer le trousseau de la fiancée et, lors des
cérémonies de mariage, offrir à ses nombreux invités nourritures
abondantes et réjouissances ruineuses. A propos d'un tel mariage,
on raconte qu'un « grand » égorgea cinq taurillons et entre vingt et
trente moutons pour nourrir les invités. Il fit venir de nombreux cavaliers nomades Imetalsen pour les fantasias et plusieurs équipes
d'*imdiyazen* (musiciens) de la région d'Oujda et de la tribu des Ait
Touzine, qu'il dut payer très cher et nourrir pendant plusieurs jours.
Quand il marie sa fille, le point d'honneur du « grand » est d'ajouter
une somme appréciable à celle qu'elle a reçue de son futur époux
pour constituer le trousseau.

Toutes ces dépenses, un « grand » doit les assumer, même s'il
risque de se ruiner. La possession de grandes richesses est indispensable, sans quoi il viendra très vite à bout de ses ressources. Nous
verrons que cela n'est possible que si le futur « grand » parvient à
accroître ses terres aux dépens de ses agnats. La générosité suppose
une abondance de biens qui ne peuvent être accumulés que par la
spoliation.

Ses talents d'orateur et sa « sagesse »

Un « grand » est un orateur. Il doit non seulement connaître tous les raffinements de la langue berbère, mais savoir comment les utiliser. En public, il ne gaspille jamais ses mots et ne se mesure qu'avec ceux de son rang, jamais avec le « petit », le téméraire ou le fanfaron. Ces derniers sont des « ignorants », des *abuhari*. Ce sont des « têtes chaudes », *ahmaq*. Vaniteux, ils n'ont aucun sens de la mesure ; coléreux, ils n'ont pas la force de caractère nécessaire pour se contrôler. A leur propos, on utilise le dicton : *itwer rqeb ghayidan*, littéralement : « se prendre les pieds dans le capuchon (de la djellaba) », autrement dit : ils se croient importants, supérieurs aux autres, et ils ne savent pas distinguer leur tête de leurs pieds ; ou encore, les fanfarons font tout à l'envers. Un autre dicton leur est appliqué : *amidiyaz mdshar wa yis funij*, « le musicien du douar n'amuse pas ». Ici, ceux qui veulent se mettre en valeur sont assimilés à ces « moins que rien » (*bhal walu*) que sont les musiciens. A ces vantards on ne dénie pas certaines qualités, comme le courage. Ce qu'on leur reproche, c'est leur irresponsabilité, leur manque de discernement, d'astuce, d'intelligence. Ils sont encore des jeunes, des enfants (*drari*).

Ce n'est pas pour rien que le terme *amghar* veut dire « vieux ». En effet, c'est avec l'âge que vient la sagesse, après un dur apprentissage. L'homme qui ambitionne d'être « grand » doit savoir écouter les aînés durant sa jeunesse. Effacé, il regarde autour de lui pour connaître aussi bien les hommes que la société. Il recherche la compagnie des personnes d'expérience qui lui apprennent les traditions. D'un « grand », on dit qu'il suivait son grand-père partout, passant des heures à l'écouter parler. Ce vieillard fut son tuteur, son éducateur. Il lui interdisait de fréquenter les jeunes « ignorants », lui évitant ainsi de faire des bêtises ; il lui apprenait le poids des mots et lui montrait comment ses ancêtres avaient su être de vrais hommes (*iriyazen*). Le début de la sagesse, pour le futur « grand », c'est de garder son sang-froid en toutes circonstances et de ne pas se précipiter dans l'action sans en mesurer toutes les conséquences. Plus encore, le « grand » doit savoir se montrer modeste et humble. Le prestige, la supériorité sont à ce prix.

Les informateurs font comprendre que les vertus du « grand » se manifestent dans l'action qu'il mène. Ses talents d'orateur, il les utilisera devant l'assemblée du lignage ou devant celle de la communauté territoriale ; il pourra ainsi obtenir des résultats et non des flatteries. Le fanfaron, par contre, est celui qui croit plus en sa personne qu'à l'action. C'est la raison de son ridicule.

Cette description du « grand » et des rôles qu'il doit assumer suscite plusieurs remarques. La différence entre le « grand » et les autres n'est pas d'ordre qualitatif. Tout homme doit en principe affirmer son autorité dans sa famille, faire des dépenses ostentatoires, contrôler sa parole, et être apte à défier. Celui qui se laisse dominer par sa femme et tourner en dérision par ses fils, qui est avare, qui gaspille sa parole et qui ne répond pas à l'agression de manière appropriée, est l'objet du mépris et de la moquerie générale. Le « petit » n'a pas nécessairement tous ces défauts. Mais il n'est pas aussi exigeant, aussi pointilleux dans sa conduite d'homme d'honneur que le « grand ». Chez ce dernier, les qualités valorisées par la société, qui doivent être affirmées dans la vie quotidienne et dans les occasions exceptionnelles, sont intensifiées. Il porte son honneur, pourrait-on dire, à fleur de peau.

Les responsabilités du « grand » sont lourdes à porter. Le nombre de ses épouses et de ses enfants multiplie les difficultés. Il lui faut une vigilance de tous les jours pour éviter le scandale, les disputes entre ses épouses et entre ses fils. Riche, il doit dépenser plus que d'autres, au risque de se ruiner. Personne ne lui épargnera les sarcasmes s'il manque de ressources pour nourrir ses invités lors des cérémonies. Un « petit » peut prétexter sa pauvreté pour éviter ces dépenses. Un « grand » ne doit jamais invoquer les bornes de sa richesse pour justifier une générosité limitée. Il ne doit jamais être pris en défaut. Quand il recevra les invités, il s'excusera de leur offrir si peu, mais seulement après les avoir gavés et lorsque tout le monde aura remarqué l'abondance des restes. Ses talents d'orateur impliquent aussi un contrôle permanent de lui-même. Il lui sera difficilement pardonné d'avoir manqué de sang-froid, d'avoir trébuché. Il en est de même dans la violence physique. L'autorité est à ce prix-là. Les Iqar'iyen, tout en reconnaissant le prestige de l'homme éminent, cherchent à l'écraser sous le poids de ses responsabilités.

Il faut enfin noter l'insistance avec laquelle les Iqar'iyen sont constamment conduits, pour parler du « grand », à le différencier du fanfaron. C'est le comportement de ce dernier qui permet d'apprécier la valeur de l'*amghar*. Comme le « grand », il veut marquer une prééminence. Mais aussitôt qu'il essaie, il se fait ridiculiser et ramener au rang qu'il doit occuper, c'est-à-dire celui d'un « petit ». Ce qu'on lui reproche précisément, c'est de vouloir s'élever à bon compte, sans avoir suivi tous les cheminements qui mènent à l'autorité. Comme c'est généralement un homme jeune, il lui est reproché d'aller vite en besogne. C'est un *abuhari*, un « ignorant », un *ahmaq*, une « tête chaude ». C'est un *amghar* de dérision. Mais on peut se demander si, à travers la critique du fanfaron, n'est pas formulée une attaque contre l'autorité. Les dictons dirigés contre les fanfarons ne portent-ils pas aussi contre toute personne qui se veut supérieure aux autres ? Nous reviendrons sur ce sujet dans la quatrième partie.

Le « grand » et son patrilignage

Pour comprendre la position du « grand » dans un patrilignage et ses relations avec ses agnats, il faut d'abord noter deux faits. D'une part les patrilignages n'ont pas nécessairement un « grand » à leur tête. Rien ne leur impose d'en avoir un. L'histoire des segments à ce niveau révèle que certains n'en ont jamais eu, d'autres ont vu périodiquement apparaître ce genre de personnages, d'autres enfin semblent avoir toujours eu un « grand ». Dans ce dernier cas, il faut noter que les hommes ayant occupé l'un après l'autre cette position sont de lignées différentes. Il n'y a pas de succession dans la lignée. D'autre part, il ne peut y avoir plus d'un « grand » par patrilignage. L'idée qu'il puisse y en avoir plusieurs, ou que différents segments de ce groupe aient pu avoir chacun un « grand », a paru très saugrenue aux différents informateurs à qui nous avons posé la question. Il est possible que deux hommes (ou plusieurs) veuillent accéder à ce rang. Les récits le montrent parfois. Mais tant que l'un n'a pas pris le pas sur l'autre, ne l'a pas neutralisé, on ne peut pas dire qu'il soit un *amghar*.

L'*amghar* est celui qui unifie son lignage sous son autorité et exporte la violence hors de son groupe. Le patrilignage ne peut plus se segmenter pour pratiquer l'échange de violence, comme c'est la règle en l'absence d'un « grand ». Tout conflit entre agnats doit être résolu pacifiquement. Le meurtre à l'intérieur du groupe est interdit. L'homme qui outrepasse cette règle et tue dans son propre groupe doit payer une forte amende et s'exiler. On dit que certains « grands » ont même construit une prison pour y enfermer les responsables de délits graves.

Quand des agnats n'arrivent pas à se mettre d'accord après une dispute sévère, ils peuvent, selon certains, ou doivent, selon d'autres, avoir recours à l'arbitrage du « grand ». Celui-ci réunit alors l'assemblée du lignage, écoute les doléances des uns et des autres, prend l'avis des anciens et amène les agnats à négocier. Si jamais ces derniers continuent d'étaler en public leur dispute, le « grand » arrête la discussion et leur propose une solution équitable. Si sa décision est refusée, il aura recours à la force pour l'imposer.

Récit 14. *Comment un « grand » règle les conflits internes à son lignage*

A la mort de son mari, une femme est renvoyée dans son lignage d'origine. Elle emmène ses enfants encore en bas âge. L'homme qui la force ainsi à partir est le frère du mort. Un agnat de ce dernier, trouvant ce comportement odieux, va chercher la femme et la ramène. Elle est renvoyée une deuxième fois. Le frère du mort demande à cet agnat de ne pas se mêler de ses affaires. Les deux hommes commencent à se disputer. Le « grand » du lignage, voyant que l'affaire ne s'arrête pas, convoque l'assemblée. Les deux agnats viennent s'expliquer. Le frère du mort prétend que la femme a refusé de l'épouser (conformément à la coutume, le lévirat est recommandé) comme le lui avait demandé son mari avant sa mort. Quant à lui, il voulait par ce moyen, dit-il, prendre en charge l'éducation de ses neveux. Étant donné le refus de la femme, il l'a renvoyée. L'agnat répond que la femme a été renvoyée pour d'autres raisons : le frère du mort voulait prendre la terre de ce dernier et cherchait à se débarrasser de la femme et de ses enfants. Cette accusation est grave. En d'autres circonstances, nous dit-on, un des deux hommes aurait tué l'autre. Ici, il n'en fut rien. Ils continuèrent à se disputer. Le frère du mort accusa à son tour son agnat d'avoir ramené la femme pour l'épouser et prendre lui-même l'héritage du mari mort. Le « grand » les laisse ainsi se quereller pendant quelque temps. Puis il s'interpose et demande aux anciens de donner leur avis. L'un d'entre eux déclare qu'il faut entendre la veuve donner sa version des faits. Le « grand » est chargé d'aller la voir avec d'autres vieux. Elle confirme qu'elle a refusé d'épouser le frère du mari parce qu'elle ne voulait pas qu'il prenne la terre revenant à ses enfants.

Le « grand », de retour à l'assemblée, rend compte de ce qu'il a entendu et demande à ses agnats de réfléchir à la décision qu'il faut prendre. Le frère du mort intervient pour dire que cette affaire ne concerne que lui et personne d'autre. Il est venu discuter par respect pour les autres, mais en aucun cas il n'acceptera leur arbitrage et leur décision. En voulant s'occuper de la femme et des enfants de son frère, il voulait honorer des engagements pris devant son frère avant sa mort. Le « grand » lui demande quelle est en fin de compte son intention. L'homme répond qu'il n'acceptera pas que la femme revienne. Il s'engage à s'occuper des terres de ses neveux et à les leur remettre quand ils seront adultes. Un ancien intervient pour dire que s'il a le droit et le devoir de s'occuper de la famille de son frère, rien ne lui permet de renvoyer la femme de sa maison. Le frère du mort commet alors la faute de dire à ses agnats de se mêler de leurs affaires, et les menace en affirmant que si l'un d'entre eux veut lui imposer une autre décision, le fusil et la poudre trancheront. Il se lève pour partir. Mais à ce moment, le « grand » s'adresse à lui. Ses paroles sont brèves : la femme reviendra chez elle, le frère du mort et l'agnat s'occuperont des terres. Ils rendront compte de leur gestion à l'assemblée. Tous les hommes présents approuvent cette décision qualifiée de « sage », sauf le frère du mort, qui s'en prend au « grand » et menace de tuer la femme si on la ramène. Ces paroles d'un *aḥmaq*, d'une « tête chaude », provoquent la colère générale, sauf celle du « grand ». Ce dernier se lève alors et dit qu'il va lui-même ramener la femme avant la fin du jour, et que si le frère du mort veut s'opposer à cette décision, il lui faut le faire tout de suite, en présence de tous. L'*aḥmaq* lève son fusil, mais le « grand » ne bronche pas. Pendant un moment, le silence est total. Finalement, l'homme baisse son arme, déclare qu'il s'en va et reste sur sa position. Mais avant qu'il ait pu faire un geste, des agnats le désarment et l'emmènent. Il est enfermé dans un cachot jusqu'à ce qu'il accepte la décision du « grand ». Un an après, les deux hommes se réconcilient.

Il est intéressant de comparer ce récit avec un autre récit qui concerne un patrilignage sans « grand ». Les faits initiaux sont très semblables.

Récit 15. *Un neveu tue son oncle paternel*

Un homme meurt. Quelque temps après son frère déclare avoir engagé tous ses biens pour les dépenses funéraires et prend non seulement la part d'héritage qui lui revient, mais toutes les terres du défunt. Le fils adulte de ce dernier conteste devant l'assemblée, sans aucun succès, les prétentions de son oncle paternel. Il a pu tout juste garder la maison de son père et un jardin avoisinant. Son oncle paternel demande à ses agnats, comme dans le récit précédent, de ne pas se mêler de ses affaires. Personne ne peut s'opposer à lui. Le neveu n'accepte pas de se voir priver de son héritage et tue son oncle quelques mois plus tard.

Le dénouement procède ici de l'opposition segmentaire. Par contre, dans le premier récit, l'intervention du « grand » interdit toute opposition de cette nature. Sa décision est intelligemment amenée : le frère du mort, non seulement se déconsidère aux yeux de ses agnats par sa conduite et ses exigences, mais doit reconnaître son infériorité devant le « grand », en baissant son arme au lieu de tuer. Son comportement renforce finalement l'autorité de l'*amghar*. Toute la conduite de celui-ci, en la circonstance, est « exemplaire ». Il convoque l'assemblée et cherche à provoquer un consensus sur la décision à prendre. Tout son art est d'apparaître comme le porte-parole du patrilignage. On dit que l'autorité du « grand » vient de ce qu'on lui a délégué et reconnu le droit de représenter le groupe. C'est le consensus, non la coercition, qui lui permet d'occuper cette position. En fait, nous le verrons, le pouvoir est loin d'être négligeable chez les Iqar'iyen. Le « grand » détient un pouvoir coercitif réel. Mais tout doit se passer comme si les agnats lui remettaient, pour un acte volontaire et de plein gré, le droit de les guider, de les gouverner.

2. Les échanges de violence entre patrilignages

Comme nous l'avons dit, les échanges de violence entre patrilignages, quelle que soit leur distance segmentaire, peuvent prendre deux formes, qui sont fonction de l'absence ou de la présence d'un « grand ». Avant d'étudier et d'opposer ces deux formes d'échange de violence, il faut indiquer dans quel contexte ils peuvent intervenir. Tout raid mené par un patrilignage contre un autre groupe de même niveau, mais de communauté territoriale, de fraction ou de tribu différente, entraînera une mobilisation de type segmentaire pour le contre-raid et pour la bataille. Si le règlement qui suit cet échange ne satisfait pas l'un ou les deux patrilignages concernés, ceux-ci pourront alors s'affronter directement et, dans ce cas, leurs groupes segmentaires correspondants ne devront plus intervenir. Si au cours du raid, du contre-raid, de la bataille ou de toute autre forme d'agression, il y a mort d'homme dans un patrilignage, un échange de meurtres s'ensuivra nécessairement entre le patrilignage du meurtrier et celui de la victime, les groupes segmentaires n'intervenant plus dans cette affaire.

Conflit entre deux patrilignages sans « grand »

On peut formuler la règle de cet échange de violence, que nous appellerons règle I, de la manière suivante : *Tout patrilignage défié dans son patrimoine commun (routes, puits, silos), doit répondre collectivement. Si le défi porte sur le patrimoine ou la personne*

d'un membre du patrilignage, c'est à cet individu ou, s'il est tué, à
ses plus proches agnats, de répondre sur la personne de l'agresseur
(valeur maximale) ou sur n'importe quel agnat de l'agresseur (va-
leur moindre). Si l'agressé ou ses proches agnats tardent à répon-
dre, n'importe quel membre du patrilignage peut se substituer à
eux dans la vengeance. Par cet acte, cet homme voit son honneur
rehaussé alors que celui de l'agressé ou de ses proches agnats est
terni.

Cette règle complexe peut être comprise à travers l'étude d'un
exemple.

Récit 16. *Vengeance par un agnat lointain*

Le récit concerne le conflit entre le patrilignage A appartenant à la communauté M, fraction X, et le patrilignage B, de la communauté N, fraction Y,
tous deux de la tribu Ait Sider. Plusieurs hommes de AMX font un raid sur le
territoire de BNY et leur volent du bétail. BNY réplique en enlevant une femme
du groupe AMX. L'opposition des deux fractions X et Y est ainsi réactivée. Plus
personne parmi ces deux groupes n'ose s'aventurer sur le territoire de l'autre.
La tension monte, les uns ne voulant pas rendre le bétail, les autres gardant la
femme. On décide de s'affronter en une bataille. Au jour fixé, les deux fractions alignent leurs meilleurs hommes. Après les joutes oratoires, des coups de
feu sont tirés, mais personne n'est tué. Des médiateurs surgissent et s'interposent
entre les combattants. Après les refus rituels, les négociations s'engagent. Finalement, il est décidé que le bétail et la femme seront rendus à leurs groupes respectifs. Deux jours plus tard, AMX restitue le bétail à BNY qui libère la femme
enlevée. Après quoi, un repas réunit les hommes des deux fractions. La paix est
restaurée. Cependant, *a*AMX, père de la fille qui avait été enlevée, n'est pas satisfait de l'accord conclu. L'affront qu'il a subi lui paraît plus grave que le tort
infligé à l'autre patrilignage. Quelques mois après, il tue *b*BNY qui revient du
azib (terre de culture dans la plaine). Un défi est ainsi lancé à BNY et plus particulièrement aux frères et fils de *b*BNY. Ces derniers ne se décident pas à venger
leur mort. Le temps passe. Un jour, les femmes de BNY décident qu'elles n'iront
plus au puits de la communauté territoriale, car elles ne veulent pas s'exposer
aux quolibets des autres femmes. Les proches agnats du mort ne réagissent toujours pas. Les femmes refusent alors de faire la cuisine. Elles disent que leurs
hommes ne sont que des femmelettes, et que, dans ces conditions, ils n'ont qu'à
se nourrir par leurs propres moyens. Elles ajoutent que les femmes de AMX
peuvent être fières d'avoir de vrais hommes, des hommes qui savent ce qu'est
l'honneur. Les frères et fils du mort demeurent cependant inactifs.

Un agnat lointain du mort (cousin parallèle au troisième degré), *b*'BNY,
décide alors de prendre l'affaire en mains. Il part au *souk el khemis* (marché du
jeudi, situé dans le territoire de la fraction Iyzulen de la tribu Ait Bu Ifrur) où
il sait qu'il trouvera le meurtrier *a*AMX. Cachant son fusil sous sa djellaba, il
attend dans un coin du marché. Quand *a*AMX s'approche de lui, *b*'BNY soulève
brusquement sa djellaba, tire et le tue. Dans le marché, c'est la confusion générale, les hommes courent dans tous les sens, ne sachant pas très bien ce qui se

passe, voulant récupérer leurs armes laissées à l'entrée du *souk*. *b*'BNY en profite pour s'enfuir et retourner chez lui. Lorsqu'il y arrive, tous ses « frères » savent déjà qu'il a vengé leur mort. Ils l'accueillent avec grande joie. Les femmes poussent des *you you* et composent des chansons pour vanter le courage et l'honneur de cet homme qui a lavé dans le sang l'humiliation subie par le groupe. Pendant ce temps, une expédition, une *harka*, levée chez les Ait Bu Ifrur, s'organise pour aller punir *b*'BNY qui a violé la neutralité du marché. Les hommes de la fraction Iyzulen marchent devant, suivis des membres des autres fractions. Lorsqu'ils atteignent le territoire de BNY, des hommes de ce groupe viennent leur annoncer que l'amende pour violation du marché sera payée, et qu'il est donc inutile de détruire la maison de *c*BNY et de dévaster ses terres. Les membres de l'expédition acceptent à condition que *b*'BNY quitte le territoire Iqar'iyen pendant un an. L'accord est conclu. Tous les agnats de *b*'BNY se cotisent pour payer l'amende. Ainsi fut restauré l'honneur de BNY, grâce à l'action d'un homme qui n'avait pas hésité à braver le danger. On sous-entend que les proches agnats de *b*BNY, le premier mort, ne sont pas de vrais hommes.

L'analyse de ce récit montre le fonctionnement de la règle I : *a*AMX aurait pu se satisfaire du règlement intervenu entre sa fraction et celle de ses adversaires. Il a obtenu satisfaction. Mais il décide, et son patrilignage avec lui, qu'il en sera autrement. Son sens rigoriste de l'honneur le pousse à considérer l'affront comme non entièrement réparé. D'où le meurtre, le défit à BNY ; *a*AMX montre qu'il est peu enclin à accepter l'humiliation et il se singularise par là.

Le défi est lancé contre un patrilignage particulier BNY et non contre la fraction Y. Les fractions avaient réglé leurs différends (momentanément). Elles étaient hors de cause. Les deux patrilignages étaient seuls face à face.

Lorsque *b*BNY est tué, le récit insiste sur ce point, c'est aux frères et aux fils du mort de réagir en premier lieu. Aucun autre agnat ne doit bouger. Cela ne signifie pas que le patrilignage ne se sente pas visé en tant que groupe, bien au contraire. La réaction des femmes indique que l'honneur du patrilignage est souillé. Si les frères et fils de *b*BNY avaient tué le meurtrier, ils auraient lavé dans le sang l'affront qui leur était fait directement, et celui qui en résultait contre leur patrilignage.

Dans ce récit, le rôle des femmes est important, sinon capital, pour la résolution du conflit. C'est par leur intermédiaire que *b*'BNY va être poussé à tuer *a*AMX, le meurtrier initial. Dans les autres récits où cette règle I opère et où les agnats du premier mort ne réagissent pas avec promptitude, des pressions sont exercées pour que le contre-défi s'effectue. Ce ne sont pas toujours les femmes qui interviennent.

Dans un cas, ce sont les oncles paternels du mort qui insistent auprès de leurs neveux pour que ceux-ci réagissent ; dans un autre cas, ce sont des alliés par mariage qui raillent et ironisent, provoquant une tension qui se révèle intolérable pour le groupe. Ceci dit, il faut noter que la pression des femmes est intéressante en soi. Leur comportement : ne plus aller puiser l'eau, cesser de faire la cuisine, traiter leurs maris de « femmelettes », indique bien une inversion des rôles dans cette circonstance particulière. Elles qui sont la source de tout honneur mais aussi de tout déshonneur, car elles sont faibles et ne résistent pas par elles-mêmes à la tentation sexuelle, donc à la honte, les voilà qui font preuve de force, d'ardeur, de rigorisme pour défendre l'intégrité et la réputation du groupe. Leurs maris, à l'inverse, par leurs hésitations, deviennent, selon leurs épouses, des « femmelettes ».

Mais ce renversement de rôles a des limites, car les femmes ne portent pas les armes. Elles exercent, pour contraindre leurs maris à agir, une sorte de chantage à l'honneur. Ce genre de comportement n'est pas rare chez les Iqar'iyen et chez d'autres groupes du monde arabe.

Le contre-défi effectué par b'BNY règle les comptes entre les deux patrilignages : un mort de chaque côté. Mais un changement s'est produit au niveau des individus. L'honneur des proches agnats de bBNY, le premier mort, est terni. Par contre, b'BNY sort de l'anonymat. Non seulement il est fêté parce qu'il a réparé le tort fait à son patrilignage, mais les femmes composent des chansons pour vanter ses mérites et son courage. Dorénavant, l'attention de l'opinion publique est fixée sur lui ; il a une réputation, un prestige à soutenir. Il lui faudra être intraitable quant à son honneur. S'il fait un faux pas, l'humiliation sera pour lui plus grave que pour un homme qui n'aurait pas fait ses preuves. Désormais, sa route sera semée de pièges, des défis lui seront portés (pas nécessairement au niveau de la violence physique), et il lui faudra être constamment sur ses gardes. C'est ce qu'indique la règle I : un processus s'est engagé, un début d'inégalité en ce qui concerne l'honneur se manifeste.

On peut répéter ainsi les principales caractéristiques de cette première règle :
— L'échange de violence peut échapper au mécanisme segmentaire par l'ouverture d'un défi et d'un contre-défi entre deux patrilignages, quelle que soit leur distance structurale.
— Dans ce contexte, tout patrilignage doit restaurer son honneur

défié par le meurtre par une réponse du même type.
— Ce sont les proches agnats du mort qui sont atteints les premiers dans leur honneur personnel et qui doivent par leur action restaurer l'honneur de leur patrilignage. Sinon, leur propre honneur personnel sera terni.
— Tout autre agnat peut restaurer l'honneur du groupe en cas de défaillance des proches de la victime. Il s'affirme ainsi comme un homme d'honneur au détriment de ceux qui ont failli à leur devoir.

Il faut donc distinguer entre honneur collectif du patrilignage et honneur personnel. Le patrilignage est le lieu privilégié de la solidarité face à l'extérieur, mais aussi celui de la compétition quant à l'honneur individuel.

Conflit entre deux patrilignages faisant intervenir le « grand »

Cette règle, que nous appelerons règle II, peut s'énoncer ainsi : *Tout défi lancé à un patrilignage pourvu d'un « grand » s'adresse à ce « grand ». C'est à lui et non aux agnats proches de la victime de restaurer l'honneur du groupe. Tout défi et contre-défi sont monopolisés par le « grand » du patrilignage. Lui seul peut mandater ses agnats, ses esclaves ou des mercenaires pour mener, en son nom, les échanges de violence avec les autres patrilignages.*

La différence avec la règle I apparaît nettement, au niveau du défi et du contre-défi :
— *Défi* : dans un patrilignage pourvu d'un « grand », l'homme qui va tuer dans un autre groupe est considéré comme ayant été délégué par son *amghar*. Ce n'est pas un acte personnel.
— *Contre-défi* : quand une agression est commise contre un patrilignage ayant un « grand », c'est ce dernier qui est provoqué, non les agnats proches du mort. On attend de voir comment va réagir le « grand ». Le contre-défi doit résulter de sa décision.

Le « grand » est donc le pivot du patrilignage. Tout vient vers lui et tout part de lui. Il lui faut empêcher ses agnats de prendre des initiatives personnelles. L'opinion mesurera son autorité à la manière dont il fera respecter cette interdiction. Dès lors, un des récits précédents prend tout son sens. C'est celui de l'homme qui fut égorgé par son père après avoir tué sans faire le geste de défi (récit 7). Le père était un « grand », et son fils avait tué sans son autorisation. Il avait bafoué l'honneur du « grand » à deux titres : par son insoumission et par sa contravention à la règle du défi. On comprend alors la réaction du père. Son acte spectaculaire était la seule manière de rétablir son prestige et son autorité. Son fils assassiné, le père se laissa dépérir. Tout le tragique du pouvoir réside dans ce meurtre du fils, et montre combien les responsabilités du « grand » sont écrasantes.

Bien entendu, le « grand » n'est pas toujours poussé à cette extrémité. Nous ne connaissons pas d'autres cas de désobéissance du fils ou d'autres agnats. Il est possible et même probable qu'il y en ait eu, mais nous n'avons aucun récit à ce sujet.

La présence du « grand » dans le patrilignage entraîne d'autres conséquences dans le système du défi et du contre-défi, au niveau des individus des différents patrilignages.

— *Défi* : le « grand » ne doit pas agresser un lignage faible, ou déléguer quelqu'un pour le faire. Il doit diriger ses défis exclusivement contre d'autres « grands ». Un comportement différent l'abaisserait au niveau des « petits » et entraînerait une perte de prestige.

— *Contre-défi* : un « grand » ne peut pas, sans se déconsidérer, répondre directement au défi d'un « petit », ni laisser ses agnats répondre à sa place. Il doit ignorer l'agression tant qu'elle reste modérée. S'il y a meurtre, la seule réponse appropriée est le meurtre exécuté par des mercenaires étrangers au lignage et de même rang que le meurtrier.

Ces deux propositions permettent de distinguer deux cas d'échanges de violence selon la règle II :

— l'échange de violence entre deux patrilignages pourvus d'un « grand »,

et

— l'échange de violence entre deux patrilignages dont un seul possède un « grand » à sa tête.

Échange de violence entre patrilignages pourvus d'un « grand »

L'action initiale peut venir de n'importe quel patrilignage et doit porter la marque du « grand ». Généralement, celui-ci n'agit pas lui-même, mais délègue quelqu'un pour agresser l'autre « grand » en personne, et non un de ses agnats. Il est rare que ces tentatives de meurtre réussissent, si l'on en croit les récits. Parfois, l'émissaire blesse le « grand ». D'autres fois, celui-ci demeure indemne.

Il est intéressant de noter quels peuvent être les émissaires chargés de la mission de tuer. Ils sont de trois sortes, soit par ordre de valeur croissante :

— les esclaves noirs du « grand » (les Iqar'iyen avaient un très petit nombre d'esclaves ; certains « grands » en possédaient un ou deux),

— les hommes libres protégés du « grand » (dépendants non apparentés),

— les agnats dépendants du « grand ».

L'échange de violence se fait au coup pour coup ou bien en série, selon que le défi et le contre-défi sont portés par des émissaires de statuts égaux ou différents. Le coup pour coup est pratiqué quand les deux « grands » délèguent des individus de statut identique. Lorsqu'un « grand » a eu en premier lieu recours à un émissaire de statut inférieur, et que son opposant lui en envoie un autre de statut supérieur, on a affaire à une série. Un cas typique opposa deux « grands » *a* et *b* des lignages A et B de deux fractions différentes.

Récit 17. *Échange de violence entre « grands » par l'intermédiaire d'émissaires*
a envoie un esclave agresser *b* ; cette tentative échoue, la balle tirée par l'émissaire ayant manqué son but ; *b* rétorque en envoyant un de ses protégés, et en affirmant qu'il n'a pas recours à des hommes médiocres (des esclaves) mais à un homme libre ; *a* n'est ni tué ni blessé, et l'émissaire de *b* peut s'échapper malgré la chasse qu'on organise pour l'appréhender. La surenchère est lancée. *a* décide de dépêcher son propre fils pour tuer *b*. Ce dernier est blessé à la jambe. L'agresseur réussit à s'enfuir. *b*, à son tour, envoie son fils, qui réussit à blesser à l'épaule son adversaire *a*. Fin de la série.

Les informateurs ont fourni une interprétation qui nous paraît bien rendre compte du déroulement des événements : le défi par l'esclave de *a* est une tentative pour rabaisser son adversaire. C'est comme s'il lui disait : « tu ne mérites pas mieux ». Le contre-défi de *b* renverse la situation : *a* apparaît comme celui qui ne sait pas jouer un jeu digne d'un « grand », et le contre-défi équivaut ainsi à un nouveau défi; *a*, en envoyant son fils, montre que non seulement il a compris ce que lui dit *b*, mais qu'il sait encore mieux jouer ; *b* se révèle l'égal de *a* par une action identique et la série s'arrête.

On voit que dans un échange de violence entre « grands », l'émissaire du contre-défi doit avoir un statut identique ou supérieur à celui du défi. D'après les faits connus, cette règle nous paraît avoir été respectée.

Les échanges de violence dont il s'agit ici apparaissent comme une sorte de jeu, de combat simulé par personne interposée, où l'on montre et où l'on expose sa force sans l'utiliser jusqu'au bout. Ces tentatives de meurtre entre « grands » aboutissent rarement. On peut se demander pourquoi. Certes, les « grands » prennent des précautions et cherchent à se prémunir contre la surprise, de sorte qu'il est difficile de les tuer. Ils ont, dit-on, des « espions » chez leurs rivaux, chargés de les avertir de ce qui se trame contre eux. Ces « espions » sont des agnats du « grand », mécontents de leur sort et en position d'hostilité cachée vis-à-vis de lui. Mais cela suffit-il à expliquer que les émissaires manquent la plupart du temps les « grands » qu'ils sont censés tuer ? Nous ne le croyons pas. Il y a de la part de chaque « grand » une volonté de provoquer son rival sans véritable intention de le faire assassiner.

Échange de violence entre patrilignage dont un seul possède un « grand » à sa tête

Nous avons signalé que dans ce cas l'action initiale ne peut pas être le fait du « grand ». Elle doit venir du patrilignage faible. De plus le contre-défi ne peut se réaliser que par l'intermédiaire de mercenaires extérieurs au patrilignage et de même rang que l'agresseur. Un cas particulièrement intéressant explicitera cette proposition.

Récit 18. *Le défi d'un « petit »*

Ce récit concerne deux patrilignages : A de la communauté M, et B de la communauté N, de même fraction. Le patrilignage A a un « grand » que nous appellerons *a*. B n'en a pas. Le conflit entre M et N vient d'être réglé. L'opposition entre les deux patrilignages commence ainsi : *a*'AM part pour l'*azib* (terre des plaines). En traversant le territoire de BN, un homme le tue. Le meurtrier ne lance pas son fusil. *b*BN le fait à sa place. Il revendique le crime et le défi. Un compte est ouvert entre BN et AM. Le défi de *b*BN est directement adressé à *a*AM, le « grand », agnat lointain du mort. La réponse s'impose, car l'honneur de AM est atteint ; *b*BN ne cesse de répéter qu'il attend de pied ferme la réponse du « grand ». Il a la réputation d'être très fort, très courageux. Beaucoup le redoutent. Le fils du « grand » perd patience. Il ne peut supporter que *b*BN aille clamer partout qu'il attend la réponse. Dans sa colère, il veut aller tuer le « meurtrier ». Son père *a*AM l'arrête net, le traite de tête chaude (*aḥmaq*) et lui interdit le moindre geste. Il recommande à ses agnats de se taire et de ne point provoquer *b*BN. Il ne gaspillera pas sa parole pour un *abuhari*, un « ignorant », et eux non plus. « Laissez-le parler, son temps viendra. » Comme *a*AM est un homme très prestigieux, très intelligent, tout le monde l'écoute et comprend qu'il prépare sa réponse.

Des mercenaires de CN, donc de la même communauté que le « meurtrier », mais d'un lignage différent, sont contactés par le « grand » qui leur prescrit la marche à suivre. Ces hommes simulent l'amitié avec *b*BN. Non seulement ils écoutent ses fanfaronnades, mais ils le flattent. Après quelques mois de ce jeu, le suspicion de *b*BN à leur égard faiblit. Les mercenaires viennent un jour déjeuner chez leur « ami ». C'est là que se situe l'épisode du lapin, que nous avons déjà raconté (cf. chap. 3) : les mercenaires, après avoir pris l'arme de *b*BN sous le prétexte d'aller chasser le lapin, et après avoir récupéré leurs armes cachées dans un buisson, appellent le « meurtrier » ; quand il s'avance vers eux, ils déchargent leurs armes sur lui et le tuent. La mort de *c*AM est vengée, *a*AM a trouvé la riposte la plus astucieuse et son prestige s'en trouve accru, au moment même où le doute à son égard commençait à poindre.

L'action des mercenaires du patrilignage CN est un défi au patrilignage BN. Il faut résoudre ce problème : *a*AM force BN à accepter la *diyith* payée par CN. (Il avance même l'argent). Quelques années plus tard, des conflits surgissent entre BN et CN.

Le contraste entre le « grand » et le fanfaron est frappant. Le second, non seulement défie le premier, mais ne cesse de le provoquer. Pendant toute une période, le « grand » se distingue par son silence, car il ne peut répondre immédiatement, en actes ou en paroles, sans se déconsidérer. L'intervention du fils met en valeur un autre aspect du « grand » : son sang-froid, son calme, mais aussi sa détermination et son autorité sur son groupe. Son prestige est tel qu'aucun de ses agnats ne bouge. Il attend pour frapper.

Les mercenaires, instruits par le « grand », non seulement écoutent les vantardises du « meurtrier », mais surenchérissent. Au bout de quelques mois, à ce jeu, les prétentions du fanfaron finissent par apparaître crédibles puisque l'agressé ne l'a pas fait taire. Dans l'opinion, on s'interroge pour savoir si le prestige du « grand » est mérité. C'est alors qu'il frappe et montre qu'il n'était pas hésitant, mais patient, tissant soigneusement sa toile, attendant l'occasion pour remettre le « petit » à sa vraie place. Non seulement son prestige et son honneur sont rétablis, mais son autorité est également renforcée.

A travers ce récit se manifeste une fois de plus la différence entre le fanfaron et le « grand ». Le premier sert de bouc émissaire au second. Non seulement il est ramené à sa juste place, mais il est tué de manière humiliante.

Au niveau des groupes AM et BN, le coup pour coup établit une équivalence des morts : aAM = bBN. Néanmoins, la mort du premier n'a rien de déshonorant, contrairement à celle du second. De ce point de vue, il n'y a pas d'équivalence. Le second fait figure de victime sacrificielle offerte au prestige du « grand ». Tout se passe dans ce récit comme si bBN provoquait sa propre mort. Rien ne l'obligeait à revendiquer un meurtre qu'il n'avait pas commis. « Petit », il se vante en sachant bien que cela ne doit pas se faire. De faux amis le flattent, et il se laisse prendre au piège.

La dernière partie du récit présente un autre intérêt. Comme nous l'avons montré par ailleurs, le recours à des mercenaires pour un contre-défi permet de fermer un compte, mais il en ouvre un autre. AM et BN ont chacun un mort de leur côté. L'intervention de CN provoque un nouveau conflit, cette fois entre les deux patrilignages de la même communauté territoriale. Le paiement de la *diyith*, ou compensation, permet de faire une pause, mais elle est provisoire. Le fait important, c'est que le « grand », par son action, évacue la violence et l'exporte vers des patrilignages faibles. Le système segmentaire — opposition entre deux patrilignages de la même communauté territoriale — est ainsi relancé.

Si l'on reprend le récit tout entier, il apparaît qu'on est passé d'une opposition entre deux communautés de la même fraction à un conflit relevant de la règle II, puis de nouveau à une opposition entre deux patrilignages de la même communauté. Ainsi, le système d'autorité s'insère-t-il dans le cadre segmentaire, tout en le contredisant.

L'analyse de ces modalités de l'échange de violence fait mieux ressortir la position du « grand » dans son patrilignage : elle se reconnaît à la manière dont il mène son action personnelle. Il peut difficilement échapper à certaines règles de conduite, sans quoi son autorité serait remise en cause. Dans sa famille, dans ses rapports avec son patrilignage et avec les groupes extérieurs, il doit constamment montrer que son autorité est justifiée : se faire obéir, savoir parler, ne pas fanfaronner, garder son calme et son sang-froid, être généreux, rigoriste quand son honneur est atteint, ne jamais provoquer un « petit », ne pas se laisser ridiculiser par lui ; ce sont là des qualités d'homme d'honneur et de prestige que la société impose à tous ceux qui prétendent occuper cette position prééminente. D'autre part, tout l'honneur du patrilignage se concentre entre les mains de cet homme. Ce qui dans l'opposition segmentaire et selon la règle I était le droit de tous les membres du groupe devient ici le privilège d'un homme-pivot qui, seul, peut mener les échanges de violence au nom de son groupe et en son nom propre. Tout se passe comme si la violence était reportée vers ces hommes d'autorité, les « petits » du lignage restant en position d'attente, pour reprendre ultérieurement leur jeu personnel de l'honneur.

3. Le problème de l'émergence du « grand »

L'émergence des « grands » paraît due à la forte personnalité d'un homme ambitieux, à sa capacité de déjouer les intrigues et les guet-apens et à ses succès répétés dans les échanges de violence. Avec la règle I, nous avons vu qu'un homme menant à bien le contre-défi commence à acquérir de la réputation, du renom, du prestige. Mais cet acte ne suffit pas pour qu'il s'impose à son patrilignage. Dans le cas que nous avons décrit, celui qui répond à la place des proches agnats du mort en tuant le meurtrier au marché ne devient pas un « grand » par ce geste unique. On pourrait croire qu'il suffit de ré-péter plusieurs fois un tel geste pour finir par s'imposer. Mais, les informateurs nous l'ont fait comprendre, cette stratégie est inadé-quate pour plusieurs raisons.

Si l'on multiplie les échanges de violence de ce type, le risque de se faire éliminer définitivement du jeu s'accroît. L'homme qui répon-dit à la place de ses agnats dans le récit 16, se fit tuer après deux meurtres. Du point de vue intérieur au lignage, la réputation d'un homme se fait au détriment de ses agnats, et certains d'entre eux peuvent le laisser se faire tuer pour le venger ensuite et prendre ainsi sa place. Nous avons souligné que le patrilignage est le lieu à la fois de la plus forte compétition et de la plus forte solidarité. D'après les récits, plusieurs hommes ambitieux sont morts, permettant ainsi à leurs agnats de se distinguer à leur tour. On dit même que des groupes se sont anémiés pour avoir vu se répéter en leur sein cette stragétie individuelle d'élimination.

En forgeant sa réputation, le futur « grand » doit craindre la jalousie de ses agnats. Il lui faut imposer son autorité sur son patrilignage, faire cesser la compétition, éviter que des rivaux ne le concurrencent. Rien n'interdit à ses agnats de se lancer pour leur compte dans l'échange de violence tant qu'il n'a pas établi son autorité sur eux. Il ne peut pas non plus miser sur leur élimination. S'il adopte cette stratégie, le groupe qu'il contrôle comprendra peu d'hommes courageux et prêts à le soutenir. Un patrilignage avec un « grand » à sa tête doit compter de nombreux hommes valeureux.

Le « grand » se distingue non seulement par sa maîtrise du système de meurtre, mais aussi par sa parole et ses dépenses. Acquérir la maîtrise de la langue berbère suppose une éducation et parfois l'aide de tuteurs. Tout homme ambitieux et intelligent peut y parvenir s'il sait écouter et apprendre. Mais si beaucoup d'anciens connaissent les raffinements de la langue berbère et savent parler, ils ne sont pas tous pour autant des *amghar*, des « grands ». Très peu de jeunes ont un semblable talent, et cela repousse à un âge plus avancé leur ascension au rang d'hommes prestigieux.

Par ailleurs le « grand » doit multiplier les dépenses. Cela suppose des ressources et leur renouvellement constant. Comme on l'a dit, le « grand » doit faire face à des obligations sinon quotidiennes, du moins très fréquentes. Plus que tout autre, il lui faut donc des richesses. Comment les obtenir, comment dépenser sans se ruiner ? Mais aussi, comment le « grand » peut-il empêcher ses agnats de le concurrencer ?

L'analyse montre que le meurtre ne peut pas constituer le moyen privilégié pour l'acquisition de l'autorité. Plusieurs conditions doivent être remplies pour permettre l'émergence du grand. Deux d'entre elles font problème : ce sont l'élimination de la compétition dans le patrilignage rendant possible le contrôle des agnats et l'acquisition de biens permettant de soutenir une réputation de générosité et d'hospitalité.

Selon les informateurs, ces deux conditions sont liées : le contrôle des agnats passe par celui des terres du patrilignage. Plusieurs récits relatifs au « grand » vérifient cette proposition. Le « grand » possède plus de terres que ses agnats. Certains de ces derniers travaillent pour lui ou bien sont obligés de lui louer des parcelles, ou encore de lui emprunter de l'argent. Ils deviennent par là ses dépendants. Les récits sont souvent parsemés de notations sur l'acquisition des terres par ces hommes ambitieux, aux dépens de leurs agnats, grâce notamment à des prêts systématiques.

Il y a donc lieu d'étudier ce problème de la captation des terres du patrilignage par le « grand » et de voir ses implications dans le système de l'honneur. La stratégie du « grand » suppose de sa part une manipulation des règles relatives à l'appropriation et à l'héritage des terres. Ces règles doivent être étudiées pour que l'analyse de la captation puisse être présentée.

5 | Le statut de la terre

Le droit sur la terre chez les Iqar'iyen se définit dans le cadre du *mulk*. Ce concept arabe revêt des significations multiples et il est utilisé pour désigner l'appropriation individuelle de biens. Le mot *mulk* veut dire littéralement : « avoir pouvoir sur quelque chose ou sur quelqu'un ». D'un point de vue religieux, ce pouvoir est concédé par Dieu aux humains, aux musulmans plus particulièrement. Il est de ce fait sacré. Pour être valable, cette cession doit être reconnue par un certain nombre de musulmans. D'un point de vue juridique, le *mulk* désigne la propriété de toutes sortes de biens, mobiliers et immobiliers. Nous étudierons ici les différentes formes d'appropriation de la terre, le plus valorisé des biens.

1. La *mulkiya* ou titre de propriété

La possession d'une terre, le *mulk*, suppose l'établissement d'un titre écrit en arabe par un lettré, signé par des témoins (douze selon les informateurs) et gardé précieusement par le propriétaire ou ses descendants.

Le titre, appelé la *mulkiya*, est toujours établi au nom d'un seul individu. Il précise tout d'abord l'endroit où est situé la parcelle de terre (plaines du Bu-Arg ou du Garb, tribu, fraction, communauté, proximité d'un lieu-dit, etc.). Aucune référence n'est faite à la dimension de la parcelle. Les limites sont indiquées par les *mulk* d'autres personnes. Ainsi par exemple, la terre de Allal Laarbi est bordée par celles de Moḥ Amar, d'Allal El Mokhtar Moḥand, de Laarbi Abdel Kader Yaḥya et d'Amar Hadi Ḥmed Omar. Dans la deuxième partie du titre, on inscrit le mode d'obtention du *mulk* : héritage, achat, concession ou occupation d'une « terre morte ».

En cas d'héritage, on rappelle l'ancienne *mulkiya* dont la parcelle faisait partie, la mort du possesseur et ses conséquences du point de vue de la répartition de sa terre. Plusieurs cas sont possibles. Nous n'avons pu noter que deux d'entre eux : (1) Chaque héritier recueille sa part pour laquelle un nouveau titre est établi. L'ancienne *mulkiya* est ainsi annulée. Par exemple, si les trois fils de El Mokhtar : Omar, Allal et Moḥ décident que le partage s'accompagnera d'une séparation juridique, chacun fera établir un nouveau titre pour sa part et en son propre nom. (2) Un seul des héritiers décide de sortir du *mulk* et d'avoir son propre titre. L'ancienne *mulkiya* reste valable pour les parts des autres, mais une nouvelle vient en réduire l'extension et affirme l'existence d'un nouveau *mulk* séparé. Si nous reprenons l'exemple précédent, Omar et Allal prennent leur héritage, sans chercher à établir chacun un titre pour sa part. Par contre, Moḥ ne veut pas rester associé à ses frères. Il établira un titre indiquant que sa terre est héritée de celle de El Mokhtar, mais qu'elle en est maintenant totalement séparée.

En cas d'achat et de concession, les termes du transfert sont très nettement précisés (accord, mode de paiement, dons, etc.). En cas d'occupation d'une « terre-morte », la *mulkiya* précise que le possesseur a un droit sur cette parcelle, parce qu'il l'a cultivée et mise en valeur. Ce cas est rare.

La *mulkiya* précise donc le droit d'un individu particulier sur une terre. La mort de cet homme ne signifie pas toujours que ces héritiers vont nécessairement établir chacun un nouveau titre pour leur part. Généralement, ils gardent l'ancien titre et réalisent un partage de fait. Pour comprendre ce partage, il est indispensable d'étudier en détail les règles d'héritage.

2. Les règles d'héritage

Chez les Iqar'iyen, les règles d'héritage des terres se veulent conformes à la loi musulmane : les ascendants (père et mère) ou à défaut les collatéraux (frères et sœurs) ont droit à une partie des biens (deux sixièmes ou un sixième) ; le reste est divisé entre les enfants à raison de deux parts pour un garçon et d'une part pour une fille. Le tableau ci-contre donne le détail des règles d'héritage telles qu'elles sont formulées par les Iqar'iyen.

Dans la pratique, certaines de ces règles n'ont qu'une application très limitée, voire nulle. L'héritage de la terre passe de père en fils et non inversement. Un homme doit attendre la mort de son père pour accéder à son bien-fonds. Et de ce fait, quand un homme meurt, ce sont toujours ses frères et sœurs, et non son père, qui héritent d'une partie de ses biens. Conformément à la loi islamique, les femmes ont droit à une part de l'héritage, mais cette part est généralement partagée de leur vivant, soit entre leurs frères, soit entre leurs enfants.

TABLEAU DES REGLES D'HÉRITAGE

Héritage d'un homme

Le mort n'a pas d'enfants :
— Un quart va à sa femme (s'il en a plusieurs, elles se partagent ce quart).
— Le reste, les trois quarts, vont à son père et sa mère ou à défaut, à ses frères et sœurs.

Le mort n'a que des filles :
— Un huitième va à sa ou ses femmes.
— Une moitié à ses parents ou à ses frères et sœurs.
— Le reste à ses filles en parts égales.

Le mort a des enfants des deux sexes :
— Un huitième va à sa ou ses femmes.
— Deux sixièmes à son père et sa mère, ou à défaut un sixième à ses frères et sœurs.
— Le reste est divisé entre les enfants à raison de deux parts pour un garçon et d'une part pour une fille.

Héritage d'une femme

La morte n'a pas d'enfants :
— La moitié va à ses pères et mère, à défaut à ses frères et sœurs.
— L'autre moitié à son mari.

La morte a des enfants :
— Le mari prend un quart.
— Son père et sa mère, et à défaut ses frères et sœurs prennent un sixième.
— Les enfants se partagent le reste, à raison de deux parts pour le garçon et d'une part pour la fille.

La morte était déjà veuve :
— Un sixième va à ses père et mère ou à défaut à ses frères et sœurs.
— Le reste à ses enfants, à raison d'une part pour la fille et de deux parts pour le garçon.

Ainsi, il est rare qu'une femme laisse à sa mort un patrimoine foncier important. Ces règles d'héritage donnent lieu à un partage du *mulk*. Avant d'étudier celles-ci dans le détail, nous verrons ce qu'il advient généralement de la part accordée aux femmes.

Les femmes ont droit à une part d'héritage, mais en général elles ne la réclament pas. Cela ne signifie pas qu'elles soient déshéritées. Elles cèdent aux autres héritiers, soit la propriété de leur part, soit le droit d'usage de cette part. Dans le premier cas, elles reçoivent une indemnisation, dans le second, elles peuvent réclamer une part des récoltes, ce qui se fait rarement. Les femmes peuvent choisir parmi les cohéritiers ceux qu'elles favoriseront, mais elles doivent prendre ces décisions avant le partage effectif de la terre héritée. Selon les informateurs, la compétition entre frères pour obtenir les parts de leurs sœurs et de leur mère était assez fréquente, sinon générale (cf. récit 19).

Dans le cas d'un mariage à l'intérieur du lignage, une sœur ne demande pas sa part d'héritage pour la donner à son époux. Si elle la réclame, son frère exigera la réciproque de la part de son beau-frère : celui-ci devra lui fournir une sœur et son héritage. Par ailleurs, on nous a expliqué qu'une sœur évite de demander sa part pour ne pas couper tous ses liens avec sa famille d'origine.

La femme hérite et garde la terre pour ses enfants dans deux cas particuliers. Si le défunt n'a que des filles, une ou deux d'entre elles resteront dans le patrilignage, et leur mari viendra y résider et exploiter leur terre. L'homme privé de descendance mâle pourra ainsi assurer la continuité de sa lignée. La relation significative retenue par les Iqar'iyen dans ce cas est celle entre grand-père et petit-fils. La génération intermédiaire permet d'assurer cette liaison et n'a que cette fonction. En effet, le mari qui vient résider chez sa femme n'y possède pas de terre lui-même. Il exploite les terres de son épouse. Il est très méprisé et ne peut en aucune manière jouer son honneur. Ses enfants, par contre, sont considérés comme membres à part entière du patrilignage de leur grand-père maternel.

Il est possible aussi que la fille dont le mari vient résider dans le patrilignage ait des frères. Il ne s'agit pas alors de continuer la lignée : mais une fille peut imposer une telle situation à ses frères, à qui une part d'héritage échappera, si elle est la favorite de son père et si elle réussit à lui faire accepter l'introduction de son époux dans la maison. On dit que c'est une situation grosse de conflits. Les frères, sauf s'ils sont en bons termes avec leur sœur, essaieront par toutes sortes de pressions d'obliger son mari à quitter le groupe. Nous n'avons pas d'exemples de ce genre de conflit. Les informateurs disent en avoir connu.

Ce sont là les deux seuls cas où les femmes reçoivent une parcelle. Ils sont associés au mariage à l'extérieur du lignage avec captation de la descendance du gendre. En règle générale, les femmes doivent céder leur part aux héritiers mâles. C'est donc entre ces derniers que le partage effectif se fera, non sans difficultés, car des conflits surgiront souvent à propos de la part des femmes.

3. Les règles de partage de la propriété *mulk*

Après la période de deuil qui dure quarante jours, les héritiers doivent se répartir rapidement entre eux le patrimoine du mort. La terre ne peut pas rester sans culture et, quels que soient les conflits, un premier partage se fait entre les héritiers masculins qui prennent ou s'octroient la garde et la jouissance des parts des femmes et celles des enfants mâles en bas âge. On va voir que la réglementation est très précise mais qu'elle permet cependant toutes sortes de manipulations.

Le partage des terres du mort n'implique pas que chaque héritier établisse un nouveau titre pour sa part. Les *mulkiya* du défunt seront conservées, et c'est en quelque sorte à l'intérieur de chaque titre que le partage se fera. En effet, le mort peut avoir plusieurs terres réparties sur le territoire de la communauté, donc plusieurs *mulkiya*, mais, selon les informateurs, chaque terre *mulk* sera divisée entre les cohéritiers.

Pour comprendre ce partage, il faut distinguer deux niveaux :

Face aux autres *mulk* d'une part, la propriété du défunt reste une unité. C'est par rapport au titre écrit qu'on peut parler d'indivision. Il est difficile de savoir qui parmi les héritiers obtient la garde du titre. Tout ce que nous savons, c'est que l'on évite de confier la *mulkiya* à l'oncle paternel, frère du défunt.

A l'intérieur du *mulk* d'autre part, il y a division de fait de la propriété. La répartition de la terre est l'objet d'un accord verbal. Elle se fait selon le processus suivant : les règles d'héritage divisent le *mulk* en parts abstraitement définies, un sixième, un quart etc., mais cette division doit se concrétiser matériellement sur la terre.

En règle générale, seuls les héritiers masculins peuvent réclamer et obtenir une parcelle bien délimitée dans le *mulk*. Les femmes, par contre, doivent vendre leur part à un ou plusieurs cohéritiers, ou bien leur céder le droit d'usage, comme on l'a dit précédemment.

Sur cette base, le partage du *mulk* peut prendre plusieurs formes très complexes. Pour les comprendre, on peut partir de deux types de cas hypothétiques qui révèlent les caractéristiques de ce partage.

Supposons un cas simple : un homme a comme héritiers ses deux fils a_1 et a_2 et son frère b. Son *mulk* sera réparti en trois parcelles. Chaque héritier occupera la partie qui lui revient et sur laquelle il a des droits exclusifs, sauf en ce qui concerne la vente. On est dans le cadre simple de la copropriété.

Supposons maintenant un cas plus complexe. Le défunt a pour héritiers son frère b, ses deux fils a_1 et a_2 et sa fille a'. Les parts respectives de chacun sont : un sixième pour b, deux sixièmes pour a_1, deux sixièmes pour a_2 et un sixième pour a'. Le partage effectif sera fonction de la décision de la fille a'. Si a' vend à chaque frère la moitié de sa part, les parcelles définitives des cohéritiers seront délimitées en fonction de leurs droits respectifs et on est ramené au cas simple précédent. Si par contre a' décide de céder uniquement l'usufruit de sa part à l'un de ses frères, disons a_1, le partage prendra la forme suivante : pour b, un sixième ; pour a_1, trois sixièmes ; pour a_2, deux sixièmes. Dans la parcelle occupée par a_1, la part de sa sœur a' sera incluse. Celle-ci continue d'être propriétaire de sa part abstraitement définie. Supposons, toujours dans ce cas, que a_2, héritier mâle, soit un enfant en bas âge. Sa parcelle, à la différence de l'héritage de ses sœurs, sera soigneusement délimitée et confiée à son frère a_1. Celui-ci en aura la jouissance, mais devra la rendre à son propriétaire quand ce dernier deviendra adulte. Les cas concrets de partage que nous connaissons sont basés sur ces différents types de réglementation.

4. Les conflits à propos du partage des terres

Le partage effectif des terres occasionne souvent des conflits : entre frères pour l'obtention des parts de leur mère et de leurs sœurs, entre demi-frères par l'intermédiaire de leurs mères respectives si le défunt était polygame ; entre les fils du mort et leur oncle paternel, qui a droit à une part d'héritage. Nous analyserons successivement des cas de conflits de ces trois types.

Conflits entre frères

Récit 19. *Querelles de frères*

A sa mort, un homme a a trois fils, a_1, a_2, a_3, trois filles, b_1, b_2, b_3, sa femme a', son frère c. a_3 et b_3 sont encore enfants. Les deux filles b_1 et b_2 sont déjà mariées, ainsi que le fils aîné a_1.

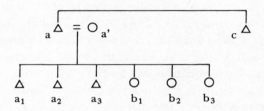

La répartition prend alors la forme suivante :

b_1 vend sa part à a_1 et b_2 vend la sienne à a_2. La mère a' cède l'usufruit de son héritage à ses trois fils, chacun ayant droit à une part.

a_1 prend sa part et celle de sa sœur b_1 ; il a la garde des parcelles de son petit frère a_3 et de sa petite sœur b_3. De plus, il reçoit les deux tiers de la part de sa mère (un tiers pour lui et un tiers pour son frère a_3).

a_2 prend sa part, celle de sa sœur b_2 et le tiers de l'héritage de sa mère.

Enfin c prend sa part. Par la suite, il essaie d'épouser la femme de son frère mort. Les deux fils de ce dernier s'y opposent, car ils ne veulent pas que la part de leur mère leur échappe. Leur oncle doit s'incliner.

Quelques années plus tard, a_3, devenu adulte, réclame son droit. Son frère a_1 lui donne sa part, mais non le tiers de la part de sa mère qui lui revient. a_1 prétend qu'il a avancé à sa mère, pour les funérailles de son grand-père maternel, des biens qu'elle n'a pas remboursés. Il est donc en droit de conserver les deux tiers de sa part. a_3, poussé par sa jeune femme, proteste, mais ne peut faire céder son frère. a_3 demande alors à son frère a_2 de lui céder la jouissance d'une partie de l'héritage de sa mère, dont il a la gestion. Là encore, il essuie un refus. Repoussé des deux côtés, a_3 décide de tenter sa chance auprès de son oncle paternel, à qui il demande sa fille en mariage, espérant recevoir une partie de ses biens. Les cousins s'opposent à ce mariage. Ils ne veulent pas que leur sœur soit la seconde épouse de a_3. Celui-ci ne peut donc pas obtenir satisfaction de ce côté. Il se tourne alors vers sa sœur b_3. Celle-ci est très proche de lui. Le frère a_1, prétendant qu'il avait fait des dépenses pour le mariage de sa sœur, avait pris définitivement sa part ; b_3 décide de le rembourser. La somme lui est avancée par son frère a_3. Mais a_1 refuse, prétextant que le prêt était plus élevé. a_3 est exaspéré. Il décide alors qu'il occupera, sur les terres de a_1, la part qui revient à sa sœur. Comme les parcelles des deux frères sont adjacentes, il déplace les pierres qui marquent les limites. C'est l'épreuve de force qui commence. Pendant plusieurs semaines, les deux frères déplacent à tour de rôle les pierres. L'un les avance, l'autre les recule (l'informateur qui racontait cet incident éclata de rire à ce moment et eut un grand plaisir à nous le répéter). Les femmes de a_1 et a_3 n'arrêtent pas de s'insulter de leurs maisons respectives. Les agnats de ces hommes veulent intervenir, car les deux frères, non seulement se ridiculisent par ce jeu d'enfants (*drari*), mais ridiculisent le groupe tout entier aux yeux de l'extérieur. Leur arbitrage est refusé par les deux hommes. Finalement, ces derniers se mettent d'accord : a_1 cède une partie de la part de b_3 et garde le reste ; a_3 accepte, malgré sa femme qui le pousse à l'intransigeance. Les deux frères se réconcilient, mais leurs rapports restent tendus.

Ce cas, tout en se conformant apparemment aux règles de partage énoncées plus haut, montre comment les frères se querellent à propos des parts des femmes (ici a' et b_3). a_1, qui est déjà adulte, est ici favorisé, car il peut invoquer des prêts faits à sa mère et à sa sœur pour agrandir son héritage. a_3, qui était enfant à la mort de son père, est obligé d'entrer en conflit avec son frère pour obtenir la part de sa sœur b_3 et, finalement, il n'en acquiert que la moitié. De plus, il ne peut pas récupérer la part que lui avait laissée sa mère. Cependant, dans ce cas, il n'y a pas de contestation entre les frères a_1 et a_3 pour la parcelle attribuée initialement à ce dernier.

Dans un autre exemple, il n'en est pas de même. L'aîné, qui avait la garde de la parcelle de son jeune frère, ne lui en remit après son mariage que la moitié. Il invoqua les dépenses que lui avait occasionnées cette cérémonie. Celui-ci ne put rembourser son frère et perdit ainsi définitivement la moitié de son héritage.

Conflits entre demi-frères

Les querelles autour de l'héritage prennent une plus grande ampleur entre demi-frères, si le défunt était polygame. Chacune des épouses essaie de favoriser ses enfants aux dépens de ceux des autres. Généralement, il y a une grande différence d'âge entre les fils des premières épouses et ceux des dernières. Les premiers sont déjà adultes et ont été associés à la gestion de la terre, les seconds sont encore des enfants en bas âge. Les premiers tenteront de s'emparer de l'héritage des seconds, défendus par leur mère. Les fils adultes chercheront à renvoyer dans son lignage d'origine la ou les dernières épouses de leur père, ainsi que leurs enfants. De la sorte, ils auront la gérance de leurs parts et pourront tenter, finalement, de se les approprier. Il s'agit pour cette ou ces jeunes veuves d'éviter ce genre de ruse, et il n'est pas rare, dit-on, qu'elles aient recours au mariage avec un oncle paternel de leurs enfants pour sauvegarder leur héritage et leurs chances quant à l'avenir. Mais cette solution est dangereuse, car l'oncle paternel risque de s'octroyer la part de ses neveux, comme nous le verrons par la suite.

Conflits entre oncle paternel et neveux

Les fils du mort ne peuvent pas forcer leur oncle paternel à leur laisser sa part moyennant compensation. Bien au contraire, ils doivent craindre que ce ou ces oncles ne tentent de les déposséder de leur part sous divers prétextes. Dans le récit 19, l'oncle paternel essaie d'épouser la veuve pour obtenir sa part. Mais il se heurte à une forte résistance et sa tentative n'aboutit pas. Dans un autre récit, l'action de l'oncle a des conséquences plus dramatiques.

Récit 20. *Un neveu déshérité par son oncle le tue*

A la mort d'un homme, sa femme refuse d'épouser le frère du défunt. Personne ne peut l'y obliger. Elle préfère s'occuper de ses enfants encore petits. Le frère accepte apparemment cette décision. Mais il fait intervenir d'autres femmes. Celles-ci reprochent à la veuve de vouloir rester dans cet état. Comment s'occupera-t-elle de la maison ? Les enfants ont besoin d'une autorité. Il faut qu'elle se marie. Elle refuse de céder. Les sarcasmes succèdent aux reproches. Cela ne fait qu'irriter la veuve qui jure alors qu'elle ne se remariera jamais. Tout le monde l'évite. Elle n'est plus invitée. Excédée, moralement abattue, elle décide de repartir dans son lignage d'origine et d'y emmener pour un temps ses enfants. Elle confie les terres de son mari à un cousin parallèle de ce dernier, pauvre. Deux années plus tard, la veuve meurt. Le frère de son mari décide de l'enterrer dans le cimetière du patrilignage. Personne ne peut s'y opposer. La cérémonie funéraire a lieu dans la maison du mari défunt. Le frère de ce dernier déclare quelque temps après être en droit de se faire indemniser pour les dépenses que lui ont occasionnées les deux morts. C'est ainsi qu'il peut s'emparer des terres de son frère. Les enfants restent chez leurs parents maternels. Plusieurs années passent. L'aîné, devenu adulte, décide de se venger. Il a alors recours à une ruse. Son oncle paternel avait pris une deuxième femme et délaissait la première. Le neveu contacte celle-ci et lui promet de l'épouser si elle aide à se débarrasser de son oncle, ce qu'elle fait. Sans se faire remarquer, elle creuse un trou dans le toit de la chambre où dort son époux, et chaque soir elle remet les pierres qu'elle a enlevées. Quand le trou est assez grand, elle cache sur le toit le neveu de son mari, puis elle vient se coucher auprès de ce dernier. Quand il est endormi, elle lui prend son arme et sort. Le neveu déplace les pierres et tue son oncle. Il s'enfuit avec la femme, il l'épouse comme promis, puis il revient pour réclamer son héritage. Mais le couple est tué par les enfants de l'oncle assassiné.

Cette histoire montre bien quels conflits peuvent opposer l'oncle paternel et ses neveux à la mort d'un homme, pour le contrôle de son héritage. L'action de l'oncle paternel devant le refus de la veuve de l'épouser est aussi significative. Il la force à quitter sa maison et à emmener avec elle ses enfants en bas âge. Il invoque par la suite des dépenses faites lors des funérailles de la veuve et de son mari pour s'octroyer les terres de son frère. Il manifeste ainsi une ambition démesurée et cette erreur lui sera fatale.

Tous les oncles paternels n'ont pas recours à une stratégie aussi excessive. Certes ils cherchent à acquérir le maximum de terres aux dépens de leurs neveux, mais ils évitent de les déposséder totalement. Il existe chez les Iqar'iyen un diction : *azizish wa ta yitaqsh by rmawth // wa she yitaqsh arziyith* (ton oncle [paternel] ne veut pas ta mort // cependant, il veut ta ruine [ou un malheur]).

L'introduction de l'oncle paternel dans l'héritage du *mulk* implique donc toujours des tensions avec les neveux. Si ces derniers sont vigilants et savent s'y prendre, ils pourront empêcher leur oncle de les priver de leurs droits. Par contre, s'ils sont faibles, ils subiront ses exigences et se laisseront déshériter, sauf si cet oncle, voulant forger l'unité des deux familles, considère comme plus juste et plus efficace d'attirer à lui la famille du frère mort et de s'allier à elle par mariage, plutôt que de tenter de lui enlever sa terre. C'est là une solution réalisée seulement par certains « grands » (cf. récit 25).

Dans tous ces conflits entre oncle paternel et neveux, entre frères ou demi-frères, on trouve les mêmes procédés utilisés par certains héritiers pour accaparer la plus grande part du patrimoine du défunt : l'invocation de dépenses ou de prêts faits, soit pour les cérémonies funéraires du mort, soit pour sa veuve, soit encore pour les autres héritiers masculins ; l'expulsion hors du lignage de la (ou des) femme(s) du mort et de ses enfants ; la tentative, par l'oncle paternel, d'épouser la veuve et de prendre ainsi le contrôle de la terre du défunt.

Dans ce contexte conflictuel, on voit ce que signifie finalement le partage des terres *mulk*. Pour certains informateurs, conserver l'unité de la propriété du défunt sans établir de nouvelles *mulkiya* pour chaque parcelle, c'est honorer la mémoire de ce mort et garder l'unité de cette famille. Mais l'on voit aussi que garder l'unité juridique du *mulk* permet une vive compétition entre les descendants directs du mort et les lignées proches, ainsi qu'un remaniement des parcelles. Cette formule a l'assentiment des héritiers qui s'estiment lésés momentanément et de ceux qui projettent d'acquérir plus de terre qu'ils n'en ont reçu en partage.

Mais tous les héritiers n'ont pas cette attitude. Certains se contentent de leur part et cherchent à sortir du *mulk* et à établir un nouveau titre pour les parcelles qui leur reviennent. Ils doivent s'attendre à une très vive réaction des autres cohéritiers. On raconte qu'un homme, après avoir vainement tenté de faire accepter à ses agnats son droit d'établir sur sa part une nouvelle *mulkiya*, dut recourir aux menaces pour imposer son choix. Il déclara publiquement préférer mourir les armes à la main plutôt que de céder sur son droit. Les agnats finirent par accéder à sa demande. Lorsqu'un héritier est sorti du *mulk*, sa parcelle ne peut plus être remise en question et échappe ainsi aux convoitises des autres cohéritiers.

Il ressort de cette analyse que les règles d'héritage et le partage des terres *mulk* créent des tensions entre agnats proches. Par ailleurs, ces règles, si elles étaient respectées, devraient conduire à l'émiettement progressif des terres. Or, il semble que ce ne soit pas le cas. La compétition entre agnats conduit, à l'encontre des règles, à un regroupement des parcelles. De plus, il faut noter que l'évolution démographique différente des lignées, dont certaines s'éteignent et d'autres se développent, modifie aussi la carte des parcelles. Enfin, un troisième facteur important agit contre cet émiettement : le partage à l'intérieur du *mulk* ne s'applique pas aux générations suivantes, si l'on en croit nos informateurs. Une nouvelle redistribution, de nouveaux titres seront établis pour séparer les lignées et rétablir la différenciation entre les *mulk*. Il nous est impossible de montrer comment cela se déroule pratiquement.

En définitive, cette analyse des partages à l'intérieur du *mulk* nous a amené à préciser trois points :
— Les cohéritiers se divisent en deux catégories : ceux qui prennent possession de leur part qu'ils concrétisent en parcelles bien délimitées, et ceux qui confient leur héritage aux personnes de la première catégorie qu'ils ont choisies.
— Si le partage est en principe définitif entre les héritiers masculins, il est en fait souvent, sinon toujours, remis en question.
— Enfin, chaque copropriétaire qui prend possession de sa parcelle en devient le propriétaire de fait. Il a tous les droits sur cette terre,

sauf celui de la vendre sans l'accord des autres copropriétaires du *mulk*.

Ce dernier point est important, car il introduit une autre source de conflit à l'intérieur du *mulk*.

5. Le droit de préemption sur le *mulk* ou *shefa'a*

La vente de toute parcelle restée dans le *mulk* est sujette au droit de préemption des copropriétaires. Ceux-ci ont la priorité et c'est uniquement s'ils refusent d'acheter que le vendeur peut la proposer à d'autres. Si ce droit n'est pas respecté, c'est-à-dire si le propriétaire d'une parcelle la vend à un étranger sans consulter les autres ayants droit, la transaction est nulle et sans valeur. L'acheteur ne peut prendre possession de la terre et doit se faire rembourser.

On reconnaît certains droits au vendeur. Si les copropriétaires du *mulk* refusent de lui payer le prix qu'il réclame et lui offrent une somme inférieure, il a le droit de chercher de meilleurs acheteurs et, s'il les trouve, la transaction est valable.

Ici, il faut noter un fait dont on verra toute l'importance dans le chapitre suivant : supposons qu'aucun des copropriétaires n'achète la parcelle du *mulk* proposée à la vente, et que ce soit un individu étranger au *mulk* qui l'acquière. Dans ce cas, ce dernier peut établir un titre pour cette terre. Mais il peut — et c'est généralement le cas — ne pas le faire. Cela signifie alors qu'il s'introduit dans le *mulk* et qu'il a les mêmes droits que les autres copropriétaires ; si ceux-ci à leur tour veulent vendre, il peut invoquer le droit de préemption. Ainsi donc, en plus de la compétition entre frères, entre demi-frères, entre oncle paternel et neveux, nous aurons celle entre toutes ces personnes et cet étranger qui s'insère dans le *mulk*.

6. Le *mulk*, le patrilignage et la communauté territoriale

Nous considérons ici successivement les cas des acheteurs, selon leur position dans la société : agnat lointain, membre d'un autre patrilignage de la communauté, étranger à la communauté. Si l'acheteur est un agnat lointain, il est difficile de l'empêcher d'entrer dans le *mulk*. Les copropriétaires ne peuvent éviter cette intrusion que s'ils achètent eux-mêmes.

Si l'acheteur est membre d'un autre patrilignage de la communauté, les copropriétaires peuvent difficilement le dissuader d'acheter une parcelle dans leur *mulk*. Les terres de culture de tous les patrilignages de la communauté étant entremêlées, l'acheteur n'est pas obligé de changer de résidence. Mais les copropriétaires du *mulk* peuvent faire jouer la solidarité de leur patrilignage. Celui-ci peut réagir en bloc pour éviter que d'autres groupes agnatiques accroissent leur patrimoine à son détriment.

Il est intéressant de noter comment le patrilignage se mobilise à ce sujet. Les membres du patrilignage font valoir que toutes les terres ne constituent qu'un seul *mulk*. Certes, reconnaissent-ils, il n'y a aucun titre correspondant à cette propriété unique. Mais, poursuivent-ils, c'est l'ancêtre fondateur qui est à l'origine des biens que possèdent ses descendants. De ce fait, le droit de préemption doit jouer au niveau du groupe agnatique dans son ensemble, quel que soit le nombre de *mulk* possédés par les uns et les autres. Le patrilignage peut aller plus loin et menacer les autres lignages. Ceux-ci seront avertis que, s'ils essayent d'acheter les parcelles dans leur groupe, la « poudre sera donnée », c'est-à-dire qu'il y aura meurtre. Le patrilignage qui prend cette attitude doit être suffisamment fort et uni, notamment autour d'un « grand ». Si les agnats du groupe sont divisés, l'action unitaire peut se révéler difficile, sinon impossible.

Si l'acheteur est étranger à la communauté, il ne peut y acheter de terres qu'en venant y résider. Ce qui ne veut pas dire que son installation dans la communauté sera la bienvenue. Au contraire, comme le montre le récit suivant, tout sera fait pour le décourager de rester.

Récit 21. Un commerçant tente vainement de s'installer dans une communauté

Un homme *a* s'endette beaucoup auprès d'un commerçant qui parcourt le Rif oriental. Ne pouvant rembourser sa dette, il veut vendre une de ses parcelles. Le prix qu'il demande est trop élevé. Les copropriétaires refusent d'acheter. Il offre alors la terre au commerçant. Celui-ci, voyant que c'est le seul moyen de se faire rembourser, se porte acquéreur de la parcelle. Les agnats du vendeur lui expliquent qu'il lui faut maintenant s'installer dans leur communauté. Le commerçant accepte. Certains viennent le prévenir de ce qui l'attend, mais il passe outre. Quelques mois après, c'est la période des récoltes. Celles du commerçant sont détruites par le feu. On ne découvre pas le responsable de l'incendie. L'année suivante, alors que ses céréales arrivent à maturité, un troupeau de moutons ravage le champ. Le commerçant revent la parcelle aux copropriétaires à un prix inférieur au prix d'achat et quitte le territoire.

Cette histoire est très particulière, car il est exceptionnel qu'un commerçant accède à la propriété foncière dans cette région. On a vu dans les récits d'installation des immigrants qu'un étranger ne peut s'établir dans la communauté qu'en devenant le protégé d'un chef de maison (cf. récits 1 et 2). On comprend donc qu'un commerçant totalement étranger à la communauté n'ait pu y prendre pied.

Pour conclure cette analyse du régime d'appropriation des terres, deux points importants nous paraissent devoir être soulignés : (1) Comme bien valorisé, la terre s'inscrit dans l'ordre segmentaire. Le proverbe : « Moi contre mes frères ; moi et mes frères contre mes cousins ; moi, mes frères et mes cousins contre tout le monde », nous paraît s'appliquer aux conflits pour l'appropriation de la terre. En effet, à l'intérieur du *mulk*, le partage en parcelles entraîne l'opposition entre frères et demifrères ; tous les copropriétaires du *mulk* se définissent comme unité face aux autres agnats, eux aussi regroupés dans les *mulk* ; chaque patrilignage tend à défendre l'intégrité de son patrimoine contre les autres groupes agnatiques de la communauté ; enfin, chaque communauté tend à décourager l'achat de terre dans son territoire par les membres des autres communautés. (2) Mais le rapport des hommes à la terre ne se définit pas uniquement dans le cadre segmentaire. Il y a deux éléments qui modifient ce type d'opposition : les règles d'héritage introduisent l'oncle paternel dans le *mulk*. Ici, le conflit entre cet homme et ses neveux n'est pas totalement segmentaire. C'est le rapport entre générations qui est posé. De plus les règles de la *shefa'a*, ou droit de préemption, n'empêchent pas l'intrusion d'un étranger dans le *mulk*. Entre ces deux dispositions très différentes on peut établir une analogie. Le dicton sur l'oncle paternel dit que celui-ci veut la ruine de ses neveux, non leur mort. Anticipons ici sur le prochain chapitre. La stratégie du « grand » qui va pénétrer dans le *mulk* de ses agnats malgré la règle de la *shefa'a* est exactement la même. Il capte des terres, mais ne dépossède pas totalement tous ceux qu'il appauvrit. Nos informateurs sont très conscients de cette analogie entre le « grand » et l'oncle paternel. Il y a donc dans le statut de la terre cet élément non segmentaire qui va permettre aux hommes ambitieux d'acquérir la position de « grand ».

7. Les formes contractuelles d'exploitation agricole

Différentes formes d'association existent pour le travail agricole. Le propriétaire peut exploiter ses parcelles avec l'aide de ses enfants. Le travail en commun du père et de ses fils, ainsi d'ailleurs que de sa femme et de ses filles, n'oblige à aucune répartition réglementée de la récolte.

Il n'en est plus de même quand intervient un tiers qui n'est pas sous l'autorité du chef de famille. Des contrats oraux sont nécessaires pour fixer les différentes modalités de coopération dans le travail et de répartition de la récolte. Ils sont très variables et nullement conformes à un code rigide. Tout dépend de l'accord entre le propriétaire et celui qui va soit l'aider, soit exploiter sa ou ses parcelles. Ces contrats ne font appel à aucune autorité juridique. Avant de s'engager dans une association de production, les Iqar'iyen peuvent demander l'avis des *shioukh el fellaḥa*, ou « conseillers des agriculteurs », généralement des anciens qui connaissent plus que d'autres les diverses formes de contrats pratiqués dans le passé. En cas de litige, ces conseillers interviennent pour essayer de réconcilier les deux parties.

Il n'existe aucune règle pour le choix du partenaire. Le propriétaire d'une terre n'est pas obligé d'avoir recours à ses agnats ou à ses parents par alliance, ni de leur donner la priorité. Le partenaire peut être l'un d'entre eux. Mais on peut aussi s'associer avec n'importe qui, pourvu qu'on connaisse l'homme, qu'on sache de quoi il est capable, et qu'on se mette d'accord avec lui. L'association se fait entre membres du même patrilignage, de la même communauté, de la même fraction, de la même tribu, ou entre Iqar'iyen et non-Iqar'iyen. Comme le fit comprendre un informateur, si pour une affaire d'honneur il faut recourir à ses « frères » ou à ses agnats, rien n'oblige à en faire autant pour le travail de la terre.

Comme dans beaucoup de groupes ruraux maghrébins, les contrats font intervenir cinq éléments : la terre, le travail, les semences, l'araire et les animaux (ici des mulets). Chaque partenaire peut apporter un ou plusieurs de ces éléments. Sa part de récolte sera fonction de sa contribution. Les types de contrats utilisés par les Iqar'iyen sont multiples. Ils sont toujours de courte durée, annuels ou saisonniers. Nous ne signalerons ici que les contrats les plus courants.

Contrat du type aqran

Les deux partenaires ont chacun une terre, les deux terres étant de surface à peu près égale, mais ils ne disposent que d'un mulet chacun. Ils travailleront ensemble les deux parcelles. Les semences seront fournies par moitié par chacun de ces propriétaires. Tantôt l'un, tantôt l'autre fournira son araire. Après la moisson faite en commun, chaque partenaire prendra la moitié de la récolte. Le battage n'est pas compris dans l'accord. Ce contrat donne parfois lieu à des litiges. Un partenaire peut prétexter avoir fourni plus de grains, plus de travail que l'autre. Il réclamera une meilleure part. Mais généralement, disent les informateurs, il n'obtient pas gain de cause.

Contrat avec l'akhemmas

Akhemmas (pluriel *ikhemmasen*) ou « celui du cinquième » désigne l'homme qui fournit uniquement sa force de travail pour aider le propriétaire d'une parcelle à la cultiver. En contrepartie de son travail, il reçoit un cinquième des récoltes. Ceux qui acceptent ce type de contrat sont en général très pauvres. Ils ne possèdent pas de terres ou bien n'ont qu'une très petite parcelle insuffisante pour les faire vivre. Ce sont les dépendants d'un patrilignage qui fournissent la plupart des *ikhemmasen*. En plus du travail sur la terre, l'*akhemmas* aide le propriétaire de la terre dans sa maison, où il se peut qu'il réside. Il reçoit des dons pour compenser ce genre de services. Il n'est pas rare que le propriétaire de la terre considère ces dons comme des prêts et diminue d'autant la part de récoltes qui revient à l'*akhemmas*. Celui-ci peut difficilement protester, étant donné sa condition. Mais s'il est ainsi maltraité, il peut ne pas renouveler le contrat et choisir un autre patron l'année suivante.

Contrat du type nfa'

Le propriétaire loue sa terre. L'exploitant fournit tout le reste : semences, animaux, araire, travail, et il donne, selon le cas, un cinquième (*khoms*), un sixième (*suduth*), un septième (*subu'*) de la récolte au propriétaire. Ces variations dépendent de la qualité de la terre et de la distance entre le champ et la maison du locataire. Plus celle-ci est proche du champ et plus la terre est bonne, plus la part du propriétaire est grande (un cinquième maximum). Inversement, l'éloignement du champ et le faible rendement de la terre diminuent la part du propriétaire. La prise en considération de ces deux types de facteurs particularise ce type de contrat. Selon les informateurs, cela implique des négociations difficiles entre partenaires et souvent des litiges au moment du partage. Une terre réputée bonne peut donner parfois une mauvaise récolte. Le locataire-exploitant invoquera le mauvais résultat pour donner au propriétaire une partie des récoltes plus faible que le contrat ne le prévoyait. Les deux partenaires peuvent alors essayer de se mettre d'accord en faisant intervenir le *sheikh el fellaḥa* qui peut les conseiller et essayer d'arbitrer le conflit. Si personne ne veut céder sur ses « droits », il s'ensuivra un échange de violence[1].

La twiza

Quand un homme amène sa moisson sur l'aire à battre, il peut avoir recours à l'entraide appelée *twiza*. Plusieurs personnes (pas nécessairement des agnats ou des voisins de la même communauté) viennent l'aider pour le battage. L'hôte doit les nourrir pendant la ou les journées qu'ils passent chez lui. Il rendra le même service à chacun des invités quand ils le lui demanderont. C'est chez le « grand » que la *twiza* revêt le plus d'importance. Il a d'abondantes récoltes ; ses agnats, ses autres dépendants, ses amis, ses alliés viennent participer à cette entraide qui prend l'allure d'une fête. C'est là une occasion pour lui de montrer sa générosité. En retour ses fils iront rendre le même service aux invités quand ces derniers en auront besoin.

1. Il existe d'autres types de contrats. Nous en signalerons brièvement quelques-uns. Deux partenaires peuvent se mettre d'accord sur les prestations de chacun. Si le propriétaire fournit la terre, plus un des quatre éléments restant (araire, animaux, grains et travail), il aura droit à un quart de la récolte (*arba'a*). S'il ajoute un autre élément, il prendra deux quarts (*arba'in*), c'est-à-dire la moitié de la récolte. S'il fournit trois éléments plus la terre, c'est son partenaire qui prendra le quart. Dans le cas où il avance tout, le partenaire ne donnant que son aide dans le travail, c'est le contrat *akhemmas*, décrit plus haut, qui joue. Parmi les autres formes d'association, nous indiquerons les contrats avec le forgeron qui répare le soc de l'araire et obtient en contrepartie des biens en nature prélevés sur la récolte du possesseur de l'outil, ainsi que les contrats d'association pour l'élevage des moutons. Comme nous l'avons dit, les Iqar'iyen élèvent des moutons, quoiqu'en nombre inférieur à celui des nomades transhumants, les Ait Bu Yahiyi. Ces moutons sont aussi des biens *mulk*. Là, comme pour la terre, des contrats peuvent être faits entre différentes personnes, soit pour emmener le bétail au pâturage, soit pour les confier à un berger qui en aura la responsabilité pour une période donnée : un an ou plus, selon les termes du contrat.

Le problème de l'hypothèque (rahn) des terres

Un homme peut s'endetter auprès d'un autre homme. S'il ne rembourse pas son créancier à la date promise, il lui faut hypothéquer ses biens, en particulier ses terres. Dans ce cas, le créancier devient le propriétaire de fait des terres. Le propriétaire en droit, s'il garde son titre, devient l'exploitant. Tout se passe comme s'il travaillait dorénavant sur les terres de son créancier. Les formes d'association en vigueur entre ces deux partenaires sont alors de type *nfa'* décrit plus haut. Grâce à cette formule, le « grand » peut souvent arriver à contrôler les terres de ses agnats sans les déposséder de leurs droits fonciers.

8. La terre, valeur économique ? valeur sociale ?

Les relations à la terre chez les Iqar'iyen se situent à deux niveaux : d'une part, l'appropriation du bien foncier qui est directement lié à l'honneur, à l'ordre segmentaire et aux rapports d'autorité ; de l'autre, les contrats d'exploitation agricole qui délimitent des relations économiques entre individus, abstraction faite de leur statut social. Les Iqar'iyen font bien la distinction entre ces niveaux lorsqu'ils s'opposent à l'intrusion d'un étranger dans le *mulk* ou sur les terres du patrilignage, alors qu'ils acceptent facilement que cet étranger vienne exploiter des parcelles du groupe.

Cette distinction de niveaux dans le statut de la terre est pour nous essentielle. C'est la raison pour laquelle il nous est difficile d'adhérer à la perspective globale de P. Bourdieu sur l'honneur chez les Kabyles, dont le système de valeurs et les institutions sont analogues à ceux des Iqar'iyen. En effet, cet auteur a très bien situé l'importance sociale de la terre et de l'honneur dans ce groupe maghrébin. Mais il pense que ces valeurs sociales dissimulent la vérité « objective » de la loi économique : « Les rapports économiques ne sont pas... saisis et constitués en tant que tels, c'est-à-dire comme régis par la loi de l'intérêt, et demeurent toujours dissimulés sous le voile des relations de prestige et de l'honneur » (Bourdieu 1972 : 43) ; « Tout se passe comme si en effet le propre de l'économie archaïque résidait dans le fait que l'action ne peut reconnaître explicitement les fins économiques auxquelles elle est objectivement orientée » (1972 : 228).

On peut à juste titre s'interroger sur cette « finalité économique », « objective », régie par les « lois de l'intérêt » que les sociétés traditionnelles se dissimuleraient. N'est-ce pas, comme l'a montré M. Sahlins dans son dernier ouvrage (*Culture and practical reason*, 1977) étendre à tort les catégories individualistes et économisantes des sociétés modernes aux sociétés traditionnelles et dissoudre finalement le social dans l'individuel ?

Notre propos est ici différent. L'analyse des relations à la terre chez les Iqar'iyen permet de formuler autrement le rapport entre l'économique et l'idéologique. Les Iqar'iyen (pas plus que les Kabyles) n'ignorent la loi de l'intérêt. Dans les contrats d'exploitation agricole, chaque partenaire tend à maximiser son bénéfice et s'engage en tant qu'individu. Les étrangers, les protégés, comme les chefs de maison, sont équivalents dans ce rapport de production. La part qui revient à chacun est fonction de son apport. Il n'y a aucune « méconnaissance », aucune « dissimulation » de l'intérêt économique. Mais si cet intérêt économique est dominant à ce niveau, il est par contre subordonné au système de valeurs dans le cadre global de la société iqar'iyen. Le propre de l'honneur n'est pas de dissimuler la loi de l'intérêt, mais d'affirmer la primauté de la terre comme valeur sociale sur la terre comme bien économique équivalent à d'autres biens, et la primauté de l'échange social sur le travail de production. En déclarant que la terre en tant que domaine de l'interdit est source de tout honneur, les Iqar'iyen ne méconnaissent pas sa valeur économique, mais ils affirment la primauté des relations entre hommes sur les relations de l'homme avec la nature. Si chaque individu cherche à maximiser son bénéfice dans l'exploitation de la terre, il ne peut garder ses richesses, sa récolte, pour sa subsistance ou pour l'accumulation économique. Ces biens doivent entrer dans les échanges, dans les cycles infinis des dons et contre-dons. La maximisation des bénéfices, donc l'individualisme dans la production, est soumise à la finalité propre de la circulation, des relations sociales et du jeu de l'honneur. Certes, P. Bourdieu est bien conscient de tous ces problèmes et en parle longuement, mais son approche, et notamment son analyse de la conversion des richesses en prestige symbolique et sa notion même « d'accumulation du capital symbolique » continuent à subordonner l'échange à la production et aboutissent à « dissimuler » la hiérarchie des niveaux, à nier en définitive la finalité propre à l'honneur, que cet auteur a pourtant si bien analysée par ailleurs.

6 | L'émergence de l'autorité

L'homme ambitieux, qui cherche à devenir un « grand » dans son patrilignage, doit disposer d'abord d'une richesse monétaire. Il lui faudra ensuite convertir cette richesse en terres qu'il prendra à ses agnats. C'est par cette conversion de la monnaie en terres que le « grand » peut imposer son pouvoir et faire reconnaître son autorité dans son patrilignage.

1. L'origine de la richesse monétaire du « grand »

Selon les informateurs, les futurs « grand » — comme tout Iqar'iyen — reçoivent peu de terres en héritage à la mort de leur père. Ils ne disposent donc pas de ressources agricoles suffisantes pour faire des prêts à leurs agnats de telle sorte que ceux-ci s'endettent. Le travail dans l'Algérie coloniale, l'exploitation des terres d'autres Iqar'iyen peuvent certes accroître leurs revenus. Mais nous ne pensons pas que la source de leur richesse vienne de là. Leurs agnats, connaissant ces ressources, les obligeraient à dépenser. Des avares ont toujours existé, disent les informateurs, mais aucun d'entre eux ne devint jamais un « grand ». Celui-ci ne peut pas commencer sa carrière en se faisant brocarder pour son avarice. Ce serait un handicap trop difficile à combler. Par ailleurs, les « grands » dont nous connaissons l'histoire sont accusés d'avoir accaparé les terres de leurs agnats, et non pas d'avoir été avares au cours de leur vie. Il est donc peu probable qu'un « grand » ait pu se constituer une richesse mobilière par une épargne personnelle. Or, selon les récits, c'est essentiellement grâce à l'argent que le futur « grand » prête à ses agnats et qu'il peut ensuite capter leurs terres. D'où provient cet argent ? Selon un informateur, un homme ne devient pas « grand » par ses seuls efforts personnels ; son père, son grand-père et même parfois son arrière-grand-père lui préparent le terrain. Il raconte que ces hommes thésaurisaient des pièces de monnaie. Celles-ci n'étaient pas distribuées entre les héritiers mais restaient dans une cachette jusqu'à ce qu'un descendant, après avoir fait preuve dans sa jeunesse de qualités dignes d'un « grand », puisse en prendre possession en secret.

Cet informateur nous a raconté l'enfance et l'adolescence d'un « grand ».

Récit 22. L'enfance d'un « grand »

A la naissance d'Allal, son grand-père vit dans ses yeux qu'il aurait une destinée exceptionnelle. Enfant, il ne restait pas avec les gamins de son âge, mais préférait la compagnie des adultes. A dix ans, il savait utiliser une arme et tenir le fusil. Bon chasseur, il était déjà plus rusé que le renard. Son grand-père le laissa un jour dans la montagne avec quelques figues et un peu de pain et lui intima l'ordre de ne revenir à la maison qu'une semaine après. Le jeune garçon subit cette épreuve avec succès. Confirmé dans son jugement, le grand-père continua son éducation. Il lui apprit à distinguer entre les ignorants et les hommes d'honneur. Jamais il ne lui permit de frayer avec les jeunes irresponsables. Ceux-ci tentaient en vain de l'entraîner dans leurs jeux. Le grand-père mit son petit-fils à l'épreuve une deuxième fois. A cette époque, des groupes d'adolescents se constituaient en bandes qui pillaient, volaient les fermes. L'adolescent devait désarmer une de ces bandes de jeunes, leur enlever leur butin, puis les relâcher et leur rendre leurs biens. Certes c'était un jeu, mais un jeu dangereux où il risquait sa vie. Le jeune homme réussit l'épreuve. La bande lui demanda de se mettre à sa tête, mais il sut tellement bien manœuvrer ses camarades qu'il leur fit abandonner leur projet sans être pour autant inquiété. Le grand-père, qui avait observé le déroulement de ces faits, fut convaincu des qualités de son petit-fils.

Il lui tint alors le discours suivant : « Tu as bien fait. Mais ce n'est rien encore. Regarde autour de toi, sutout les "grands". Ce sont eux dont il faut suivre l'exemple. Ton grand-père et ton père n'en sont pas, c'est vrai. Mais comment crois-tu qu'on devienne un "grand" ? Tu ne le sais pas. Viens avec moi et tu le sauras. » Il l'emmena à l'endroit où étaient cachés plusieurs tas de pièces d'argent. « Là, lui dit-il, est ce qui fait un "grand". Mon père a réuni cette somme. Il m'a dit de ne pas la toucher, de ne rien révéler, de me méfier des *djinn* [voir chap. 10] qui voudraient le prendre. A côté, c'est la somme que j'ai épargnée en secret. Personne ne le sait, même pas ton père. Toi, tu le sais maintenant. Mon père m'avait dit : "Notre groupe a besoin d'un *amghar*, trouve-le". Quand tu es né, j'ai vu tes yeux et j'ai su que tu serais celui-là. Garde le secret. Ne touche à cet argent qu'à bon escient. Si tu le dilapides, la mort te frappera vite. Observe les *amghar* et sache faire comme eux. En attendant, respecte ton père, suis-le et attends ton heure. Je n'ai plus rien à te dire. » Quelques jours après, le grand-père mourut. Cinq ans plus tard, le père disparut. Le jeune homme commença alors sa carrière de futur *amghar*.

Ce récit est le seul que nous possédions où il est question de la jeunesse d'un « grand », de ses mises à l'épreuve et de la transmission d'un trésor caché, d'une épargne constituée par plusieurs générations. Dans quelle mesure cette histoire est-elle mythique ou réelle ? Faute d'autres informations qui recoupent, confirment ou infirment ce récit, il nous est difficile de le situer. Nous avons pourtant tenu à le présenter, car il indique que, très probablement, la montée d'un « grand » n'est pas due à l'action d'un seul homme, mais qu'elle se prépare sur plusieurs générations. Il est vraisemblable, sans que nous puissions le démontrer, que les ancêtres du « grand » ont épargné, ont sacrifié leur honneur personnel, ont accepté d'être des « petits », afin de permettre à l'un de leurs descendants de réaliser leur désir.

2. Les limites de l'action du « grand »

La richesse monétaire du futur « grand » va donc lui permettre de réaliser ses ambitions, en acquérant le plus possible de terres à l'intérieur de son patrilignage. Mais cela ne peut pas se réaliser par une expropriation pure et simple de ses agnats, car il ne doit pas déposséder totalement les membres de son patrilignage, ni même l'un d'entre eux, afin de les garder tous derrière lui et d'être ainsi l'*amghar* reconnu d'un patrilignage fort. Il existe donc des limites que le « grand » ne peut outrepasser.

On cite le cas d'un *amghar* qui voulut appauvrir au maximum ses agnats. Il força un grand nombre d'entre eux à lui vendre la totalité de leurs terres. Son appétit, dit-on, était insatiable. Finalement, ses agnats se retournèrent contre lui et s'allièrent à ses adversaires. Sa maison fut assiégée. Le « grand » eut juste le temps d'échapper au massacre et prit la fuite avec sa famille. Il fut forcé quelque temps après de rendre à ses agnats les terres dont il les avait dépossédés.

Le commentaire d'un des informateurs qui raconta cette histoire mérite d'être cité : « Un "grand", dit-il, est certes tenté de gouverner (*reḥkum*) ainsi son groupe. Mais, s'il a de l'intelligence (*raql*), il doit résister à cette tentation, car ses "frères" [c'est-à-dire ses agnats], une fois privés de leur terre, n'auront plus d'autres possibilités que de le tuer ou d'abandonner la région. Ces hommes sans leur terre (*mulk*), sans leur honneur (*r'ird*) sont "comme des riens" (*bḥal walu*). Comment marcheraient-ils avec celui qui leur a tout pris ? Et puis ce "grand", qui représente-t-il ? Il gouverne des

"comme rien" et il n'est rien lui-même. C'est un "ignorant"
(*abuhari*). »

Ces réflexions d'un vieillard de soixante-quinze ans qui se rappelle
avec lucidité les faits du passé traduisent clairement ce que doit être
la stratégie d'un « grand » ou d'un futur « grand ». Les partisans d'un
amghar sont avant tout ses agnats ; il ne doit donc pas s'aliéner totalement leur soutien, s'il veut garder son autorité sur eux. Par ailleurs,
l'*amghar* ne met pas en jeu uniquement son honneur personnel. Il se
considère et est considéré comme le dépositaire de l'honneur de son
patrilignage et de celui de chacun de ses agnats. Comment dans ces
conditions prétendrait-il représenter ses « frères », si ceux-ci sont dépourvus de ce qui est à la base de tout honneur : la possession de la
terre, domaine de l'interdit. Ainsi donc, l'*amghar* doit nécessairement
laisser des terres à chacun de ses agnats.

Nous rappellerons ici l'histoire de cet homme qui, à la mort de son
frère, manœuvra pour déposséder de leur héritage les fils de ce dernier et fut tué par l'un d'eux quelques années plus tard (cf. récit 20).
Dans d'autres récits, il est question d'agnats contraints à l'exil pour
avoir perdu tous leurs biens.

Le récit suivant montre la démarche suivie par un futur « grand »
pour éviter ces écueils.

Récit 23. *Comment un « grand » s'accapare des terres de son agnat et en fait
son partisan*

Un homme *b* s'endette auprès de son agnat *a*, futur « grand ». Celui-ci réclame
à plusieurs reprises le remboursement de la dette, sans succès. *b* n'arrive pas à
épargner la somme nécessaire. Finalement *a* lui propose de lui acheter une partie
de ses terres ou de prendre en hypothèque la totalité. *b* refuse l'une et l'autre
solution. Il demande un nouveau délai. Son prêteur fait valoir qu'il a attendu
trop longtemps, et qu'il faut en terminer avec cette affaire. Il demande, toujours
sans succès, à d'autres agnats d'intervenir et d'amener *b* à un compromis. Excédé, il décide de réunir l'assemblée du patrilignage pour forcer *b* à prendre une
décision. Dans ce but, il envoie son fils l'avertir de sa démarche. *b* ne veut pas le
recevoir et le menace de son fusil. L'offense est grave. *a* annonce qu'il ne peut
pas tolérer cette atteinte à son honneur. C'était, dit-on, un homme intelligent,
astucieux et courageux. *b* prend peur et s'enfuit chez ses beaux-parents dans un
autre patrilignage. Le futur « grand » occupe ses terres et déclare qu'il attendra
son retour pour régler l'affaire avec lui. *b* fait savoir qu'il ne négociera pas et
demande un nouveau délai pour rembourser ses dettes. *a* demande la réunion de
l'assemblée du patrilignage et fait valoir ses droits. L'assemblée décide que *b*,
ayant abandonné son lignage, ne peut plus y posséder des biens. *a* prend toutes
ses terres. Il déclare qu'il est prêt à payer la différence entre la valeur du patrimoine et la somme qui lui est due contre remise des *mulkiya*, les titres de ces
terres. Peu de temps après, un membre du lignage de *a* et *b* tue un homme de

celui où *b* était réfugié. Les beaux-parents de ce dernier l'avertissent du danger qu'il court. Les agnats proches du mort risquent de se venger sur lui. *b* prend la fuite et retourne dans son patrilignage. Il est tout d'abord mal accueilli. N'a-t-il pas renié ses agnats et préféré ses parents par alliance ? Désemparé, il va trouver *a* et, par le sacrifice d'un mouton devant sa porte, l'oblige à devenir son protecteur. Ce sacrifice est appelé *'ar*. Nous verrons plus loin la signification de ce terme. Notons seulement ici que, selon la croyance iqar'iyen, une personne peut ainsi en contraindre une autre à accéder à sa demande ; le refus, dans ces circonstances, ferait peser sur elle la menace d'une malédiction divine. Le futur « grand » décide de lui rendre la partie des terres qui lui revient, s'il déclare soutenir le patrilignage contre ses adversaires. *b* accepte ; il est ainsi réintégré dans le groupe. Plus tard, cet homme apporta, dit-on, le plus ferme soutien au « grand ».

Ce récit met en évidence le contraste qui existe dans le comportement de chacun des deux protagonistes. L'un, *b*, reste intransigeant et finit par se conduire comme une « tête chaude », un *aḥmaq* (il insulte son agnat et s'enfuit) ; l'autre mène calmement son affaire, se dit prêt aux compromis, mais reste intraitable quant à son honneur. L'action de l'assemblée du patrilignage est significative sur un double plan : elle sanctionne la conduite déshonorante d'un de ses membres qui fuit ses responsabilités, et elle répare le tort fait à *a*, mais au prix de la perte d'un homme. L'action finale du futur « grand » inverse en partie ces décisions. Il s'empare des terres de son agnat, mais en fait son partisan en lui rendant une partie de ses biens. Par ce geste spectaculaire, il montre qu'il peut gagner sur les deux tableaux : s'enrichir au détriment de ses agnats et obtenir en même temps leur soutien. Non seulement la décision de l'assemblée du patrilignage est contredite, mais le futur « grand » affirme sa supériorité sur elle par sa générosité. Certes, le futur « grand » fut favorisé dans son action par un échange de violence. Est-ce pure coïncidence, ou doit-on voir dans le meurtre une stratégie du futur « grand » pour récupérer son agnat ? Aucun indice dans le récit ne permet d'en décider. Toujours est-il que le futur « grand » sut profiter de l'occasion qui lui était offerte. Pour notre propos, il faut noter que le futur « grand », non seulement s'institua protecteur de *b*, mais lui rendit une partie de ses biens. Rien ne l'obligeait à faire ce geste, si ce n'est son désir de conserver un agnat et de gagner son soutien.

L'acquisition de l'autorité, du prestige, de l'honneur nécessite, de la part d'un futur « grand », l'accumulation des terres, et ceci au détriment de ses agnats. Mais il apparaît que le système de l'honneur fixe certaines limites à cette accumulation. Du point de vue des agnats qui cèdent une partie de leurs biens, le fait de ne pas être totalement dépouillés de leur patrimoine les met en position d'attente. Ils ont subi une perte et se trouvent défavorisés par rapport au « grand » ; mais la chance peut varier, le « grand » peut disparaître, et ils ne seront pas totalement démunis pour jouer l'honneur en leur nom personnel.

Ainsi, entre le « grand » et ses agnats, la différence quant à l'honneur ne sera jamais qu'une question de degrés. Ils posséderont tous des terres quelle que soit leur situation. L'un en aura plus que les autres et pourra, certes, occuper une position prééminente dans son patrilignage. Mais il sera un « grand » et non un seigneur, comme c'est le cas dans le système féodal, où le rapport de dépendance se situe entre ceux qui ont le monopole des terres et de l'honneur et les paysans qui travaillent ces terres et ne peuvent revendiquer les mêmes valeurs sociales que leurs maîtres (Bloch 1939).

3. La captation des terres par le « grand »

Chez les Iqar'iyen, un homme peut accumuler des terres au détriment de ses agnats en profitant des occasions suivantes : le partage de l'héritage, l'assistance en cas de famine, les prêts pour les dépenses cérémonielles.

Partage de l'héritage

Les conflits multiples que suscitent l'héritage des biens d'un défunt ont déjà été traités. Nous insisterons ici sur l'action particulière des futurs « grands » dans ces circonstances. Dans les récits évoquant ce sujet, le « grand » est en position de frère du défunt. Son but est de capter le maximum des terres de ce frère mort, sans forcer ses neveux à l'exil ou au meurtre. Il doit manœuvrer pour les garder auprès de lui, comme ses plus fermes soutiens après ses propres enfants.

Nous confronterons deux récits où l'attitude de la veuve du défunt diffère : dans l'un elle refuse d'épouser le frère du mort, dans l'autre elle accepte.

Récit 24. *La veuve refuse d'épouser le frère de son mari défunt*

Un homme *b* du patrilignage B est tué. Son frère *a*B, le futur « grand », le venge en tuant le meurtrier. Il demande à la femme du défunt *b*B de l'épouser. Il affirme être prêt à éduquer les deux garçons encore en bas âge qu'a laissés son frère. La femme, dont la sœur avait épousé le meurtrier initial, refuse cette offre. Elle va même jusqu'à interdire à son beau-frère l'entrée de sa maison. Par l'intermédiaire de son père, elle contacte un agnat lointain de *a*B pour se marier avec lui. Cette femme, dit-on, était encore jeune et attirante. L'homme contacté accepte. *a*B tente sans succès de s'interposer. Le mariage a lieu, mais quelques mois après, le second mari meurt à son tour. De nouveau *a*B propose à la veuve de l'épouser. Elle refuse encore une fois. *a*B décide d'agir. Il la renvoie chez son père et garde les terres de son frère défunt. Quand les deux fils de ce dernier sont devenus adultes, leur oncle leur demande de venir résider chez lui. Ils lui répondent qu'ils ne reviendront à la maison qu'avec leur mère. Leur oncle fait valoir qu'il est toujours prêt à l'épouser. Celle-ci s'obstine dans son refus. *a*B utilise alors une ruse pour faire revenir ses neveux. Il sait que l'un d'eux veut épouser une fille du patrilignage C. Il va voir le père de cette fille, un de ses amis, et, avec sa complicité, arrange l'affaire de la manière suivante : il fait croire que cette fille est destinée à son fils, puis feint la surprise quand on vient lui raconter que son neveu veut se marier avec elle ; il fait alors venir ce dernier et lui dit qu'il est prêt à choisir une autre femme pour son fils et à l'aider à épouser la jeune fille en question ; il paiera le *sdaq*, fera toutes les dépenses nécessaires pour les cérémonies de mariage et enfin lui rendra, ainsi qu'à son frère, deux parcelles ayant appartenu à leur père. Le neveu accepte l'offre de son oncle, malgré les avis contraires de sa mère, et revient dans le patrilignage avec son frère. On dit que *a*B les considéra dorénavant comme ses fils.

Récit 25. *La veuve épouse le frère de son mari défunt*

A la mort de son frère Duduḥ, Mimoun, le « grand » du patrilignage A, épouse en secondes noces sa veuve. Il devient alors le chef de maison des deux familles. Il organise par la suite des mariages entre ses descendants et ceux de son frère : son fils Buhut épouse sa nièce Fatima ; sa fille Tlaytmas épouse son neveu Omar, et enfin sa petite fille Malika épouse son petit neveu Ḥaddu. Chacun de ces mariages entraîne un nouvel arrangement des parcelles au sein du *mulk*. Fatima donne sa part d'héritage à son mari Buhut. Tlaytmas transmet à Omar une partie de l'héritage reçu par son père Mimoun à la mort de son frère. De même, Malika donne à Ḥaddu une autre part de l'héritage de Duduḥ. Mimoun laisse à chacun de ses neveux leur héritage. Mais les biens des deux familles sont gérés par lui. Les récoltes sont mises en commun et Mimoun procède à leur distribution en gardant une part importante pour les nécessités de sa position. Ainsi, dit-on, Mimoun mit à l'abri des conflits les deux familles qui n'en formèrent plus qu'une.

Bien que les « grands » de ces deux récits emploient des stratégies différentes, ils aboutissent au même résultat. En effet, les différences entre les deux récits (attitude des femmes, captation ou non des terres par l'oncle paternel) n'effacent pas leur ressemblance. Le

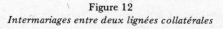

Figure 12
Intermariages entre deux lignées collatérales

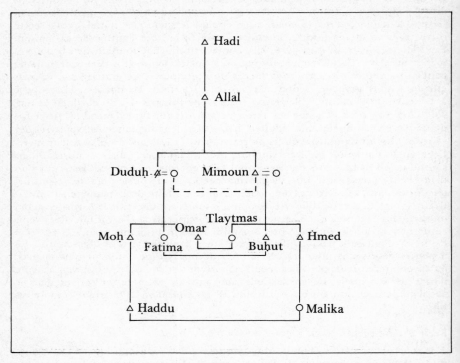

« grand » finit par disposer de plus de terres que la part d'héritage qui lui revenait à la mort de son frère, il ne dépossède pas complètement ses neveux agnatiques de leurs droits sur des terres, enfin il attire leur confiance et les garde auprès de lui en organisant leur mariage. L'habileté et l'intelligence de ces deux « grands » est d'avoir su transformer les victimes de leur ambition en partisans.

Certains « grands » préfèrent ne pas utiliser cette stratégie au moment du partage de l'héritage, et attendent l'occasion pour endetter leurs neveux et leur arracher des terres. D'autres enfin, pour éviter tout conflit avec leurs neveux, en acquièrent auprès d'agnats plus lointains, et pour cela ont recours à d'autres moyens.

Assistance en cas de famine

Comme nous l'avons dit, le risque de famine est une menace permanente chez ces sédentaires. Certes, l'émigration temporaire en Algérie permet d'accroître les revenus des familles, mais, à diverses périodes, les Iqar'iyen ont vécu la famine de façon dramatique. Dans ces circonstances, certaines familles, qui n'ont pas de réserves suffisantes, sont plus touchées que d'autres. On raconte que beaucoup ont été obligés de vendre leur terre à très bas prix pour pouvoir subsister avec leur famille. Les hommes prévoyants et disposant de ressources suffisantes achetaient ces terres dans des conditions très avantageuses. En ces temps de famine, le futur « grand » peut accumuler une quantité importante de terres en contrepartie de l'assistance qu'il apporte à ses agnats. Sa stratégie sera différente selon le type d'agnat en cause.

Le futur « grand » et l'agnat nécessiteux sont dans le même mulk

Le premier va aider le second et, en contrepartie, il aura une partie de ses biens. Dans les cas de ce genre, les deux hommes sont des agnats proches, cousins parallèles au premier degré, ou oncle paternel et neveu, très rarement des frères. Les clauses de leur accord sont les suivantes : l'homme riche fournira quotidiennement à son agnat nécessiteux, pendant une période de quelques mois, sa nourriture, en échange de quoi il recevra une partie de ses terres. Selon certains jeunes informateurs, cet accord est généralement favorable à l'homme démuni. La valeur des biens qui lui sont donnés est supérieure à celle des terres cédées. D'autres contestent cette affirmation : le calcul durant la période de famine est basé sur le prix le plus bas des biens fonciers, non sur leur valeur en temps normal. Un homme avisé considère ces discussions comme absurdes, car, dit-il, on compare ce qui n'est pas comparable. Selon lui, l'homme dans le besoin reçoit des biens qu'il consomme, et l'homme riche des terres qui lui donneront des ressources régulières. Le gain est donc toujours pour celui qui a converti des vivres en terres.

*Le futur « grand » et son agnat nécessiteux
ont des terres dans des* mulk *différents*

L'aide du futur « grand » va entraîner des conséquences différentes
selon l'attitude des copropriétaires du *mulk*. Si ceux-ci sont pauvres, ils ne pourront pas faire prévaloir leur droit de préemption et
empêcher le futur « grand » de recevoir une partie des terres de
l'agnat dans le besoin. Ainsi, le « grand » pénètre dans un *mulk*
étranger au sien. Si, par contre, les copropriétaires du *mulk* ont les
moyens matériels de faire prévaloir leur droit de préemption, ils
empêcheront le futur « grand » d'entrer dans la propriété. Celui-ci
fera un prêt à son agnat nécessiteux qui hypothéquera alors ses
terres en sa faveur. Dans ce cas, comme nous l'avons dit, le propriétaire garde son droit sur son patrimoine, mais devient en réalité le
locataire de son prêteur, devenu propriétaire de fait. Cette stratégie
présente un avantage pour les deux hommes. Le futur « grand »,
juridiquement, n'acquiert pas de terre. Il n'entre donc pas en concurrence avec les copropriétaires. Néanmoins, il prend le contrôle d'une
ou plusieurs parcelles dont il percevra les revenus. L'agnat nécessiteux reste propriétaire de droit de ses terres. Son prêteur n'est pas
un des copropriétaires et il lui sera par conséquent difficile de réclamer des terres pour se faire rembourser. Ainsi, en prêtant assistance
à ses agnats en cas de famine, le futur « grand » poursuit un double
but : acheter les terres de ses agnats proches à un faible prix et
contrôler les terres de ses agnats lointains hypothéquées en sa faveur.

Prêts pour des dépenses cérémonielles

En de nombreuses occasions, un homme d'honneur doit faire des
dépenses cérémonielles : naissance, circoncision, mariage, funérailles, fêtes religieuses, paiement du *sdaq* ou de la *diyith*. Il lui
faut des biens de consommation et de l'argent en quantité suffisante pour maintenir ou renforcer sa réputation. En ces occasions,
beaucoup d'Iqar'iyen sont obligés de s'endetter auprès de leurs
agnats ou d'autres personnes. Peu d'hommes peuvent se passer de
cette aide extérieure. Vivre au-dessus de ses moyens n'est pas considéré comme une anomalie. C'est au contraire une vertu. L'homme
pauvre qui égorge le seul mouton qu'il possède ou qui va emprunter

des grains à son voisin pour honorer un invité se conforme aux valeurs les plus hautes de cette société. Certes, il risque de ne plus pouvoir nourrir sa famille et d'être complètement ruiné. Mais qu'importe ! Il s'est montré un véritable homme d'honneur et n'a pas failli à son devoir.

La stratégie du futur « grand » est de pousser ses agnats à la dépense et de leur faire des prêts, afin qu'ils ne manquent de rien pour honorer leurs invités. Il doit faire en sorte que la somme avancée soit suffisamment importante pour que les débiteurs n'aient pas le moyen de le rembourser. Son but est de les pousser à lui vendre leurs terres ou à les hypothéquer en sa faveur. Dans un premier temps, son comportement n'est pas différent de celui qu'il a en période de famine. Il pousse ses agnats proches, neveux agnatiques et cousins parallèles patrilatéraux qui partagent avec lui une propriété, un *mulk*, à lui vendre le maximum de leurs terres. Avec ses agnats lointains, il utilise la formule de l'hypothèque. S'il réussit dans cette stratégie, il tentera d'aller encore plus loin et d'acheter des terres dans la propriété de ses agnats lointains. C'est alors qu'il lui faudra faire preuve d'une grande habileté. Nous avons souligné la difficulté de pénétrer dans une propriété *mulk*, du fait du droit de préemption. Si les copropriétaires du *mulk* sont pauvres, il lui suffira de proposer l'achat d'une parcelle à un prix très élevé pour obtenir le bien convoité. S'ils sont riches, ils peuvent s'opposer à la vente. La tactique du futur « grand » est alors de les appauvrir, soit en leur faisant lui-même des prêts, soit en les poussant à s'endetter auprès d'autres prêteurs, si possible des étrangers au patrilignage. Certains « grands » n'hésitent pas à prêter par personnes secrètement interposées pour déjouer la vigilance de leurs agnats.

L'histoire qui suit est celle d'un « grand » particulièrement important dans la région. Il réussit à contrôler non seulement son patrilignage, mais toute sa communauté territoriale. Homme de grand prestige, il sut maintenir son autorité sur ses partisans durant de longues années. Il était très riche. On dit que peu d'hommes ont jamais eu autant de terres. Selon un informateur, il possédait près de cent hectares, dont la plus grande partie dans la plaine. Pour l'époque, c'était exceptionnel.

Récit 26. *Les ruses d'un « grand »*

A la mort de son père, Allal n'hérite que de l'équivalent d'environ un hectare. Très jeune, il commence à accumuler des terres. Il profite tout d'abord d'une famine qui affecte certains de ses agnats proches. Il hérite de la terre de son frère qui meurt sans laisser de descendance. Plusieurs agnats ont recours à ses prêts et doivent lui céder une partie de leurs terres ou les hypothéquer en sa faveur. Selon un de ses descendants, quand cet homme eut un fils, un agnat lui fit don de près de quarante hectares. Comment cet agnat avait acquis une telle quantité de terres et pourquoi il la donnait si facilement et si généreusement, l'informateur n'a jamais pu ou voulu nous l'expliquer. Le fait était d'autant plus étrange qu'aucun cas de dons de terre ne nous avait été signalé par ailleurs. Un autre informateur nous donna finalement l'explication de ce don et d'autres sources la confirmèrent par la suite :

« Cette histoire de don est une pure fiction, nous dit cet informateur qui ajouta : Les gens ne sont pas fous ; ils savent ce que représentent quarante hectares ; des hommes s'entretuent pour un petit lopin de terre ; alors pour quarante hectares... Non, il ne faut pas écouter les ''comme rien'' qui vous racontent des bêtises. Cet *amghar* avait de l'argent, je vous dirai comment plus tard [récit 23]. Il voulait acquérir les propriétés des Untel, Untel, Untel et Untel. Plusieurs fois, il essaya de les endetter pour les forcer à lui vendre leurs terres, sans succès. Untel lui emprunta un jour une grande somme d'argent pour organiser le mariage de son fils... Quand ses ''frères'', qui partageaient un *mulk* avec lui, surent ce qu'il avait fait, ils se cotisèrent pour rembourser l'*amghar*. Tout le monde savait pourquoi il faisait des prêts. Après cet échec, l'*amghar* fit semblant de ne plus rien réclamer. Il réfléchit chez lui à ce qu'il devait faire et trouva le moyen. Il contacta deux commerçants, un juif et un musulman, ainsi qu'un de ses cousins, cousin parallèle patrilatéral premier degré, qui lui devait de l'argent. A tous les trois, il dit : ''Aidez-moi à acquérir les terres d'Untel, Untel et Untel et je vous récompenserai, je vous avance une somme d'argent que vous prêterez à mes ''frères'' quand je vous le dirai. Toi, mon cousin, tu vas t'associer avec ces deux commerçants. A chaque somme que je vous avancerai, vous me signerez un papier. Si vous voulez être récompensés, il faudra garder le secret.'' Les trois hommes acceptèrent. Les Untel, Untel, Untel vinrent leur demander de l'argent pour un mariage, pour des funérailles, des fêtes, etc. L'*amghar* disait à ses ''frères'' : ''Pourquoi dépensez-vous tant ? Faites attention à ces commerçants !'' Et eux, les ''ignorants'', lui répondaient : ''Ce sont des commerçants, ils attendront qu'on puisse les rembourser et même si on ne peut pas ils ne pourront pas nous réclamer des terres.'' Je ne sais pas comment il arriva à organiser tout cela, mais finalement ses ''frères'' finirent par être tous endettés. Les commerçants demandèrent à être remboursés car, disaient-ils, ils devaient quitter la région. Ils dirent au cousin de l'*amghar* : ''Tu es notre associé, paie donc ce que nous doivent tes '« frères ».'' Il accepta et s'en alla réclamer son dû à ses ''frères''. Beaucoup furent surpris de voir qu'ils devaient maintenant de l'argent à leur agnat et non plus à des commerçants. Certains demandèrent un délai pour rembourser, d'autres furent obligés de lui vendre une partie de leurs terres. L'*amghar* vint leur dire : ''Vous voyez, je vous avais dit de faire attention, vous n'avez pas voulu m'écouter !'' ''Oui, lui répondirent-ils, tu avais raison, mais comment faire maintenant ? Peux-tu nous aider ?'' L'*amghar* leur dit : ''Je voulais vous aider dans le temps, mais vous n'avez pas voulu de mon argent ; maintenant c'est un ignorant, mon cousin, qui vous tient. Pour se rembourser de ce que vous lui devez, il peut vous prendre quelque soixante hectares et il sera votre *amghar*. Vous aurez pour *amghar* un '« comme rien ». Moi seul, je peux l'en empêcher ; mais il faudra m'accepter comme *amghar*. Je paierai pour rembourser vos dettes et je prendrai quarante hectares. Je laisserai à Untel, Untel et Untel les vingt hectares qui restent. Ce sera mon cadeau. A vous de décider." Ses "frères" acceptèrent. L'*amghar* s'en alla trouver son cousin et lui dit : "Marie ton fils, je veillerai aux dépenses, il faut que tu fasses une grande fête." Le cousin suivit son conseil. Un vendredi, après la prière, il demanda à ses "frères" de le rembourser pour pouvoir marier son fils. Ceux-ci se tournèrent vers l'*amghar* qui demanda : "Combien mes frères te doivent-ils ?" "Tant et tant", dit le cousin. "Viens chez moi, et je te donnerai tout." Voilà la vraie histoire. Un peu plus tard, les "frères" de l'*amghar* apprirent comment ce dernier les avait manœuvrés. Personne n'osa le lui reprocher sauf Untel qui décida de prendre sa revanche et fut à l'origine de la mort de l'*amghar*. Mais cela est une autre histoire et je vous la conterai plus tard. Allons boire le thé. *Bismillah* [au nom de Dieu]. »

Ce récit, qui se passe de commentaire, montre bien comment un « grand » capte les terres de ses agnats par la ruse, affirme sa supériorité sur eux, et établit son autorité sur le patrilignage.

Si l'on compare les différents moyens utilisés par le futur « grand » pour accumuler de la terre au détriment de ses agnats, on constate que la famine et la mort d'un frère sont des faits naturels imprévisibles, et que les fêtes provoquant l'endettement des agnats sont des faits sociaux récurrents. Le « grand » doit miser sur ces fêtes plutôt que d'attendre l'arrivée d'une catastrophe ou d'une calamité naturelle. Mais il lui faut se préparer pour profiter de l'imprévisible, du hasard.

Le « grand » ne peut pas se contenter d'accumuler des terres. Il doit les faire cultiver. Ses enfants pourront s'occuper d'une partie, non de la totalité. Par ailleurs, les agnats appauvris sont dans le besoin. S'il veut avoir leur soutien, le « grand » se doit de les aider. C'est alors qu'il leur offrira des contrats d'association agricole ; ses agnats pourront ainsi accroître leurs revenus, mais ils deviendront ses dépendants. C'est en fonction de la conduite de ces agnats que le « grand » leur louera ses terres à des conditions plus avantageuses. Il cessera même de leur en louer si jamais ils contestent son autorité. Cette dépendance des agnats par rapport au « grand » permet à ce dernier de gérer et de contrôler la distribution des ressources dans son patrilignage.

4. L'élimination des rivaux

Tout futur « grand » rencontre sur son chemin, à l'intérieur du patrilignage, des rivaux qui ont la même ambition que lui. Pour réussir, il doit non seulement capter les terres de ses agnats, mais empêcher ses rivaux de faire comme lui. Il doit connaître ses concurrents réels ou potentiels et les empêcher de s'enrichir et de devenir un obstacle sur son chemin vers le pouvoir. Dans cette compétition, il est difficile de savoir ce qui permet à tel homme, plutôt qu'à tel autre de s'imposer. Est-ce la différence de ressources, la ruse, l'intelligence ? Les récits montrent comment le futur « grand » amène ses rivaux à commettre un faux pas catastrophique pour eux et bénéfique pour lui. L'histoire de l'homme qui voulut expulser la femme de son frère défunt et accaparer les terres de ce dernier, mais qui en fut empêché par le « grand » de son patrilignage, en constitue une illustration (cf. récit 15).

Certes, il s'agissait déjà d'un « grand », mais celui qui ambitionne de l'être ne se conduit pas différemment. Beaucoup d'informateurs disent que ces hommes sont acceptés comme *amghar* parce qu'ils ont, à diverses reprises, défendu leurs agnats pauvres contre ceux qui voulaient les spolier de leur terre. Les récits sont tous du même type. Un homme endette un cousin parallèle, un neveu agnatique ou un autre agnat, et réclame par la suite le remboursement de son prêt en terre. Le futur « grand » intervient, sermonne ceux qui se sont laissés manœuvrer, puis les aide de diverses manières. Il leur fait cadeau (*hediya*) d'une somme d'argent pour payer leur créancier et leur dit : « Vous me rembourserez un jour si vous pouvez ; sinon Dieu, que son nom soit béni, sera témoin que je n'ai pas laissé un frère tomber dans l'adversité. » Il convoque alors l'assemblée du patrilignage et dénonce la manœuvre de son rival, comme dans le récit 17 cité plus haut.

Dans toutes ces interventions, le futur « grand » apparaît comme le défenseur « désintéressé » de ses agnats pauvres et menacés. Il les assiste sans demander de compensation. Son concurrent malheureux n'est pas présenté comme un rival, mais comme un spoliateur, un homme injuste, une « tête chaude », c'est-à-dire l'inverse d'un « grand ». Les agnats de ce « défenseur des pauvres », de cet « homme juste », viennent lui rendre visite dans sa maison et lui demandent de devenir leur *amghar*. Après avoir dit qu'il n'a fait que son devoir de musulman, il accepte l'offre et donne un repas à tous ses invités. Selon nos informateurs, cette « offre » n'est faite qu'au moment où le futur « grand » a pris le pas sur tous ses rivaux, où personne ne peut contester sa prééminence. Il n'est donc pas nécessaire que la décision du patrilignage soit unanime ni que tous les agnats de cet homme viennent lui faire cette offre. Un cortège est organisé et tout le monde dans le patrilignage sait de quoi il s'agit. Ceux qui ne seraient pas d'accord, disent les informateurs, doivent s'interposer et obliger ce cortège à rebrousser chemin. Mais aucun récit ne fait mention de ce type de contestation.

On serait tenté de ne garder de ces récits que l'aspect qui concerne l'élimination des rivaux en rejetant celui qui se rapporte à l'homme « juste », défenseur des pauvres. En fait, ne retenir du « grand » qu'une seule image, celle d'un homme utilisant la contrainte pour affirmer sa prééminence, serait appauvrir la réalité sociale du pouvoir et la représentation que s'en font les Iqar'iyen. Les « grands » jouent les deux stratégies à la fois, aussi bien pour accéder à la position d'autorité, que pour maintenir ou renforcer leur prééminence. Certes, leurs descendants en ligne directe ont tendance à ne parler d'eux que comme hommes d'honneur, généreux et justes, alors qu'au contraire les enfants de leurs victimes les présentent comme des spoliateurs qui ont pillé et dupé leurs « pères ». Mais, comme nous l'a dit un informateur en arabe :

El amghar, ma shi kḥel, ma shi abyad,
El amghar bgha el kḥel wul abyad.
(Le « grand » n'est pas noir ou blanc,
Le « grand » veut le noir et le blanc).

C'est cette ambivalence du « grand » qui nous paraît caractériser son pouvoir :
— il dépossède ses agnats de leurs terres, mais empêche leur dépossession par ses rivaux ;
— il appauvrit ses agnats, mais défend les pauvres ;
— il capte des terres de ses « frères », mais leur garantit des revenus ;
— il est avide, mais généreux.

Du « grand » qui imposa son autorité dans le patrilignage au moment même où il captait les quarante hectares de ses agnats, on raconte qu'il leur laissa les vingt autres hectares comme cadeau par pure générosité. On dit comment, en d'autres circonstances, il prit la défense des agnats pauvres contre d'autres qui voulaient leur prendre leurs terres. Du reste, nous avons entendu plus d'une fois le même informateur, tantôt faire le panégyrique d'un « grand » et tantôt l'accuser de tous les maux. Quand nous leur faisions naïvement remarquer la contradiction, la réponse était, soit un silence accompagné d'un sourire ironique, soit : « C'est ainsi chez nous », soit : « Maintenant vous avez compris. » Et en effet ne touche-t-on pas ici la véritable nature du pouvoir ?

Qu'on nous permette à ce point de citer longuement Machiavel :

Sachez qu'il existe deux manières de combattre : l'une par les lois, l'autre par la force. L'une est propre aux hommes, l'autre appartient aux bêtes ; mais très souvent la première ne suffit point, il faut recourir à la seconde. C'est pourquoi il importe qu'un prince sache user adroitement de l'homme et de la bête. Cette distinction fut enseignée aux princes en termes imagés par les anciens écrivains : l'éducation d'Achille et d'autres grands seigneurs fut jadis confiée au centaure Chiron, afin qu'il les formât à sa discipline. Et avoir ainsi pour précepteur un être double, demi-homme et demi-bête, n'a qu'une signification : la nécessité pour un prince de savoir user de ces deux natures, car l'une sans l'autre n'est point durable.

Si donc tu dois bien employer la bête, il te faut choisir le renard et le lion ; car le lion ne sait se défendre des lacets, ni le renard des loups. Tu seras renard pour connaître les pièges et lion pour effrayer les loups. Ceux qui se bornent à vouloir être lions n'y entendent rien. C'est pourquoi un seigneur avisé ne peut, ne doit respecter sa parole si ce respect se retourne contre lui et que les motifs de sa promesse soient éteints...

Il n'est donc pas nécessaire à un prince de posséder toutes les vertus ... ; ce qu'il faut c'est qu'il paraisse les avoir. Bien mieux : j'affirme que s'il les avait et les appliquait toujours, elles lui porteraient préjudice ; mais si ce sont de simples apparences, il en tirera profit. Ainsi, tu peux sembler — et être réellement — pitoyable, fidèle, humain, intègre, religieux : fort bien ; mais tu dois avoir entraîné ton cœur à être exactement l'opposé, si les circonstances l'exigent. Si bien qu'un prince doit comprendre — et spécialement un prince nouveau — qu'il ne peut pratiquer toutes ces vertus qui rendent les hommes dignes de louanges, puisqu'il lui faut souvent, s'il veut garder son pouvoir, agir contre la foi, contre la charité, contre l'humanité, contre la religion. Il doit donc disposer d'un esprit en mesure de tourner selon les vents de la fortune, selon les changements de situations. En somme, comme j'ai dit plus haut, qu'il reste dans le bien, si la chose est possible ; qu'il sache opter pour le mal, si cela est nécessaire. (Machiavel 1972 : 91-94).

5. Le « grand », les domaines de l'interdit et l'honneur

Au terme de cette analyse, on peut dire que toutes les actions du « grand » tendent à convertir sa richesse monétaire en terres captées à ses agnats, et à transformer son pouvoir de contraintes en autorité reconnue et acceptée par son patrilignage. C'est cette conversion, ce rapport entre l'empirique et l'idéologique qu'il faut situer.

Rappelons ici notre analyse relative à la terre. Celle-ci n'est ni un simple bien économique, ni un bien comme les autres. Elle définit l'identité sociale de tout membre de cette confédération. En posséder, c'est avoir établi son autorité sur ce domaine de l'interdit, c'est être un homme d'honneur, au moins potentiellement. En vendre, c'est perdre de sa « force », c'est-à-dire ce prolongement de soi-même qui donne à tout homme la puissance d'agir et de défier les autres. C'est pourquoi, chez les Iqar'iyen, on ne se résout à la céder que lorsqu'il n'y a plus de solution de rechange. L'action du futur « grand » consiste à pousser ses agnats à cette extrémité, à les contraindre à lui vendre leur terre. En même temps qu'il accapare ces biens fonciers, il capte aussi cette force. Il ne s'agrandit qu'en affaiblissant ses « frères ». Il ne reste plus à ses agnats qu'à s'organiser en cortège pour aller lui demander de devenir leur *amghar*. Le repas que celui-ci leur offre consomme l'amputation de leur honneur. Désormais, ils sont des « petits », il est le « grand », et tous les raports dans le patrilignage sont changés. Certes, chaque « petit » reste possesseur d'une terre, donc d'un domaine de l'interdit. Mais il ne peut plus défendre sa possession et défier les autres que par l'intermédiaire du « grand ». Celui-ci a placé sous son autorité, son pouvoir et sa responsabilité le *haram* (ou domaine de l'interdit) de chacun de ses agnats et du patrilignage en général. Il pourra faire régner l'ordre, exporter la violence hors de son groupe, faire respecter les interdits.

Nous avons souligné l'analogie qui réside entre les rapports « grand » / « petit » d'une part et oncle paternel / neveu d'autre part. L'affirmation des rapports d'autorité dans le patrilignage constitue une transformation des relations entre « frères » en une relation entre générations. Néanmoins, il y a une distinction capitale à faire dans ce que nous appelons les rapports de générations. L'autorité du « grand » sur ses agnats et de l'oncle paternel sur ses neveux veut se modeler sur celle d'un père vis-à-vis de son fils. Or cette dernière relation est d'un autre ordre. Le père a droit à l'obéissance et au respect de ses fils, quelles que soient les circonstances. Le rapport entre un père et son fils est de l'ordre de la soumission, analogue à celui qui réside entre les croyants et Dieu. Il est donc au fondement même de la loi et ne tolère aucune transgression. C'est pourquoi le parricide est un acte qui attire sur son auteur la malédiction divine. Au contraire, les relations entre un « grand » et un

« petit », entre un oncle paternel et ses neveux, restent en deçà de la loi religieuse. Elles relèvent du jeu de l'honneur, car elles sont fondées sur la transgression, la violation du domaine de l'interdit de l'autre. Elles ne transcendent pas l'ordre segmentaire, le rapport entre frères.

Il existe chez les Iqar'iyen une autre manière de concevoir le rapport entre le « grand » et ses agnats : une femme appelle son mari *ariaz*, homme d'honneur, mais, pour s'adresser à son beau-père, elle emploie le terme d'*amghar*. Nous verrons, dans l'analyse du mariage, l'importance de ce terme d'adresse emprunté au langage politique. Ici, nous noterons l'analogie suivante : le « grand » est par rapport à ses agnats comme le beau-père par rapport à sa bru. Tout se passe comme si, en cédant leur terre au « grand », ses agnats devenaient ses brus, se féminisaient et finissaient par être eux-mêmes un domaine de l'interdit et non les porteurs de l'honneur. On saisit par là toute la violence réelle et symbolique que représente cette captation des terres par le « grand ».

Mais il faut rappeler que le « grand », devenu le responsable de l'honneur de son patrilignage, n'est pas et ne peut pas être seulement celui qui accapare les terres de ses agnats et se constitue un vaste domaine. Sa position l'oblige à entrer dans de nombreux échanges de violence pour soutenir son prestige, sa réputation et l'honneur de son groupe. Sa richesse mobilière, il ne peut l'accumuler ; elle doit circuler, même au risque de le ruiner, de l'entraîner vers sa mort.

7 | Les *leff* ou ligues politiques

Dans cette deuxième partie de notre travail, nous avons tout d'abord analysé le modèle segmentaire, ensuite la règle I et la règle II où le « grand » apparaît comme l'homme-pivot de tout le patrilignage, doté d'un pouvoir sur la terre et d'une autorité sociale. Cette règle II est la charnière entre ce modèle et celui des ligues politiques ou *leff*. Ce terme arabe a son équivalent en berbère : *rifuff* (singulier : *reff*). Il signifie littéralement : entourer, envelopper. Dans son sens politique, il désigne l'alliance d'un certain nombre de « grands » qui constituent une ligue contre d'autres « grands » qui s'organisent de la même manière.

Dans cette étude des ligues, nous partirons de leur fonction première, c'est-à-dire l'alliance entre « grands » pour l'entraide et l'assistance contre d'autres « grands », puis nous analyserons les ambiguïtés de cette alliance et les compétitions qui se développent au sein de ces groupements volontaires pour occuper la position prestigieuse de chef de ligue.

1. L'organisation des ligues

Dans d'autres régions du Maroc ou en Algérie (notamment en Kabylie où les ligues portent le nom de *çoff*) les alliances du type *leff* sont contractées par des groupes[1]. Chez les Iqar'iyen, ces alliances sont contractées par des « grands ». Quand plusieurs « grands » décident de former une ligue, ils se réunissent chez l'un d'entre eux, font le serment de s'assister mutuellement, égorgent un mouton et partagent un repas pour sceller leur accord. Ils choisissent parmi eux un chef, le *ameqran n'reff*, « chef de ligue ». Celui-ci donne son nom personnel à la ligue ainsi constituée.

1. Cf. R. Montagne, 1930 et J. Favret, 1968.

Le serment engage les alliés pour une durée indéterminée. Chaque fois qu'un « grand » demande l'aide de ses alliés *leff*, ceux-ci doivent accourir, toutes affaires cessantes. On ne peut quitter sa ligue et changer ses alliances qu'en période d'accalmie, à la suite d'un conflit grave avec ses alliés. Quand les ligues sont mobilisées, aucun « grand » ne doit en principe manquer à l'appel ou rompre les liens qui l'unissent aux autres « grands ». Celui qui manque à ses obligations s'expose à des réactions très violentes de sa ligue. Sa maison sera rasée, ses champs ravagés et détruits. Pourtant, selon les informateurs, certains « grands » abandonnèrent leurs alliés en pleine bataille et se mirent du côté de leurs adversaires d'hier sans avoir à subir les conséquences de leur « trahison ». Ils étaient, dit-on, assez forts pour empêcher qu'on ne les sanctionne.

L'engagement d'un « grand » dans une ligue entraîne celui de ses agnats et de ses autres dépendants. Le « grand » prend leur avis avant d'adhérer à une ligue, mais il est seul responsable de l'alliance contractée. C'est à lui et non à ses partisans que les autres « grands » demanderont des comptes s'il a failli à ses engagements.

Distribution des ligues dans l'espace territorial

Plusieurs ligues coexistent à un moment donné. Leur nombre est toujours pair et supérieur à deux — généralement quatre ou six. Elles s'opposent une à une, *leff* I à *leff* II, *leff* III à *leff* IV, etc. En enquêtant dans différentes communautés territoriales, nous avons tenté de reconstituer les réseaux d'alliance *leff*. L'entreprise s'est révélée difficile, car le caractère fluctuant de ces alliances en rendait la mémorisation souvent imprécise. Néanmoins nous avons recueilli des données partielles qui permettent de se faire une idée de la composition de deux ligues à une période située entre 1890 et 1895 (cf. fig. 13).

L'alliance *leff* s'étend au-delà du cadre de la confédération. Des « grands » des tribus voisines des Iqar'iyen, Ait Said, Ait Bu Yahiyi, Ulad Settut, Imetalsen, font partie des deux ligues considérées quoiqu'ils n'apparaissent pas sur notre figure. Dans sept communautés sur neuf, il existe au moins deux « grands » qui sont affiliés respectivement à deux ligues opposées. Chacun d'eux a comme partisans principaux ses agnats, des utérins vivant sur le territoire de son groupe, et des étrangers qui sont sous sa protection. Dans ces communautés, les patrilignages dépourvus d'un « grand » et affaiblis

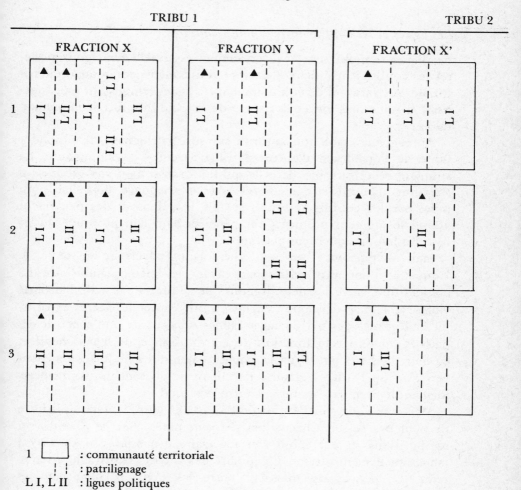

Figure 13
Distribution des ligues

1 ☐   : communauté territoriale
  ┆ ┆   : patrilignage
L I, L II   : ligues politiques
▲   : « grand »

par les dissensions internes sont sous la dépendance de l'un ou l'autre *amghar*. Dans deux communautés, les différents patrilignages sont tous affiliés à la même ligue. Les deux « grands » qui ont réussi à unifier ainsi leur communauté sont généralement nommés chef de ligue.

Les ligues et les conflits intra-communautaires

Les ligues se mobilisent et interviennent essentiellement pour modérer les conflits entre deux « grands » d'une même communauté territoriale. Aussi, avant de voir comment les ligues remplissent leur fonction, il nous faut situer la nature de ces conflits intra-communautaires.

Après avoir établi son autorité sur son patrilignage, le « grand » tente de l'étendre à d'autres patrilignages de sa communauté. La stratégie ne diffère pas de celle qui lui a réussi dans son groupe : il s'attaque d'abord aux membres d'un patrilignage déjà faible ou miné par les conflits internes, se fait le défenseur des pauvres et attend le moment propice pour pénétrer dans leur propriété ou les forcer à hypothéquer leur patrimoine.

Mais il rencontre sur son chemin un adversaire de taille, le « grand » d'un autre patrilignage ayant les mêmes ambitions. La compétition entre les deux hommes ne se limite pas à l'échange de violence, elle se développe en lutte pour capter les terres et obtenir l'allégeance des patrilignages faibles. La réussite ou l'échec de ces deux « grands » sera fonction de leur puissance, de leur richesse et de leur ruse. Les patrilignages faibles, enjeu de cette lutte, penchent vers l'un ou l'autre « grand » ou encore se divisent, un segment rejoignant le premier « grand », l'autre le second.

Mais, quel que soit l'acquis de l'un et de l'autre « grand », la lutte ne peut pas cesser. Chacun des deux hommes cherche à renforcer ses positions, et à affaiblir son adversaire. Un *modus vivendi* n'est jamais réellement atteint. L'équilibre des forces est difficile à maintenir. Le danger de massacre entre les deux patrilignages des « grands » se développe en même temps que leur lutte pour le pouvoir. En effet, l'élimination du patrilignage de son adversaire constitue pour un « grand » un but stratégique. Il pourra le remplacer par des étrangers qui s'empresseront de reconnaître son autorité, comme le montre bien le récit 3. Les autres patrilignages n'auront plus d'autres choix que de se soumettre au vainqueur de cette terrible épreuve.

L'intervention des ligues a pour but d'empêcher ce massacre quand il devient inévitable. Le « grand » menacé fait appel à d'autres dépendants et à ses alliés de la manière suivante : il mobilise tout d'abord dans sa communauté territoriale les patrilignages ou segments de patrilignage qui ont reconnu son autorité et accepté de se mettre sous sa dépendance. Si, dans cette même communauté, il existe un troisième « grand » qui est son allié, il lui demandera son aide. Ensuite, un de ses partisans monte au sommet d'une colline et agite un tissu blanc d'une manière convenu d'avance. Les « grands » alliés, membres de la même fraction, sont ainsi avertis de ce qui se prépare. A leur tour, ils battent le rappel de tous les autres « grands » de la ligue. Tous ces « grands » doivent rassembler leurs partisans rapidement et venir porter secours à leur allié en danger. L'agresseur présumé, le « grand » contre qui ce rassemblement est dirigé, mobilise sa ligue de la même manière.

Un ou deux jours plus tard, un grand nombre d'hommes armés affluent vers la communauté territoriale des deux « grands » en conflit. Chacun va prendre position dans l'aire de résidence du lignage allié, accueilli par les *youyou* des femmes et de grandes manifestations de joie. On festoie et on se prépare à la bataille. Les « grands » se concertent et décident de la stratégie à suivre.

La bataille peut commencer et se dérouler selon le processus que nous avons décrit : joutes verbales, suivies de jets de pierres, coups de fusil tirés en l'air, puis sur l'adversaire. Un ou deux hommes peuvent être blessés ou tués. Les *chorfa* interviennent. C'est le cycle des négociations pour le règlement pacifique du conflit. L'accord sera scellé par un repas cérémoniel auquel prendront part les hommes de deux ligues. Les « grands » alliés et leurs partisans repartent vers leur territoire respectif. La paix est restaurée jusqu'au prochain affrontement.

L'intervention des ligues a donc pour but d'empêcher le massacre entre patrilignages d'une même communauté grâce à ce combat simulé que nous avons appelé la bataille. Mais cette bataille, comme celles qui opposent les groupes segmentaires des niveaux un à quatre (de la confédération à la communauté territoriale), ne règle pas les conflits. Elle n'entraîne qu'un arrêt temporaire dans l'affrontement des deux patrilignages concernés. Ceux-ci reprendront à plus ou moins brève échéance les échanges de violence.

Récit 27. *Massacres entre patrilignages*

Des hommes des patrilignages AM, BM et AN de la même fraction X sont partis ensemble travailler en Algérie, chez un colon français : *a*AM, qui avait été désigné comme responsable auprès de l'employeur du groupe engagé à la tâche, perçoit le salaire collectif, le garde au lieu de le partager avec ses coéquipiers, et rentre chez lui. Il donne alors cet argent à son père, un « grand », qui remet aux hommes de AN, ses alliés *leff*, la part qui leur revient. L'autre « grand » de M, *b*BM, est ainsi provoqué et décide de réagir très vigoureusement. Son intention est de massacrer les hommes de AM et de se débarrasser ainsi d'un groupe avec qui il a eu de nombreux conflits. Il demande alors l'aide de CM. Ayant eu vent de cette menace, son adversaire fait appel à AN, ses alliés *leff*. Le processus de mobilisation des ligues est déclenché. En quelques jours, un grand nombre d'hommes armés viennent prendre position dans les quartiers de AM et BM. Mais, « la poudre n'est pas donnée ». Des négociations commencent par l'intermédiaire des chefs des deux ligues et des *chorfa*. Il est décidé que le « grand » de AM rendra l'argent dû aux hommes de BM, ceux-ci promettant de ne point attaquer leurs voisins. Par mesure de prudence, il est conseillé aux hommes de AM et AN de quitter pour un temps leur territoire respectif en attendant que les esprits se calment. Les deux « grands » de AM et de AN ne sont point satisfaits de cet accord qui leur est, disent-ils, « imposé » par leur chef de ligue respectif. Les nombreux conflits qui les opposent n'ont pas été réglés. Les chefs de ligues ont prétexté que seul le vol d'argent les concernait, leur but étant d'empêcher le massacre, et leur décision étant le seul moyen de l'éviter.

Selon nos informateurs, les chefs de ligue, en observant à la lettre la règle d'alliance et en prenant une décision difficilement contestable, ont en fait élargi le fossé entre les deux « grands ». Ceux-ci durent accepter l'accord et faire la paix. Mais, ils restaient décidés à régler définitivement leur conflit en recourant à la violence.

Un an après, un homme de la fraction Y, voisine de celle de X dont font partie les patrilignages AM et BM, provoque un affrontement violent entre les deux groupes. Il signale séparément à chacun des deux « grands » de AM et BM que l'autre va rendre visite au sanctuaire d'un marabout, à une certaine date. Chaque patrilignage tend une embuscade à l'autre dans un endroit proche du sanctuaire. L'affrontement est terrible. Les quatorze hommes adultes de AM et quinze sur les vingt-et-un de BM sont tués. Les deux « grands » périssent dans ce massacre. Les six survivants, tous de BM reviennent triomphants à leur communauté. Mais les effets de l'hécatombe se firent vite sentir. Les deux patrilignages étaient tellement diminués qu'ils durent quitter le pays iqar'iyen. L'homme de la fraction Y qui provoqua ce massacre s'enorgueillit d'avoir ainsi affaibli la fraction X. Du coup, celle-ci était défiée et ne tarda pas à répondre par un contre-défi.

Ce récit révèle de manière particulièrement frappante l'action et la place des ligues dans le système social iqar'iyen.

Les ligues interviennent pour empêcher le massacre, mais elles ne règlent qu'un conflit ponctuel, ce qui amène les deux « grands » à s'affronter de nouveau jusqu'à l'extermination de leurs lignages. Les ligues n'ont donc établi qu'une paix temporaire et douteuse.

Dans les récits 3 et 7, elles interviennent après le massacre d'un patrilignage et ne peuvent qu'entériner la situation en reconnaissant la
suprématie du « grand » vainqueur. Mais il serait faux de conclure
à partir de ces trois récits que les ligues sont toujours aussi impuis-
santes. Il est très probable que, par leurs interventions répétées, elles
tempèrent parfois les conflits entre « grands » et qu'elles empêchent
ainsi l'escalade de la violence qui entraînerait l'extinction de la société. Mais leur efficacité dépend en fin de compte de la volonté de
puissance de ces « grands » : s'ils sont déterminés à en finir réellement avec leur rival dans la communauté, les ligues pourront retar-
der l'hécatombe mais non l'éviter, comme le montre le récit qui
précède ; si par contre ils veulent modérer la violence, la bataille
des ligues et l'intervention des *chorfa* leur permettra de le faire sans
perdre la face.

Ceci dit, une question se pose : pourquoi les ligues, ces garde-fous
que les hommes d'autorité se donnent pour ne pas être exterminés
avec leurs agnats, ne peuvent-elles pas toujours remplir leur fonction ? Pour y répondre, il faut reprendre notre analyse de l'autorité
dans cette région. Dans la règle II, nous avons distingué deux formes
d'échange de violence où interviennent des « grands » : si ceux-ci
sont de communautés, de fractions ou de tribus différentes, leur
affrontement prendra la forme d'un échange de violence simulé par
émissaires interposés ; si par contre les « grands » sont défiés par des
« petits », l'utilisation de mercenaires issus d'autres patrilignages leur
permettra de rehausser leur prestige tout en exportant la violence
hors de leur groupe, relançant ainsi les conflits segmentaires (cf. récit 18). Dans ces deux cas, les « grands » affermissent leur pouvoir
et leur prestige, évitent que la violence ne les atteigne, et même
utilisent à leur profit les conflits segmentaires. Il en est tout autrement quand l'échange de violence oppose deux de ces « grands »
dans une même communauté territoriale. Nous avons souligné que
chacun de ces hommes d'autorité cherche à étendre son pouvoir aux
dépens de son rival. Ici l'opinion, qui est seul juge en matière d'honneur, aura vite fait de les déconsidérer s'ils s'assagissent et mettent
une limite à une ambition. De plus, les conflits entre ces deux
« grands » se déroulent dans un cadre strictement segmentaire, même

si l'autorité et le pouvoir de ces hommes prééminents contredit l'égalité segmentaire. Dans ces conditions, il leur sera difficile de se contenter de simuler la violence ou de l'exporter efficacement. Leur lutte les ramènera toujours vers le face-à-face. C'est dans ce contexte difficile qu'il faut comprendre le rôle des ligues. Celles-ci constituent le seul moyen pour les deux « grands » d'échapper à l'escalade de la violence, et ce n'est pas par hasard si leur intervention prend toujours la forme d'un combat simulé que nous avons appelé bataille. Elles constituent en quelque sorte dans les conflits entre « grands » un équivalent des groupes segmentaires de hauts niveaux. Mais, tandis que les groupes segmentaires s'inscrivent dans une structure territoriale permanente, les ligues sont des groupements fluctuants créés par des « grands ». De plus, ces ligues interviennent dans le cadre d'une lutte pour le pouvoir, et de ce fait leur fonction est ambiguë. Leur action permet aux « grands » d'échapper au massacre mais elle limite aussi leurs ambitions de pouvoir. Or, dans le contexte de la société iqar'iyen, il est contradictoire pour le pouvoir de devoir à la fois constamment s'étendre et créer les moyens institutionnels pour se protéger de ses propres excès, restreignant ainsi sa liberté d'action. On comprend alors pourquoi les ligues échouent parfois à freiner l'escalade de la violence. Elles ne remplissent leur fonction que si les « grands » les laissent faire, et ces « grands » ne peuvent leur donner les moyens nécessaires sans perdre leur pouvoir local et déplacer — comme cela a été le cas dans le sud marocain — l'enjeu politique vers ces ligues.

Le récit ci-dessus ne situe pas seulement les difficultés du pouvoir, il fournit aussi des indications sur sa place dans le système social iqar'iyen. L'homme qui provoque l'affrontement tragique entre les deux « grands » et leurs lignages relance par son action le conflit entre sa fraction et celle dont font partie ces deux lignages. Autrement dit, la fin de ces « grands » et l'élimination de leurs groupes ramènent au premier plan le conflit segmentaire. Si la mort des « grands » n'a pas toujours lieu au cours d'événements aussi dramatiques, les conséquences sont toujours analogues à celles de ce récit. Comme nous le verrons au chapitre suivant, les rapports d'égalité segmentaire, s'ils sont contredits par la présence de ces hommes d'autorité, finissent toujours par affirmer leur primauté dans les rapports sociaux. Les « grands » peuvent, de leur vivant, utiliser à leur profit les conflits segmentaires, mais leur mort inversera finalement le jeu politique.

La segmentarité s'alimentera en quelque sorte de la mort des « grands » pour se perpétuer.

Enfin un dernier aspect de ce récit doit être signalé. Les chefs de ligue sont accusés par les informateurs d'avoir imposé un règlement ponctuel concernant le vol d'argent sans vouloir considérer les autres conflits entre les deux « grands ». Quel intérêt avaient ces chefs de ligue à agir ainsi, si telle était vraiment leur intention ? Voulaient-ils, par un arrangement boiteux, précipiter la violence entre les deux « grands » ou bien étaient-ils conscients qu'ils ne pouvaient pas engager plus avant les ligues ? Il est difficile de répondre dans ce cas précis, les informateurs n'ayant pas été assez explicites dans leurs accusations. Quoi qu'il en soit, ces accusations indiquent une ambiguïté des alliances à l'intérieur de chaque ligue. Pour comprendre cette ambiguïté, il faut analyser maintenant la compétition qui se manifeste entre « grands » pour occuper la position de chef de ligue.

2. Les chefs de ligue

Rôle et position du chef de ligue

Les « grands » alliés dans une ligue désignent celui qui sera leur *ameqran n'reff* ou *amghar n'reff* que nous traduisons par « chef de ligue ». Celui-ci est inamovible à moins qu'il ne manque à ses obligations. Son rôle et son pouvoir sont en principe limités. Lors de l'affrontement des ligues, il doit organiser la bataille, veiller à ce qu'aucun allié ou partisan ne recule. Ensuite il doit mener les négociations avec son vis-à-vis dans la ligue adverse, par l'intermédiaire des *chorfa* médiateurs. Les décisions qu'il prend alors doivent être approuvées par ses alliés. Il n'a pas l'autorité nécessaire pour imposer sa volonté personnelle. On voit donc qu'en dehors de sa fonction spécifique, le chef de ligue fait figure d'un « grand » comme les autres, et que, dans les circonstances ordinaires, il n'a pas plus de pouvoir que n'importe qui.

La nomination du chef de ligue n'est pas un véritable choix. Un des « grands » s'impose parce qu'il a réussi à unifier sa communauté territoriale sous son autorité, ou bien parce qu'il est sur le point de le faire. A cet homme de grand renom, on peut difficilement refuser cette position prestigieuse.

Parlant d'un de ces chefs de ligue un informateur raconte : « Quand les *amghar* se sont réunis pour constituer le *leff*, ils ont décidé de choisir l'*ameqran n'reff*. Plusieurs voulaient le devenir. Mais, il y avait Mustafa Allal. Il avait une telle renommée que personne n'osa s'opposer à lui. Il fut désigné. »

A propos d'un autre, il est dit : « Ses futurs alliés vinrent chez lui. Ils virent comme il gouvernait (*reḥkm*) sa communauté. Tout le monde le respectait. Il reçut les *amghar* avec faste. On lui demanda s'il voulait faire partie du *leff*. Il répondit : "Oui", sans un mot de plus. Son nom était bien connu. On savait ce que son "nom" (*ism*) voulait dire. Il fut choisi comme *ameqran n'reff*. Il remercia humblement ses invités et leur fit des cadeaux. A chacun, il donna un mouton. »

Aucun chef de ligue ne se contente d'être un « grand » parmi les autres. Certes, il ne peut plus espérer étendre son pouvoir, car les communautés territoriales voisines lui échappent et son autorité sur ses alliés est limitée. Mais il utilise sa position pour accroître sa gloire et sa renommée. Désormais, son titre n'est plus celui d'*amghar*, mais celui de *ameqran n'reff*. Sa ligue porte son nom. Ses dépenses sont plus fastueuses que celles de ses alliés. Son point d'honneur est de n'adresser ses défis qu'à son vis-à-vis de la ligue adverse. Ces deux hommes s'opposent constamment dans des échanges de violence spectaculaires mais peu meurtriers. Des émissaires chargés de « tuer » l'adversaire sont envoyés sans relâche mais aussi sans succès.

La compétition intra-ligue

En voulant affirmer sa supériorité sur ses alliés, le chef de ligue suscite leur jalousie. Une compétition se développe à l'intérieur de la ligue, comme l'explique clairement un de nos informateurs : « Quand un *ameqran n'reff* est choisi, les *amghar* se disent : "nous sommes maintenant comme des frères, et nous ne nous battrons pas entre nous." Mais les choses ne vont pas toujours ainsi. Les "frères" de cet *ameqran n'reff* (c'est-à-dire ses partisans) viennent le voir et lui disent : "Es-tu un *amghar* ou un *ameqran* ?" Tout le monde le pousse à dépenser, à être plus fort, plus grand que les autres *amghar* de son *leff*. Il est obligé d'être immensément généreux et hospitalier. C'est ainsi que les "frères" (les alliés dans une ligue) sont amenés à se battre et qu'un *ameqran n'reff* remplace l'autre. »

Nous n'avons pas réussi à obtenir de récits précis sur la compétition à l'intérieur d'une ligue. Les informateurs disent que chaque chef de ligue essaye de limiter l'extension du pouvoir de ses différents alliés. Cela aide à comprendre la conduite des chefs de ligue dans le récit précédent. Inversement, les « grands », ou du moins les plus importants d'entre eux, cherchent à le tuer. Mais tout cela ne peut pas se passer au grand jour. Ici s'ouvre un univers d'intrigues secrètes que nos informateurs eux-mêmes se déclarent incapables d'élucider. Nous ne possédons que quelques indices. Il semble que les chefs de ligue et les « grands » ambitieux utilisent les mêmes procédés pour se débarrasser de leur rival. Ils ne peuvent agir eux-mêmes, mais ils poussent les dépendants de ce rival à se révolter contre lui. Les informateurs racontent qu'un « grand » fut tué par son gendre, un autre empoisonné par un de ses cousins parallèles. Les deux meurtriers voulaient se débarrasser d'une tutelle devenue insupportable. Mais on dit aussi que les chefs de ligue des deux « grands » éliminés ne furent pas étrangers à ces actes.

L'élimination des chefs de ligue

Certains « grands » sont tués par leurs dépendants, d'autres gardent leur position jusqu'à leur mort naturelle. Par contre, tous les chefs de ligue que nous avons recensés ont été éliminés violemment. Les uns ont été tués, les autres expulsés du territoire iqar'iyen. Ce ne sont pas leurs alliés ou leurs vis-à-vis dans la ligue adverse, mais leurs dépendants, qui finissent par les éliminer. L'un d'eux, Mustafa Allal, fut empoisonné par un de ses agnats, qui fut tué à son tour par le fils du mort. Un autre, Allal Moḥand, qui avait un grand prestige et un grand renom dans toute le territoire iqar'iyen, s'était engagé dans des dépenses démesurées et avait tenté de capter tant de terre à ses agnats et à ses dépendants que ceux-ci décidèrent d'en finir avec lui. Ils assiégèrent sa maison. Au bout de quelques heures, voyant que le nombre de ses partisans diminuait au bénéfice des révoltés, Allal Moḥand décida de s'enfuir avec sa famille. Il réussit à s'échapper,

partit chez ses alliés dans la tribu Imazujen, et de là émigra en Algérie. Sa maison fut brûlée et ses champs ravagés. Allal Moḥand revint
quelques années plus tard et s'installa chez les Ulad Settut. Avec
d'autres, il permit à Bu Ḥmara, prétendant au trône du Maroc, de
pénétrer en territoire iqar'iyen et d'y installer sa capitale dans le
village de Selwan. Il devint un de ses *qaid*. Mais il ne put jamais
revenir dans sa communauté territoriale d'origine. Enfin un troisième, Amar Buḥut, partit avec ses partisans chercher l'épouse de son
fils. Un de ses agnats, caché depuis plusieurs jours au sommet d'une
colline derrière une rangée de cactus, le tua, puis se leva, lança son
fusil en l'air, eut le temps de dire : « Mon père, j'ai vengé ton honneur » et fut abattu. D'après les informateurs, le père de cet homme,
à qui Amar Buḥut avait pris la majeure partie de ses terres, n'avait
pu supporter son déshonneur et s'était laissé mourir.

Les autres chefs de ligue eurent une fin analogue. Deux d'entre
eux, non satisfaits d'être à la tête d'une ligue, se firent nommer
qaid de leur tribu par le sultan. L'un et l'autre partirent un jour pour
Fez, emportant les impôts collectés et des cadeaux (*hediya*) pour le
souverain. Des Iqar'iyen les précédèrent et les dénoncèrent auprès de
l'administration du sultan (*Makhzen*) comme fomentant une rébellion contre leur souverain. Les *qaid* furent jetés en prison et y restèrent jusqu'à leur mort. Leurs fils se vengèrent sur les dénoncia-
teurs.

On voit que dans toute cette série, ce sont ses dépendants qui
tuent le chef de ligue ou le forcent à s'exiler. Mais on dit que les
alliés de ces hommes fameux avaient secrètement armé le bras de ses
dépendants.

Ainsi la position de chef de ligue, si elle procure le plus haut prestige, est aussi la plus dangereuse. Dans toutes ces ligues, on assiste
à une sorte de drame shakespearien. Un chef se fait nommer, parade
quelque temps, et est finalement éliminé. Un autre le remplace et
disparaît tout aussi tragiquement. Selon nos informateurs, le mécanisme qui mène ces hommes vers la mort est inexorable.

Le récit suivant retrace une tentative faite par les « grands » d'une
ligue pour échapper à ce destin.

Récit 28. *Un « petit » se fait nommer chef de ligue*
Dans une ligue où les chefs ont été tués l'un après l'autre, aucun « grand » ne
veut se porter candidat. Les alliés décident alors de s'adresser à un « petit ».

Celui-ci est très pauvre, il ne possède que sa maison, un jardin et une vache. Mais tout le monde sait qu'il est courageux et ambitieux. Il accepte de devenir chef de ligue à condition que les « grands » lui fournissent les moyens matériels pour assurer sa fonction et l'aident à contrôler son patrilignage. Il ne veut pas être un homme de paille. Ses conditions furent acceptées, et très vite il devint l'égal des « grands ». Mais, dit-on, son ambition était insatiable. Il voulait dominer ses alliés. Ceux-ci étaient sur le point de l'éliminer, quand intervint un événement extérieur : l'arrivée en 1903 du prétendant au trône du sultan, Bu Ḥmara, et de son armée. Le chef de ligue se mit sous la protection de ce prétendant et eut ainsi la vie sauve.

Tout se passe en somme comme si les Iqar'iyen choisissaient des hommes qu'ils comblent de louanges pour ensuite les sacrifier en quelque sorte devant l'autel de l'honneur, valeur suprême qui se perpétue à travers l'offrande des victimes les plus nobles. Pour citer les paroles d'un informateur : « Certes tous les *ameqran n'reff* meurent de mort violente, mais y a-t-il une meilleure mort que celle d'un homme (*ariaz*) qui met son honneur au-dessus de tout. »

On peut cependant s'interroger sur ce qui pousse ces hommes à cette parade tragique : pourquoi recherchent-ils une position dont ils savent pertinemment qu'elle leur sera fatale ? La réponse à cette question n'est pas facile. Les paroles de notre informateur nous fournissent un début de réponse : c'est un jeu avec la mort. Les chefs de ligue ont une renommée qui dépasse celle des « grands » et ils donnent leur nom personnel à leur *leff*. A leur mort, ils ne tombent pas dans l'oubli, leur nom (*ism*) et leur renom demeurent. On rappelle les épisodes épiques de leur vie et parfois même ils deviennent des personnages de légende pour les jeunes générations.

Mais ce n'est là qu'une réponse partiellement satisfaisante à notre question. Il nous faut chercher, non les motivations de ces hommes assoiffés de renom et de prestige, mais ce qui, dans la valeur sociale de l'honneur, les conduit à cette chute tragique. Le système de l'honneur chez les Iqar'iyen pousse les hommes à entrer dans les échanges de violence et à acquérir du prestige et un renom. Le grand-père et le père d'un *amghar* lui préparent le terrain. L'opinion l'oblige constamment à manifester sa force et sa puissance et à ne pas se reposer sur ses lauriers. Il lui faut aller toujours plus loin. Mais cette même opinion ne peut pas tolérer qu'il garde son pouvoir et son autorité. Un des vieux informateurs, après avoir longuement raconté quelques histoires de « grands », ajouta ce commentaire : « Chez nous, on ne supporte pas qu'un homme soit supérieur à un autre.

Devant lui, on se tait. Mais chacun veut lui dire : *min dhayik immanin*, qui se traduit littéralement par "quoi dans toi ajouté" [qu'as-tu de plus que nous]. On laisse des hommes devenir "grands", mais ils doivent tomber. Les Iqar'iyen n'aiment pas l'"homme déshonoré" (*amefdoḥ*) ou celui par qui le scandale arrive (*amefsud*). Mais ils ne peuvent pas tolérer les *ameqran*, les « grands ». C'est ainsi chez nous. »

Du reste, au-delà des disparitions individuelles, la mort des chefs de ligue et des « grands » a des conséquences sociales, comme on va le voir.

8 | La mort du «grand»

Certains « grands » sont tués, d'autres chassés du territoire, d'autres meurent de maladie ou de vieillesse.

Le « grand » expulsé de son patrilignage par ses agnats part avec ses descendants et doit vendre ses terres. Ce départ forcé constitue la fin de son autorité et la perte de son identité. Pour un « grand », terminer ainsi sa carrière est déshonorant. Il sort vivant de l'épreuve, mais il est dépouillé de tout ce qui constitue sa qualité d'homme. Les Iqar'iyen retiendront dans leur mémoire non ses moments de gloire, mais sa fuite honteuse. Ses enfants ne pourront même pas s'enorgueillir d'avoir eu un père prestigieux.

Au contraire le « grand » tué, ou mort naturellement, a droit à des funérailles. Après son enterrement, sa famille prend le deuil pendant quarante jours. Durant toute cette période, agnats, parents par alliance, alliés politiques, amis et anciens rivaux viennent de tous les coins du territoire iqar'iyen rendre un dernier hommage au disparu prestigieux. Le nom (*ism*) de ce mort, son honneur et son prestige sont consacrés une dernière fois. Sa fin est aussi glorieuse que sa vie.

Mais la mort du « grand » marque aussi la fin du prestige attaché à son lignage. A l'unité autour de son nom succédera la division interne. L'ordre segmentaire, un moment soumis à l'ordre du pouvoir, reprendra ses droits, et cela pour trois raisons que nous analyserons successivement :

— Les dépenses funéraires et le partage de l'héritage entre de nombreux descendants empêchent ces derniers d'avoir la même puissance politique et économique que le mort.

— Les agnats du « grand » refusent de désigner un de ses fils pour lui succéder. Au contraire, ils manifestent leur volonté de reprendre leur autonomie et de jouer l'échange de violence pour leur compte personnel.

— Enfin, le patrilignage qui a bénéficié du prestige du « grand »
risque de subir diverses attaques de la part d'autres segments de
même niveau, dans le but de l'affaiblir.

1. Les dépenses funéraires et le partage de l'héritage

Les visiteurs qui viennent rendre un dernier hommage au mort reçoivent un repas. La dépense qu'occasionne le décès d'un homme est
fonction du nombre des visiteurs. Pour la famille du « grand », elle
sera très importante car, comme nous l'avons dit, les visiteurs viennent nombreux d'un peu partout. Les enfants du mort doivent
puiser dans les réserves de grain, égorger de nombreux moutons et
très souvent s'endetter pour remplir leurs obligations. Il n'est pas
rare qu'ils soient obligés de vendre plusieurs parcelles de terres pour
faire face à la dépense. Voici ce qu'on nous a raconté à propos de la
mort d'un « grand ». « Après sa mort, sa maison ne désemplissait
pas. Au bout de sept jours, son fils aîné alla voir les silos. Ils étaient
presque vides. Il compta le troupeau : il ne restait que quelques moutons. Et pourtant les amis du mort continuaient à affluer. Alors, il
décida avec ses frères de vendre des terres pour échapper à la honte.
Des agnats les leur achetèrent à bas prix. Sept jours après, le même
problème se reposa. Il fallut vendre de nouveau. C'est ainsi que les
fils de Mustafa Allal devinrent pauvres. »

La période de deuil n'est donc pas seulement celle où les descendants du mort pleurent sa disparition et lui rendent un dernier hommage, c'est aussi l'occasion de grandes dépenses, plus importantes
encore que pour un mariage. Les fils du « grand » paient très chèrement la consécration du nom de leur père, puisqu'ils sont obligés
d'aliéner une part non négligeable de leur héritage.

Après la période de deuil, les propriétés du « grand » qui ont pu
être préservées seront divisées entre les différents ayants droit. Le
« grand » polygame a toujours une descendance nombreuse. Les
conflits entre demi-frères, entre oncles paternels et neveux agnatiques prennent une ampleur inconnue chez les « petits ». Même si
au cours du partage certains héritiers reçoivent une plus grande part
que d'autres, aucun ne pourra acquérir le vaste domaine du mort.
On raconte que certains « grands » tentèrent de favoriser un de leurs
fils — pas nécessairement l'aîné — ou un de leurs petits-fils pour leur
succéder. Ils leur vendirent en secret des terres pour une somme

symbolique. Les autres descendants ou collatéraux du « grand » ne pouvaient plus en hériter. Cette vente, gardée secrète jusqu'à la mort du « grand », fut contestée ensuite par les autres héritiers qui obligèrent les bénéficiaires à partager ces terres avec eux.

S'ajoutant aux dépenses funéraires, le partage de l'héritage empêche donc qu'un des descendants ou un des frères du mort prestigieux puisse disposer de la même richesse que lui.

2. La fin des rapports d'autorité dans le patrilignage

Après la disparition du « grand », ses agnats vont refuser de reconnaître un successeur parmi ses fils ou ses frères. Ils acceptaient l'autorité d'un homme qui avait su s'imposer, mais ils attendaient sa mort pour se libérer de sa tutelle. Chaque chef de famille va proclamer sa volonté de ne plus obéir aux injonctions des descendants du « grand ». S'il est agressé, il refusera de s'en remettre à eux et décidera par lui-même de ce qu'il doit faire.

Cette révolte des agnats ne va pas sans poser des problèmes, comme en témoigne le récit suivant :

Récit 29. *Les fils d'un « grand » tentent de lui succéder*

*a*AM est blessé par un homme du patrilignage CN ; *b*AM et *c*AM, fils d'un « grand » récemment disparu, convoquent l'assemblée du patrilignage pour décider de la réponse à donner à cet affront. Lors de la réunion, ils affirment que c'est à eux, en tant qu'héritiers de leur père, de mener l'action contre le lignage CN. *a*AM les laisse parler. Quand ils ont fini, il se tourne vers eux et leur dit qu'il ne laissera personne répondre à sa place. Il a été agressé et, avec ses fils, il trouvera le moyen de punir les gens de CN. Les descendants du « grand » disent ne pas pouvoir tolérer cet acte de désobéissance et demandent l'avis des anciens. Ces derniers restent silencieux. Ils désavouent ainsi les fils du « grand » disparu. *a*AM se lève et part. Quelques jours après, il blesse le fils de son agresseur au même lieu où il avait été atteint et s'en retourne chez lui. *b*AM et *c*AM réagissent. Ils arrêtent *a*AM et le mettent dans un cachot pour avoir désobéi à leurs ordres. Les fils du prisonnier s'en vont demander l'aide de leurs agnats pour libérer leur père. Les anciens décident de réunir l'assemblée dès le lendemain ; *b*AM et *c*AM refusent d'y venir. La réunion a lieu néanmoins et l'assemblée juge la conduite des fils du « grand » inacceptable. Ceux-ci doivent libérer *a*AM, sinon leur maison sera brûlée et leurs champs dévastés. *b*AM et *c*AM ne croient pas à la menace et refusent de se soumettre à cette décision de l'assemblée. Une semaine plus tard, leur maison est cernée par leurs agnats. Des anciens interviennent pour leur faire accepter la décision de l'assemblée. Ils leurs disent : « Votre père était *amghar*, tout le monde le respectait et suivait ses avis, car ils étaient conformes à la coutume. Mais il est mort et vous n'êtes que ses fils. Vos "frères" [agnats] ne vous reconnaissent pas comme *amghar*. La coutume ne dit pas que le fils d'un *amghar* sera lui-même *amghar*. Libérez le prisonnier, sinon la colère de vos "frères" amènera votre ruine. » *a*AM est libéré et rendu à ses fils. Il demande une *diyith*, car il a été offensé. Mais les anciens lui conseillent de demander plutôt à *b*AM et à *c*AM un repas de réconciliation pour lui et pour tous ses « frères ». Il accepte. Depuis lors, le patrilignage AM n'a plus d'*amghar*.

Dans d'autres récits, il est question de querelles entre les fils du mort, au sujet de l'héritage. Aucun des descendants du « grand » ne parvient à établir son autorité sur ses frères, à préserver l'unité de la lignée et à s'imposer à ses agnats.

Après la mort du « grand », non seulement ses agnats dénient à l'un de ses fils le droit de lui succéder, mais ils tentent de récupérer les terres qu'ils avaient été obligés d'hypothéquer en sa faveur ou de lui vendre. Certains, qui ont épargné patiemment, profitent des dépenses funéraires occasionnées par la mort du « grand » pour rembourser leurs dettes et reprendre le contrôle de leurs terres. D'autres, qui partagent une propriété dans laquelle s'est introduit le « grand », se cotisent pour racheter la part qui leur a été prise. Les conflits autour de la terre se développent entre les descendants du « grand » et leurs agnats. Ces derniers s'emploient à faire dépenser les premiers pour les appauvrir et les forcer ainsi à vendre des terres. On signale le cas du fils d'un « grand » qui, ayant tué un homme d'un autre patrilignage, fut obligé de payer une forte compensation. Ses agnats n'acceptèrent de l'aider qu'à une seule condition : qu'il vende une partie de ses terres. Dans un autre récit, le fils d'un « grand » qui marie sa fille est obligé, à la suite d'une provocation de ses agnats, d'effectuer une dépense démesurée. Ceux-ci lui avaient dit que le père de l'époux allait faire une cérémonie très fastueuse. Pour répondre au défi, le père de la fille déclara que sa maison serait ouverte à toute personne voulant assister chez lui aux festivités. Il fut ruiné et dut vendre tous ses biens.

Ainsi la succession à la position d'*amghar* se révèle impossible. Si l'un de ses fils veut se singulariser et se faire reconnaître comme « grand » dans le patrilignage, il doit parcourir les mêmes étapes que le défunt : capter des terres et imposer son autorité à ses agnats. Chez les Iqar'iyen, tout est fait pour rappeler à chaque génération que l'autorité ne s'hérite pas, mais qu'elle doit être acquise par la ruse et la violence.

3. L'affaiblissement du patrilignage

S'il existe un autre « grand » dans la communauté, il tentera d'affaiblir le patrilignage d'où a disparu son rival. Son but est de faire en sorte que ce groupe ne constitue plus un obstacle dans sa tentative d'élargir son autorité. Il favorisera la révolte des agnats de son ennemi disparu contre les fils ou les frères de ce dernier. Il leur avancera même l'argent nécessaire pour récupérer leurs terres. Vigilant, il entretiendra les dissensions entre les agnats du « grand » disparu, afin qu'aucun homme exceptionnel ne puisse remplacer ce dernier.

Dans tous les cas, le patrilignage qui, grâce à la puissance et à l'action de son « grand », avait accru sa réputation et son prestige, devra à la suite de sa mort payer le prix de son renom. En effet, le « grand » s'était immiscé dans les affaires des autres patrilignages de sa communauté. Sa force et sa puissance avaient empêché d'autres groupes de venger les morts qu'il leur avait pris. Sa disparition permettra à tous ces patrilignages et à ces « petits » de prendre leur revanche. Les défis contre ses agnats se multiplieront. Certains de ces derniers y trouveront la mort. On raconte qu'un patrilignage privé de son « grand » dut subir des défis et des assauts de ses adversaires en si grand nombre que les survivants du groupe décidèrent de s'exiler, car la vie devenait intenable pour eux et leur famille.

En définitive, la mort d'un « grand » a deux conséquences essentielles. D'une part la période de deuil et les dépenses funéraires consacrent le « nom » (*ism*) et le poids du prestige (*thaql*) de ce « grand ». Sa mémoire sera honnie par les uns, vénérée par les autres. Mais tout le monde se rappellera que son patrilignage a eu, grâce à lui, ses moments de gloire. Cette consécration, ses descendants et tous ses agnats doivent en payer le prix. Les premiers perdent une bonne partie de leur héritage dans les dépenses funéraires ; les seconds perdent un rempart derrière lequel ils pouvaient s'abriter. Le patrilignage sort affaibli de l'épreuve. Son renom appartient maintenant au passé. D'autre part, la fin des rapports d'autorité dans le patrilignage entraîne la relance du jeu segmentaire et le retour à la règle I selon laquelle chaque chef de maison est responsable de l'honneur du patrilignage et peut de nouveau entrer en compétition avec ses agnats pour se distinguer comme homme d'honneur. Le cycle peut recommencer.

Photo 3
Le quartier de résidence d'un lignage qui s'est regroupé dans la vallée.

9 | Segmentarité et autorité: leur rapport hiérarchique

Dans cette deuxième partie de notre travail, nous avons étudié longuement les implications du système de l'honneur. Il nous faut maintenant en tirer les conclusions théoriques.

Pour décrire et analyser l'organisation sociale de la confédération iqar'iyen, nous sommes partis du modèle segmentaire dont l'énoncé métaphorique nous a été maintes fois rappelé par nos informateurs. Ce modèle a été souvent décrit par les anthropologues et quelques-uns ont tenté d'en donner une théorie. A la suite d'Evans-Pritchard, E. Gellner propose une théorie de la cohésion sociale, de la loi et l'ordre pour expliquer la structure segmentaire. Dans une société acéphale, ce n'est pas un organisme spécialisé ayant un pouvoir de sanction qui maintient l'ordre social, mais l'opposition balancée des différents groupes segmentaires. Dans cette perspective, nous dit Gellner, « the segmentary organisation displays a set of alignments, ratified not merely by custom, sentiment and ritual, but more weightly by the shared interest which provides the baselines for alliances and enmities, for aid and hostility, when conflict arises » (E. Gellner 1969 : 63). Ainsi, ce n'est pas la règle qui est première dans la définition théorique du modèle, mais c'est la défense de l'intérêt commun, qui seul fournit le cadre nécessaire pour la cohésion et la coopération des différents groupes segmentaires face à la menace extérieure, et qui permet la maintien d'un ordre global.

Il est cependant difficile d'accepter cette explication fonctionnaliste de la segmentarité, et cela pour plusieurs raisons : vouloir réduire la règle segmentaire de la défense de l'intérêt commun, c'est expliquer le modèle par sa fonction. Or, comme l'écrit Durkheim : « Faire voir à quoi un fait est utile, n'est pas expliquer comment il est né, ni comment il est ce qu'il est » (E. Durkheim 1973 : 90). De plus, Gellner inverse les faits : c'est parce qu'il y a un ordre segmentaire que ses membres peuvent en faire la rationalisation en termes

181

d'intérêt commun. Enfin, fonder la segmentarité sur les groupements solidaires (*corporate groups*), c'est oublier qu'une des caractéristiques essentielles de ce modèle est la relation entre les groupes
par la violence. Gellner note bien que sans cette violence il n'y a pas
de segmentarité (Gellner 1969 : 53), mais il ne tire pas de conclusions
théoriques sur la nature de ce modèle.

Si l'on reprend l'énoncé métaphorique de la règle segmentaire :
« moi contre mes frères ; moi et mes frères contre mes cousins ; moi,
mes frères et mes cousins contre tout le monde », on voit qu'il s'agit
d'un mode de représentation qui définit l'identité relative des unités
sociales et la forme de leurs relations. Ces deux aspects du modèle
sont complémentaires et indissociables. La violence institutionnalisée
(*feud*) n'est pas seulement un moyen pour les groupes solidaires de
défendre leur patrimoine en sanctionnant leurs agresseurs, elle est
aussi et surtout le lieu de l'échange social sans lequel il n'y a pas de
segmentarité. C'est bien ainsi que le comprennent les Iqar'iyen quand
ils affirment que chaque groupe segmentaire ne peut se contenter de
gérer et de défendre son patrimoine commun, son domaine de l'interdit, mais qu'il doit aussi affronter les autres groupes dans l'arène publique par les échanges de violence. Par ailleurs, cette règle segmentaire est normative, car elle définit un univers de relations en termes
d'égalité. Il ne s'agit pas, comme dans nos sociétés modernes, d'une
idéologie universaliste prônant l'égalité de nature et de principe des
individus. Dans la société segmentaire, les individus ne peuvent pas
revendiquer un droit absolu, mais une identité relative en fonction
des positions verticales qu'ils occupent dans les différents groupes
segmentaires. De plus, l'égalité s'inscrit dans une structure particulière qui n'intègre pas tous les membres de la société : chez les
Iqar'iyen, les groupes religieux, les familles de protégés, les juifs et
les musiciens sont exclus du jeu segmentaire. Si donc, comme le
souligne J. Favret, la segmentarité est « une méthode pour fraction-
ner l'autorité » (J. Favret 1958 : 24), c'est au niveau idéologique
qu'il faut la comprendre, c'est-à-dire comme un ensemble de représentations et de valeurs qui ordonnent et orientent l'action des
membres d'une société. Il en est bien ainsi chez les Iqar'iyen, où la
segmentarité est une manifestation de l'honneur.

Mais ce modèle n'est pas le seul pertinent pour définir les rapports
socio-politiques iqar'iyen. Rappelons brièvement les autres types de
relations qui ne sont pas conformes à la règle segmentaire : les

conflits entre patrilignages quelle que soit leur distance segmentaire (règle I), le développement des rapports d'autorité dans certains patrilignages et les échanges de violence où interviennent des « grands » (règle II), la lutte pour le pouvoir entre « grands » d'une même communauté territoriale que tempère quelquefois l'intervention des ligues, la compétition entre ces hommes d'autorité pour occuper la position prestigieuse de chef de ligue. Ces différents aspects de l'organisation sociale, que nous regroupons sous le terme de rapports d'autorité, contredisent la règle segmentaire. Comment interpréter cette contradiction ? Selon deux anthropologues ayant abordé ces questions, la segmentarité cesse d'être un modèle explicatif si d'autres rapports sociaux le contredisent.

E. Gellner pense que la structure segmentaire ne fonctionne que si elle est la seule qui régisse les relations socio-politiques, et que si les autres types de groupement sociaux qui peuvent la contredire sont relativement peu importants : « A segmentary society is defined by the absence, or by the approximation of absence, of such other (cross-cutting) ties. In an ideally pure segmentary society, they would be totally absent. In the actual societies known as segmentary, these cross-cutting ties are relatively unimportant, and the neat divisions and subdivisions on the one "tree" are very important » (Gellner 1969 : 42).

Si donc, comme chez les Iqar'iyen, des rapports socio-politiques importants coexistent avec les rapports segmentaires et les contredisent, ceux-ci n'ont plus qu'une valeur marginale dans l'organisation sociale. Dans ces conditions, comment analyser ce type de société ?

E. Peters a fourni une réponse dans une étude sur les Bédouins de Cyrénaïque (1967 : 261-281). Ces groupes nomades de Lybie conçoivent leurs rapports socio-politiques en termes segmentaires. Mais, nous dit E. Peters, de nombreux faits ethnographiques viennent non seulement compliquer ce modèle mais le contredire. Dans différents contextes où l'on se serait attendu à ce que la règle segmentaire fonctionne, ce sont d'autres principes qui régissent le comportement des individus et des groupes. Sans détailler ici l'analyse minutieuse que Peters effectue sur ces faits, qui sont en partie similaires à ceux examinés chez les Iqar'iyen, allons tout droit à sa conclusion.

Étant un *folk model*, ou modèle construit par les autochtones pour appréhender leur organisation sociale, le modèle segmentaire n'explique pas celle-ci. C'est à l'anthropologue de faire sa propre analyse sociologique et de construire un modèle qui permette de rendre compte de tous les faits socio-politiques.

Ainsi donc, dans l'optique de E. Gellner et de E. Peters, si dans une société des relations socio-politiques contredisent le modèle segmentaire, celui-ci cesse d'être pertinent pour comprendre son organisation sociale. D'un point de vue théorique, ces deux auteurs posent en somme ce principe, que la pratique sociale doit être conforme à la règle d'un modèle idéologique pour que celui-ci soit significatif dans l'analyse des faits sociaux. Cette perspective ne nous paraît pas satisfaisante. Aucun modèle construit à partir d'une règle sociale ne s'applique mécaniquement dans la réalité empirique. Ceci est valable aussi bien dans le modèle segmentaire que dans celui du mariage des cousins croisés. Le fait que d'autres relations socio-politiques dans l'un, et d'autres formes de mariage dans l'autre coexistent avec la règle et la contredisent dans les faits ne remet pas en question la validité du modèle idéologique. Celui-ci et les autres types de relations qui peuvent le contredire ne sont pas placés au même niveau dans l'organisation sociale et n'ont pas le même poids et les mêmes conséquences sociologiques. Aussi, plutôt que d'évacuer la contradiction en s'en tenant soit au modèle soit aux formes de relations sociales qui ne s'y conforment pas, il y a lieu de les situer l'un par rapport à l'autre.

Revenons à l'organisation sociale iqar'iyen. La contradiction entre le modèle segmentaire et les rapports d'autorité n'est pas celle entre l'idéologique et l'empirique, entre l'idéal et la pratique. Les deux types de rapports socio-politiques font partie intégrante du système de représentations et de valeurs fondé sur l'honneur. Ils ne s'excluent pas. Au contraire, on peut les articuler ensemble. Rappelons les principaux points de notre démonstration.

1. Segmentarité, règle I ou conflits entre patrilignages

Entre ces deux types de règles d'échange de violence il y a apparemment contradiction, puisque l'opposition entre patrilignages ne tient pas compte de leur distance structurale segmentaire. Mais, comme nous l'avons montré, ils sont complémentaires : les raids et les batailles entre groupes segmentaires de haut niveau (de la confédération à la communauté territoriale) activent ou réactivent les échanges de violence entre patrilignages qui prennent alors la forme d'échanges de meurtres. Ces échanges de violence entre patrilignages sont comptabilisés au coup par coup. Ce sont des échanges inter-groupes (une mort pour chaque groupe) impliquant ensuite un arrêt.

Mais ces confrontations entre groupes agnatiques sont aussi comptabilisés aux niveaux supérieurs. L'hostilité permanente des groupes segmentaires relance à son tour l'opposition entre patrilignages.

2. Segmentarité, règle II et les « grands »

L'analyse de la règle I nous a montré un début de différenciation par rapport à l'honneur entre les membres du patrilignage qui relèvent ou lancent le défi et ceux qui hésitent. L'aboutissement logique de cette différenciation dans cette compétition pour l'honneur individuel est la règle II où les « grands », hommes-pivots du patrilignage, dominent leurs agnats et contrôlent tous les échanges de violence de leur groupe.

Ici la contradiction avec la segmentarité atteint son degré maximum. Cependant l'égalité segmentaire n'est pas remise en cause ; bien au contraire elle est finalement confirmée, comme notre analyse l'a montré.

Les « grands » établissent leur autorité sur un patrilignage, plus rarement sur leur communauté territoriale. Mais aucun de ces hommes de prestige et de pouvoir n'a pu contrôler une fraction, encore moins une tribu.

Si la position d'autorité pousse un « grand » à sortir du cadre de l'égalité segmentaire et de l'honneur dans ses rapports avec ses agnats et ses dépendants, cette tentative sera vaine. Il ne deviendra jamais un seigneur et restera le premier parmi des égaux. En effet, l'autorité d'un « grand » est ambiguë, comme l'a montré l'analyse qu'il y a lieu de résumer ici.

L'homme qui, par ses manœuvres, réussit à dominer son lignage et à se faire reconnaître comme *amghar*, transforme ainsi le territoire de son groupe et tous ceux qui y résident en un vaste domaine de l'interdit sur lequel lui seul exerce désormais une autorité. Ses agnats ne peuvent plus régler les conflits qui les opposent par la violence. Celle-ci est désormais interdite dans le patrilignage. De plus, seul le « grand » est habilité à conduire les échanges de violence de son lignage avec les groupes extérieurs. Ainsi, cet homme prééminent adopte dans ses relations avec ses agnats la position d'un père vis-à-vis de ses fils. Or la relation entre un père et ses enfants n'est pas fondée sur l'honneur, sur l'égalité segmentaire. Elle est inscrite dans l'ordre de la Loi divine, suppose une soumission analogue à celle entre Dieu et les croyants, et ne peut être transgressée. Ce n'est donc pas dans l'honneur que l'autorité d'un « grand » a sa référence, mais dans cette Loi religieuse qui seule donne sens à une différenciation de statut. Dans ses relations avec ses agnats, le « grand » tend donc à sortir du cadre de l'honneur pour s'installer dans un ordre fondé sur le divin, qui dépasse cette valeur séculière et qui seul justifie l'exercice d'une autorité. Les seuls rapports entre « frères » qu'il peut désormais avoir sont ceux qu'il entretient avec d'autres « grands ». Mais là encore le jeu de l'honneur est transformé. Il n'y a plus d'échanges de meurtres, comme c'était le cas entre patrilignages non dominés par des « grands ». La violence est ici simulée et ne porte pas à conséquence. Tout se passe comme si les « grands » cherchaient à établir une zone de paix dans laquelle ils puissent exercer leur autorité sur leurs agnats et leurs dépendants.

Mais si l'autorité du « grand » semble le conduire hors de l'honneur, tout est fait pour l'y ramener et pour rendre précaire sa position. Il n'est qu'un pseudo-père pour ses agnats. Ceux-ci ne lui ont pas cédé toutes leurs terres et ne lui ont concédé qu'une autorité limitée et provisoire, analogue en définitive à celle qui existe entre un oncle paternel et ses neveux agnatiques, et non entre un père et ses enfants. Ils peuvent le tuer et le tuent quelquefois — comme cela arrive quand un neveu se venge sur son oncle qui lui a pris son héritage — sans s'attirer la malédiction divine, contrairement au parricide.

Par ailleurs, les « petits » d'autres lignages défient les « grands » par le meurtre et les obligent ainsi à sortir de leur réserve. L'*amghar* ne peut pas se contenter de les ignorer, ni d'utiliser la violence simulée comme il le fait avec des hommes de son rang. La mort d'un de ses hommes lui rappelle que l'honneur de son lignage est atteint et qu'il en est le défenseur. Certes, le « grand » doit répondre à cet affront en chargeant des mercenaires d'autres lignages que le sien de tuer le meurtrier. Certes, il rehaussera ainsi son prestige tout en exportant la violence hors de son groupe, mais il a été tout de même obligé de se plier aux règles de l'échange de violence, de l'honneur. D'autres « petits » pourront l'obliger à nouveau à sortir de ce rôle de « seigneur ».

De plus, le « grand » ne peut pas se contenter d'affirmer son autorité sur son lignage. Il doit essayer d'étendre son pouvoir à d'autres groupes de sa communauté territoriale et il devra affronter un autre « grand » qui a les mêmes ambitions. La lutte entre ces deux hommes sera acharnée. Si parfois l'intervention des ligues la tempère, elle peut aussi aboutir au massacre, à l'élimination violente de l'un ou des deux « grands » et de leur lignage. Mais même si l'un de ces deux hommes finit par sortir vainqueur de cette terrible épreuve, domine ainsi sa communauté et peut revendiquer la position prestigieuse de chef de ligue, il sait que sa fin violente est proche et qu'il sera bientôt la victime du jeu de l'honneur.

Enfin, la mort violente ou naturelle des « grands » marque la fin des rapports d'autorité dans leurs patrilignages. Leurs fils tenteraient en vain de leur succéder. Ils ne sont pas les enfants d'un seigneur, mais d'un *amghar*, d'un hommes prestigieux, et on leur rappelle qu'il n'y avait pas de différence de nature mais seulement de degrés entre le « grand » et ses agnats. Désormais, chaque membre du groupe reprend ses droits. La règle I et la règle segmentaire sont relancées et, pour ceux qui veulent s'imposer, tout est à recommencer.

En bref, les rapports d'autorité restent confinés à un bas niveau de segmentation et n'ont aucun moyen de contester ou de supplanter la structure segmentaire, qui reste dominante et a une valeur globale comme modèle idéologique. Ceci signifie que si l'inégalité politique est apparemment contraire à l'égalité segmentaire, elle ne peut nier cette dernière mais au contraire est englobée par elle. Pour reprendre la terminologie de L. Dumont dans *Homo hierarchicus*, on peut, entre ces deux modèles, établir un rapport hiérarchique permettant de caractériser le système de l'honneur : l'égalité segmentaire est en effet l'englobant de l'autorité, qui est son contraire. L'hostilité permanente des groupes segmentaires de haut niveau signifie que ces conflits s'inscrivent dans une durée infinie. Les confrontations par les raids et par les batailles n'ont réellement ni début ni fin. Par contre, l'autorité et le pouvoir des « grands » dans les patrilignages constituent une percée qui ne peut qu'être ponctuelle et datée. Ainsi, les deux types de rapports socio-politiques n'ont pas le même poids et les mêmes conséquences dans la temporalité des relations sociales et dans la structure sociale. Si la segmentarité est dominante, c'est parce qu'elle constitue le modèle idéologique de référence qui embrasse toute la confédération iqar'iyen, et non parce que la réalité empirique s'y conforme automatiquement. Dans ce contexte, on saisit mieux l'importance des échanges de violence. Si ceux-ci sont l'instrument privilégié des hommes d'honneur pour affirmer leur individualité et leur supériorité sur d'autres hommes, leur nécessaire répétition remet constamment en question cette inégalité et relance perpétuellement le jeu de la compétition. Cette constante oscillation entre l'affirmation du moi et le nivellement de la différence entre moi et autrui, qualifie en définitive l'honneur dans ce groupe rifain.

Cette analyse de l'honneur, valeur séculière qui régit les relations entre les membres de la confédération iqar'iyen, est cependant à son tour nettement insuffisante pour comprendre le système social de ce groupe.

Dans la segmentarité comme dans les rapports d'autorité, nous avons fait souvent référence à d'autres types de relations qui ne sont pas basés sur l'honneur, mais sur la reconnaissance d'un ordre divin et transcendant. Les *chorfa* médiateurs interviennent dans les échanges de violence et, selon la croyance, les arrêtent grâce à leur *baraka* ou « bénédiction divine ». Les « grands » tentent de sortir du cadre de l'honneur pour faire accepter une soumission analogue à celle qui existe entre un père et son fils, entre Dieu et les croyants. Cette constante référence à l'ordre divin, ce changement de registre dans les relations sociales nécessite que l'on sorte du cadre strict de l'honneur pour étudier le rapport entre cette valeur et celle fondée sur la croyance en un ordre divin.

TROISIÈME PARTIE

Honneur et *baraka*

10 | Les *chorfa* et la médiation sacrée

Dans les différentes tribus iqar'iyen vivent des patrilignages de *chorfa* de la branche idrissite. Ils se disent et sont reconnus être les descendants du Prophète par l'intermédiaire du *cherif* Idriss. Celui-ci, fuyant le régime abbasside, s'installa au Maroc au VIIIe siècle. Il fonda la ville de Fez et un royaume qui eut une existence relativement éphémère. Aujourd'hui, un grand nombre de *chorfa* du Maroc appartiennent à cette branche des descendants du Prophète, et se distinguent de celle des Alawites, dont l'ancêtre arriva du Tafilelt vers le XIIIe siècle, et dont les descendants règnent sur le pays depuis le XVIIe siècle.

Selon les informateurs, l'installation des différents patrilignages de *chorfa* ayant actuellement des descendants dans le territoire iqar'iyen s'est faite entre le XVIe et le XVIIe siècle. L'ancêtre fondateur de chacun d'eux était un homme d'une grande piété dont le haut degré de la *baraka* était reconnu par tous.

Les patrilignages les plus importants du territoire iqar'iyen sont les descendants de Sidi Wariach, vivant dans la tribu Ait Sider, et ceux de Sidi Abdslam Ben Saleḥ, dans la tribu Ait Bu Ifrur. Nous n'avons pas mené une étude systématique de tous les groupes de *chorfa*. Notre enquête a surtout porté sur le patrilignage installé dans la tribu Ait Bu Ifrur.

Le territoire de ce patrilignage est appelé le *zawiya*. Ce terme arabe signifie littéralement le « coin ». Généralement il désigne le lieu permanent et sacré où se rassemblent les adeptes d'une voie mystique, formant une confrérie religieuse. Ici il est appliqué à l'espace territorial sacré possédé par les *chorfa* qui y résident. La *zawiya* est un sanctuaire-refuge, un *ḥorm*, ou « espace interdit », à l'intérieur duquel aucun acte de violence ne peut être perpétré. Toute personne qui s'y réfugie se place sous la protection de Dieu ; elle est *daif Allah*,

« invitée de Dieu », et l'on ne peut l'atteindre sans s'attirer la malédiction divine.

Le territoire de la *zawiya* est situé dans la fraction Ait Bu Mḥand au voisinage des communautés territoriales Ait Omar U Yahiya, Ijuhriyen et Laomal. L'aire de résidence des *chorfa* est constituée par une colline où l'habitat n'est pas aussi dispersé que chez les autres Iqar'iyen. Les *chorfa* ne choisissent pas le site de leur maison pour sa position défensive. Ils ont en principe une conduite pacifique et ne doivent pas être attaqués. Leurs maisons sont disposées tout autour de la colline, et jusque dans la vallée.

En dehors de cette aire de résidence, ce patrilignage possédait le site d'Azghanghan qui lui fut arraché par les Espagnols au XXe siècle. Ceux-ci y construisirent le village du même nom (appelé aussi par déformation Segangan). Au XIXe siècle, ce terrain était essentiellement utilisé pour l'agriculture. Les *chorfa* possèdent encore aujourd'hui un territoire de culture dans la plaine du Bu-Arg.

1. Statut des lignages *chorfa*

Les *chorfa* sont placés au sommet de l'échelle sociale, au-dessus de ceux que, par contraste, nous appellerons les laïcs. C'est qu'ils sont, par leur origine, plus proches du Prophète à qui a été révélé le message de la foi auquel adhèrent tous les Iqar'iyen, comme les autres croyants. Ce rang leur confère des droits, des privilèges, mais aussi des obligations.

Leur identité généalogique doit être parfaitement maintenue. Le titre de *cherif* (singulier de *chorfa*) se transmet de père en fils, et l'adoption d'un non-*cherif*, par un homme sans descendants, doit être évitée. Cette règle diffère de celle en vigueur chez les laïcs, pour lesquels la continuation d'une lignée est plus importante que la pureté du sang. Il est difficile de savoir si cette règle a toujours été observée par les *chorfa*. Les informateurs appartenant à ce lignage ont toujours éludé les questions se rapportant à ce sujet. Ils ont préféré garder le silence, plutôt que de répondre aux accusations de certains laïcs concernant l'impureté de certaines familles.

Leur statut de *chorfa* leur impose des règles de mariage différentes selon le sexe. Les hommes peuvent épouser une laïque à défaut d'une *cherifa* (féminin de *cherif*). Les femmes ne peuvent contracter mariage qu'avec un homme de leur rang. Sinon, une telle mésalliance entraîne l'exclusion du patrilignage. Les enfants de ce mariage ne pourront pas porter le titre de *cherif* et ils hériteront du statut de leur père.

Comme les laïcs, les *chorfa* possèdent des terres. Les règles d'héritage sont les mêmes, ainsi que les contrats d'exploitation. Ils cultivent ou font cultiver leur patrimoine. Dans ce dernier cas, leur association avec les laïcs ne leur donne pas de droits particuliers, mais ils doivent éviter tous les conflits que connaissent les laïcs, ce qui n'est pas toujours facile. De même, des querelles d'héritage ne peuvent que ternir leur réputation.

Les *chorfa* doivent avoir une conduite pacifique en toutes circonstances (sauf lorsqu'il s'agit de mener la guerre contre l'infidèle). Contrairement aux laïcs, ils ne peuvent pas s'engager dans les échanges de violence. Les valeurs qui s'imposent aux premiers à cet égard ne s'appliquent pas à eux. Plus ils évitent la violence pour régler leurs problèmes, plus ils sont respectés. Ce qui est preuve de lâcheté et de peur chez les laïcs devient vertu chez les *chorfa*. Aussi, ne peut-on les attaquer ou les défier, car ils sont, comme leur territoire, sous la protection de Dieu. On les appelle *ahl el baraka*, littéralement « famille (ou gens) de la bénédiction divine », ou encore *walad el nabi*, « enfants du Prophète ». Cette dernière appellation rend compte de la première. En tant que descendants en ligne directe de Mahomet, ils ont un statut à part dans la communauté des croyants. Ce statut les met en position de recevoir la bénédiction divine. Cela ne signifie pas que tous l'auront, mais ils doivent se disposer à la mériter par leur conduite pacifique. Leur devoir est de se rapprocher de Dieu. Contrairement aux laïcs, la valeur essentielle à laquelle ils s'attachent n'est pas l'honneur, mais la *baraka*.

Ce dernier point est particulièrement important. En effet, il ne suffit pas aux *chorfa* de se réclamer d'une origine religieuse pour être respectés. Il faut, pour que leur différence de statut par rapport aux laïcs soit bien marquée, qu'ils reçoivent cette bénédiction divine. Or, selon la croyance des Iqar'iyen eux-mêmes, celle-ci n'est pas donnée automatiquement, ni héritée de père en fils. Dieu seul peut choisir la personne qui la recevra. Les humains ne peuvent que reconnaître les signes extérieurs de la *baraka*. En fait, très peu de *chorfa* sont réputés posséder la *baraka* et sont, non seulement respectés, mais vénérés par les laïcs. Les autres sont rejetés dans l'anonymat des *chorfa* ordinaires et tendent à se rapprocher des autres Iqar'iyen.

Les données généalogiques

Dans un document précieusement conservé que nous avons pu voir, mais non recopier, l'arbre généalogique des *chorfa* de la *zawiya* est orienté dans deux directions : vers le bas, ou plutôt vers la racine, est consignée la chaîne des ascendants mâles jusqu'au Prophète, par l'intermédiaire du *cherif* Idriss. Au centre, sur le tronc, est inscrit le nom de l'ancêtre fondateur du patrilignage : Sidi Abdslam Ben Saleḥ. Vers le haut, les branches indiquent les lignées et les noms de ses descendants mâles jusqu'à la période contemporaine.

Ce document a une grande valeur aux yeux des *chorfa*. Il atteste la légitimité de leur origine « noble » et leur spécificité par rapport aux laïcs. Ceux-ci n'ont pas d'archives généalogiques. Leur mémoire ne retient que l'ancêtre fondateur du groupe et les descendants qui sont à l'origine des différentes sections du patrilignage. En fait, leur généalogie n'a de sens que parce qu'elle les distingue des autres groupes agnatiques et qu'elle les inscrit dans un ordre segmentaire qui est le lieu de l'honneur et de la violence. Les *chorfa*, eux, sont marginaux par rapport à cet ordre. De plus, ils ont leur caractère propre. La chaîne de leurs ascendants les inscrit dans l'ordre de la *baraka*. Cette vertu divine fonde l'hétérogénéité de nature entre la généalogie des *chorfa* et celle des laïcs.

Quand nous interrogions les vieux *chorfa* sur leur généalogie, ils préféraient, tout d'abord, nous renvoyer au document. Ils décla-raient ignorer la chaîne des ascendants allant de Sidi Abdslam Ben Saleḥ jusqu'au Prophète, et ne pas bien connaître celle qui va de l'ancêtre fondateur du groupe à ses descendants actuels. Quand nous insistions pour qu'ils nous donnent, de mémoire, leur propre version de la généalogie, ils nous fournissaient une liste d'ascendants sans pré-ciser leur relations généalogiques (cf. fig. 14). Embarrassé par ces résultats, nous tentâmes de leur faire interpréter cette liste en termes de parenté. Quand nous leur demandions si le premier Sidi Ḥmed était le fils de Sidi Abdslam, ils disaient ne pas bien savoir : probable-ment, est-il son fils ou son petit-fils. A la question : « A-t-il eu des frères ? » ; ils répondaient : « C'est possible, il faut voir le docu-ment. » De même pour Sidi Abdelkader et le deuxième Sidi Ḥmed. A propos de Sidi Moḥand El Moqaddem et de Sidi El Baraka, on pense qu'ils sont frères et oncles paternels de Sidi Moḥand Améziane. Mais là encore, les réponses étaient évasives.

Figure 14
La chaîne des chorfa de la baraka

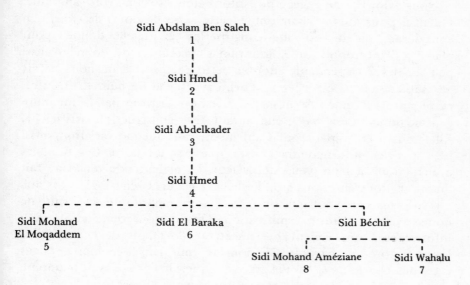

Les données sont encore plus complexes. Les quatre derniers *chorfa* nommés sont, nous a-t-on dit, les fondateurs de quatre sections du patrilignage. Les agnats qui se regroupent autour de chaque section ne sont pas tous des descendants de cet ancêtre, car se réclament de celui-ci, non seulement ses enfants ou ses petits-enfants, mais aussi des familles descendant d'un frère de Sidi Abdelkader ou du deuxième Sidi Ḥmed. Là encore, il était difficile de retrouver un ordre de filiation plus ou moins précis.

Dans ce dialogue de sourds entre nous et les informateurs, tout se passait comme si ces derniers voulaient constamment sortir du cadre de la généalogie, alors que nous cherchions obstinément à les y ramener. Les réponses évasives : « peut-être », « c'est possible », « je ne sais pas », indiquaient la non-pertinence, à leurs yeux, de nos questions. Quand ils nous renvoyaient à leur document écrit, ce n'était pas pure coquetterie ou refus de répondre à une question justifiée de l'anthropologue. En effet, il leur suffisait pour affirmer la spécificité de leur patrilignage et leur place dans la généalogie de se référer au document écrit. Là était consigné leur statut et leur place dans le patrilignage. A la différence de ces derniers, les laïcs n'avaient aucune gêne à évoquer leur généalogie, bien au contraire : ils en parlaient spontanément, longuement et avec un plaisir visible.

Nous avions donc engagé nos informateurs sur une voie sans issue. Fallait-il pour autant abandonner cette série de noms de *chorfa* en considérant qu'elle est une construction artificielle donnée pour plaire à l'anthropologue ? Pourquoi s'encombrer de données aussi peu viables ? Cependant, adopter cette perspective ne nous paraît pas satisfaisant. C'est « jeter le bébé avec l'eau du bain ». En effet, cette suite ordonnée de noms, si elle ne constitue pas la mémoire généalogique, n'est pas pour autant une construction artificielle. Elle nous a été répétée inlassablement, sans aucune variation, aussi bien par les informateurs *chorfa* que par les laïcs. Ces données avaient donc à leurs yeux une valeur. Le malentendu tenait au fait que nous nous entêtions à parler le langage de la généalogie alors que nos informateurs voulaient nous faire comprendre que cette suite de noms avait une autre signification. Quand nous demandions aux informateurs qui étaient ces ancêtres *chorfa*, ils devenaient plus loquaces, presque bavards. Ces noms retenus dans la mémoire étaient ceux des *chorfa de la baraka* grâce auxquels le lignage avait maintenu sa continuité et son unité à travers le temps.

A la suite de ces recherches généalogiques, il nous paraît utile de soulever un problème méthodologique qui a des implications théoriques importantes. Une des erreurs souvent commises par les anthropologues sur le terrain — et à laquelle nous n'avons pas totalement échappé — consiste à enfermer les informateurs dans un cadre théorique importé, plutôt que de se mettre à l'écoute de ce qu'ils ont à dire. Ceci a des conséquences sur l'analyse des données. Celles-ci sont interprétées en fonction de concepts qui nous sont familiers, et laissent souvent échapper la richesse du matériel. Plutôt que d'enrichir la théorie anthropologique, ces interprétations l'appauvrissent. La « généalogie » des *chorfa* constitue un exemple bien caractéristique de ce genre de problème[1].

---

1. Voir à ce sujet la discussion entre F. Bailey, L. Dumont et D. Pocock dans *Contributions to Indian sociology*, 1959, I, II, IV.

Les chorfa de la baraka

Tous les hommes cités dans cette liste étaient des *chorfa de la baraka* (sauf peut-être Sidi Béchir, dont la présence est restée mal expliquée), à l'image de l'ancêtre fondateur du patrilignage, Sidi Abdslam Ben Saleḥ, auquel il est prêté un grand pouvoir surnaturel. Ce *cherif* est enterré dans un mausolée situé sur le territoire de la *zawiya*. Son tombeau est très vénéré par les Iqar'iyen. Certains disent même que c'est lui qui protège la *zawiya*-sanctuaire.

Après lui, les *chorfa de la baraka* se succèdent dans l'ordre suivant: Sidi Ḥmed, Sidi Abdelkader, le deuxième Sidi Ḥmed, Sidi Moḥand El Moqaddem et Sidi El Baraka, puis Sidi Wahalu et enfin Sidi Moḥand Améziane. Parmi ces hommes, deux sont restés fameux dans la mémoire des *chorfa* et des « laïcs » ; ce sont Sidi El Baraka et Sidi Moḥand Améziane. Le premier eut une telle réputation que son nom véritable fut oublié et remplacé par le mot qui désigne la bénédiction divine en général. C'est dire qu'il personnifiait la *baraka*. Dieu inspirait chacun de ses actes, chacun de ses gestes, disent les informateurs. On venait de loin lui rendre visite et lui demander sa bénédiction. Homme d'une grande générosité, il aidait les pauvres et les nécessiteux. C'est à lui, plus qu'à d'autres *chorfa* de la région, que l'on faisait appel pour arrêter les échanges de violence. Son ascendant sur les « laïcs » était tel qu'il savait mieux que quiconque amener la paix entre les parties.

Sidi Moḥand Améziane est le dernier et le plus prestigieux *cherif de la baraka*, non seulement parce qu'il manifesta toutes les qualités de ses prédécesseurs, mais parce qu'il joua un rôle historique important. Sa réputation était grande aussi bien chez les Iqar'iyen, que parmi les Ichebdanen et les Ait Said, qui sont sédentaires, ainsi que parmi les nomades Imetalsen. Quand il accompagnait les émigrants vers l'Algérie, personne n'osait attaquer le convoi de voyageurs, tant on craignait sa malédiction. En 1903, il prit le parti des partisans du sultan légitime contre le prétendant Bu Ḥmara qui avait envahi le territoire iqar'iyen. Il joua un rôle plus important encore entre 1909 et 1912 : c'est lui qui anima, puis dirigea la résistance contre les Espagnols. Pendant trois ans, aidé par des Iqar'iyen, des Ait Said et des Imetalsen, il combattit farouchement l'envahisseur « infidèle ». La conquête coloniale et l'établissement du protectorat franco-espagnol amenèrent un grand nombre de ses partisans à déposer les armes.

Malgré cela, il continua le combat. Un émissaire du sultan essaya de le persuader d'accepter la paix coloniale, mais sans succès. Finalement, le 15 mai 1912, les Espagnols le tuèrent avec quelques-uns des derniers résistants dans le territoire des Ait Sider. On lui construisit un mausolée. Certains affirment que les Espagnols, craignant qu'il ne ressuscite et ne reprenne le combat, firent garder son tombeau par des soldats. Mais, disent les informateurs, ces gardes étaient inutiles. Deux anges vinrent prendre le *cherif* pour l'emmener au paradis. Il continua à faire des miracles même après sa mort. La renommée de Sidi Moḥand Améziane s'étend à tout le Rif, où des poèmes circulent encore, vantant ce grand résistant. Son prestige n'a d'égal que celui d'Abdelkrim, qui conduisit la guerre des Rifains contre les Espagnols et les Français de 1921 à 1926. Si Sidi Moḥand Améziane put jouer un tel rôle dans la résistance contre les Espagnols, c'est parce qu'il était le *cherif de la baraka*. Pour les Rifains, la guerre coloniale n'est pas seulement politique, elle est aussi religieuse. Les envahisseurs sont des infidèles et un homme ayant la *baraka* peut mieux que quiconque rassembler les énergies des *mujahidin*, ou « combattants de la foi ».

Tous ces *chorfa de la baraka* se sont succédés dans l'ordre signalé dans le schéma (le premier étant Sidi Abdslam Ben Saleḥ, le dernier Sidi Moḥand Améziane). La série est donc ordonnée. A un moment donné, un seul *cherif* de la *baraka* existait dans le groupe, jamais deux ou trois. Après sa mort un autre lui succédait, mais ce terme est impropre, car il suppose une règle fixant de manière plus ou moins précise la transmission d'un titre ou d'une fonction. Or la *baraka* ne s'hérite pas. Elle est, selon la croyance des Iqar'iyen, un don de Dieu à des hommes qu'Il choisit. Ainsi, quand un *cherif de la baraka* meurt, n'importe lequel de ses agnats peut être élu, si Dieu le veut. Mais la *baraka* peut ne tomber sur aucun d'entre eux. Si cela avait été le cas, pensent nos informateurs, le patrilignage aurait difficilement pu garder son statut et son territoire. En effet, on trouve dans la région de nombreux mausolées de *chorfa de la baraka*, mais tous n'ont pas eu de descendants.

Chaque *cherif de la baraka* est l'homme d'autorité dans son patrilignage. Il doit empêcher que la violence n'éclate entre ses agnats, ou entre ces derniers et les laïcs. Jamais il n'usera de la force à la manière des « grands » pour régler les conflits ou les litiges au sein de son groupe. Il ne dispose pas d'un pouvoir armé, mais de l'influence due à sa réputation. Sa maison est le centre de toutes les activités du patrilignage. Ses agnats l'assistent dans ses tâches, pour bénéficier de sa *baraka*. En fait, disent les informateurs, les relations dans le patri- lignage ne sont pas aussi harmonieuses qu'elles le paraissent à pre- mière vue. Tous ceux qui ont assisté un *cherif de la baraka* ne vont pas rejoindre celui qui lui succède. Certains, surtout les fils du *cherif* décédé, s'opposent à son successeur, prétextant qu'il a usurpé une position qui ne lui revenait pas. Pour comprendre ces tensions internes au groupe *chorfa*, il faut noter un point que nous développe- rons plus loin. On attribue la *baraka* à un *cherif* ayant réussi la médiation dans les échanges de violence. Autrement dit, ce sont les laïcs qui consacrent ces hommes exceptionnels et, comme le dit Gellner, *vox Dei* est en fait ici *vox populi* (Gellner 1969 : 151). Il est donc naturel qu'il y ait compétition entre agnats *chorfa* pour assu- mer cette tâche et se voir reconnaître la *baraka*. Cette rivalité explique la division entre quatre sections du patrilignage. Les infor- mateurs *chorfa* préfèrent ne pas en parler, tandis que les laïcs signa- lent sans insister que ces sections résultent des problèmes de la succession au *cherif de la baraka*. Ils indiquent que dans un passé relativement lointain, les tensions au sein de la *zawiya* avaient atteint un tel degré qu'un certain nombre de *chorfa* avaient dû quitter le territoire. Personne n'a voulu dire ce qu'ils sont devenus.

La discrétion avec laquelle tous les informateurs laïcs parlent des tensions internes au groupe *chorfa* est remarquable. C'est unique- ment par petites touches, et incidemment, qu'on a évoqué le sujet avec nous. Au contraire, les conflits entre laïcs sont signalés avec pré- cision, et même exaltés. Il semble que les informateurs laïcs veuillent soit minimiser la tendance à la violence des *chorfa*, comme s'ils avaient besoin de leur conduite pacifique, soit au contraire atténuer sans l'annuler la différence de statut qui les sépare d'eux. Mais, s'il est question de tensions au sein de la *zawiya*, les informateurs ne s'attaquent jamais aux *chorfa de la baraka*. Ces derniers continuent d'être l'objet d'une grande vénération. Leur autorité sur leurs agnats n'a jamais été remise en cause, même si elle a provoqué quelques ja- lousies.

La série des *chorfa* retenue dans la mémoire de nos informateurs n'est donc pas une généalogie au sens traditionnel du terme. Elle rend compte plutôt d'une caractéristique du patrilignage. La continuité du groupe dans le statut qu'il occupe est rendue possible non seulement par la succession des générations, mais aussi et surtout par celle des *chorfa de la baraka*. Ceux-ci témoignent, aux yeux des Iqar'iyen, que la confiance de Dieu en ce groupe de descendants du Prophète ne s'est pas démentie à travers l'histoire.

Patrilignage chorfa *et patrilignage laïc*

Le patrilignage des *chorfa* ne possède qu'un seul *cherif de la baraka* à un moment donné. Cet homme est celui qui détient l'autorité dans le groupe, car il renforce le statut du lignage et permet sa reproduction. Cette structure du patrilignage des *chorfa* se différencie très nettement de celle des laïcs sur différents points.

Au niveau du mythe d'origine des groupes, le contraste entre les deux types de patrilignages est frappant. Chez les laïcs, l'ancêtre fondateur n'a pas un grand prestige. Les Iqar'iyen savent bien que tout nouvel arrivant dans la région ne peut bénéficier que d'un statut de protégé. Certes, l'ancêtre du groupe a maintenu son identité et celle de ses descendants en refusant de s'assimiler et de s'intégrer dans les patrilignages existants. Il peut avoir été un homme d'un grand courage, avoir eu une conduite exemplaire du point de vue de l'honneur. Cependant, il n'a pu échapper initialement à la situation humiliante de dépendant et d'homme sans terre. Il en est tout autrement de l'ancêtre des *chorfa*. Sidi Abdslam Ben Saleḥ arrive dans le territoire iqar'iyen, montre la puissance de sa *baraka* et, à sa mort, lègue une vaste plaine à ses descendants (cf. récit 31). Il n'est pas et ne peut pas être perçu comme un homme de condition modeste. On peut aller plus loin : il ne suffit pas, pour que le statut des *chorfa* soit reconnu par les Iqar'iyen, qu'un document écrit atteste leur origine « noble ». Il faut que l'ancêtre du patrilignage ait été un homme exceptionnel. Un détail de l'enquête le montre bien ; un informateur d'un patrilignage laïc nous déclara un jour énigmatiquement : « Nous aussi, on est des *chorfa*, mais on n'a pas voulu le montrer », et il refusa d'en dire plus. L'affirmation était en fait connue d'autres informateurs de lignages différents, qui la réfutèrent en utilisant les arguments suivants : si les prétentions de ce patrilignage étaient fondées, l'ancêtre du groupe se serait différencié du commun des mortels, il aurait été un *cherif de la baraka*, et il aurait été enterré dans un mausolée construit pour que les croyants viennent le vénérer, ce qui n'est pas le cas. Sans statuer sur les dires des informateurs, il apparaît que, pour les Iqar'iyen, l'ancêtre fondateur du groupe *chorfa* est un personnage essentiel. Il est l'homme de la *baraka* qui fonde le statut du patrilignage, il constitue sa raison d'être sur le territoire de la *zawiya*.

Nous avons montré à propos des laïcs les rapports hiérarchiques entre le modèle segmentaire et celui qui régit les rapports d'autorité. Dans ce cadre, les patrilignages n'existent que parce qu'ils possèdent une portion du territoire. L'absence ou la présence de « grands » ne modifie pas fondamentalement le statut du groupe agnatique. La continuité de celui-ci est donc fonction de l'ordre segmentaire et du système de l'honneur. Le patrilignage des *chorfa* n'est pas et ne peut pas être de type segmentaire. Sa reproduction est fonction de la suite ordonnée des hommes de la *baraka*. Eux seuls permettent au groupe de maintenir son statut à travers l'histoire. A la limite, il n'y a pas de patrilignage *chorfa* sans ces hommes exceptionnels.

Par ailleurs, le *cherif de la baraka* n'est pas, comme le « grand » chez les laïcs, un riche propriétaire terrien. Comme nous l'avons dit, l'autorité lui est reconnue à la suite de ses multiples médiations dans les échanges de violence. Ceci ne signifie pas qu'il soit un homme pauvre. Bien au contraire. Mais l'essentiel de ses ressources lui vient des laïcs sous forme de nombreux cadeaux en nature et de parts de récoltes qui lui sont offerts généreusement. Aussi, les disputes foncières que connaissent les *chorfa*, surtout ceux à qui on ne reconnaît pas la *baraka*, ne peuvent-elles en aucune manière aboutir aux mêmes conséquences que chez les laïcs, à savoir l'émergence de « grands ». Cette compétition autour de la terre, qui est le point central du jeu de l'honneur, ne peut qu'avorter ou rester informelle chez les *chorfa*.

Il est donc possible d'opposer nettement laïcs et *chorfa* sur de multiples plans :

Iqar'iyen laïcs	*Chorfa*
Honneur	*Baraka*
conduite violente	conduite pacifique
structure segmentaire comme modèle dominant	structure verticale (en ce qui concerne la *baraka*), comme modèle dominant
reproduction du système par la structure territoriale et le rapport à la terre	reproduction du système par la chaîne des *chorfa de la baraka*

Ces deux systèmes différents, basés sur des principes opposés, co-existent dans la même région. Il ne suffit donc pas de faire le constat de cette opposition, il faut également analyser les rapports qui existent entre les deux catégories de personnes, et entre l'honneur et la *baraka*. Jusque-là nous avons parlé de la *baraka* sans expliciter cette notion. De même, il a été question des *chorfa* qui détiennent cette vertu divine, sans analyser les qualités et les rôles qu'elle leur confère. Il nous faut aborder ce double problème avant d'étudier le rapport entre honneur et *baraka*.

2. La notion de *baraka*

Au début du XXe siècle, Westermarck a remarqué dans *Ritual and belief in Morocco* (1926, I : 35-261) l'extension très vaste de cette notion au Maroc. Depuis, différents auteurs ont évoqué ce phéno-mène et en ont donné diverses interprétations. Notre intention n'est pas de reprendre toute la discussion, mais d'analyser le sens de ce concept pour les Iqar'iyen.

La *baraka* est objet de croyance. Comme principe unique, elle est l'émanation de Dieu et investit certaines choses ou certains êtres. Analogue à la notion de *mana*, elle peut être caractérisée comme « force et action, qualité et état, substantif et vertu à la fois, abstraite et concrète, omniprésente et localisée » (Lévi-Strauss 1948 : intro., L).

On dit de certaines plantes et herbes, tel le henné, de certains animaux, de certains objets et livres sacrés, tel le Coran, qu'ils *sont* la *baraka*. Il en est de même pour la récolte, la nourriture, les nouveau-nés. Ils « sont » cette qualité vitale que Dieu a mise en eux, et qui peut être bénéfique, car elle est richesse, prospérité. Ceux qui utili-sent ou reçoivent ces *baraka* doivent les manipuler avec prudence. Il leur faut, avant de les toucher, procéder à leurs ablutions.

On dit de certaines personnes, et notamment des *chorfa*, qu'ils *ont* la *baraka*. Il s'agit alors d'une « force », d'une « puissance », d'un pouvoir surnaturel qui leur permet de transformer les êtres et les choses, et de réaliser des prodiges et des miracles. Cette *baraka* est conçue comme étant localisée dans leur être et en même temps comme les dépassant et les élevant au-delà d'eux-mêmes. Les *chorfa* sont donc détenteurs d'une modalité de la bénédiction divine. C'est cette modalité que nous analyserons.

Comme nous l'avons dit, la *baraka* est une croyance, un article de la foi musulmane des Iqar'iyen et, en tant que telle, elle est insaisissable. Mais cette « force », cette « puissance », a, aux yeux des croyants, des manifestations très concrètes qui sont ses signes extérieurs. Il serait impossible de faire parler longtemps et abstraitement les informateurs sur cette notion. Par contre, ils discourent facilement sur ce qu'ils considèrent comme les preuves tangibles de la *baraka*, à savoir les miracles et les prodiges « réalisés » par les *chorfa*. Ils en donnent des exemples très divers : le *cherif* met la main dans le feu sans se brûler ; il entre dans les flammes et en ressort indemne ; il porte la main droite sur ses lèvres et sur son front, et la forêt brûle instantanément ; il boit du vin (interdit aux musulmans) et sa *baraka* le transforme au préalable en eau pure ; il lave un autre *cherif* prestigieux malade, et boit l'eau qui a servi à cet effet, ou bien il boit le vomi de ce *cherif* ; il transforme des pierres en or pour aider un pauvre nécessiteux ; il se transforme en oiseau ou autre animal aérien ; il a des dons de médium : il peut voir ce qui se passe à de grandes distances et prévoir les événements à venir ; il se transporte en un clin d'œil à la Mecque ; des pélerins attestent sa présence, alors qu'apparemment il n'a pas bougé de sa place ; de la même manière, il se déplace à de grandes distances avec un rapidité foudroyante ; il ne meurt qu'apparemment ; il est en fait toujours vivant, tout en ayant rejoint le paradis ; les hommes lui construisent un mausolée (*qoubba*) dans lequel on place son cercueil, et qui est un lieu sacré ainsi qu'un sanctuaire. Sa présence dans ce lieu continue à se manifester par les prodiges et les miracles qu'il réalise.

D'un point de vue de l'analyse symbolique, la *baraka* apparaît comme une force qui transcende doublement l'ordre des classifications. En effet, comme qualité de certains objets ou de certains êtres, elle ne peut être identifiée ou assimilée à une classe d'êtres. Elle est localisée, certes, mais elle ne s'épuise pas dans l'objet ou l'être. La récolte ou le nouveau-né sont la *baraka*, mais l'inverse n'est pas vrai. Comme force chez le *cherif*, elle agit sur les éléments (pierre transformée en or), bouscule les dimensions de l'espace et du temps, notamment la perception des distances, le cycle de la vie et de la mort, la répartition de l'univers musulman entre centre — La Mecque — et périphérie, enfin elle transgresse les interdits et brave la pollution marquée de l'interdit religieux (boire du vin, de l'eau impure, du vomi).

On peut interpréter cette notion de *baraka* comme Lévi-Strauss le fait pour celle de *mana*. Dans cette perspective, elle apparaîtrait comme « un signifiant flottant », une « forme », ou plus exactement un symbole à l'état pur, donc susceptible de se charger de n'importe quel contenu symbolique, « une valeur symbolique zéro » qui, comme le phonème zéro, s'oppose « à l'absence de signification, sans comporter par soi-même aucune signification particulière » (Lévi-Strauss 1948 : intro., L).

Cette approche, sans être fausse, appauvrit la richesse de cette notion. Elle est réductionniste en ce sens qu'elle considère la *baraka* uniquement comme un symbole zéro et qu'elle ne permet pas de la distinguer de notions proches comme par exemple l'honneur, lui aussi force abstraite et concrète, qui fonde un ordre et le transgresse.

La *baraka* est plus qu'un symbole. En fait, elle est valeur et, de ce point de vue, l'analyse en termes de signification est inadéquate. Pour s'en rendre compte, on peut opposer la notion de *baraka* avec celle de chance que le dictionnaire *Le Petit Robert* propose comme étant l'équivalent dans notre langue. Ce terme français de chance est à notre époque et dans un certain sens un symbole flottant. Dans notre cosmologie, et avec nos connaissances qui sont déterminées, il introduit un degré d'incertitude. Il est ce concept indéfinissable, si ce n'est négativement, par opposition à ce qui est connu et donc classifiable. Chance et réussite sont liées. On pourrait dire d'une personne qu'elle a de la chance. La chance est associée au hasard et tous les deux inscrivent l'événement dans l'inattendu, l'inexplicable. Il en est de même apparemment de la *baraka*, mais ici, cet inattendu a une origine : la divinité. La chance est pour nous un mystère. Pour les Iqar'iyen, la *baraka* fait référence à une Loi. Elle définit non seulement une croyance, mais des valeurs et un rapport de subordination religieuse entre ses détenteurs, les *chorfa*, et les croyants laïcs.

Dans ce contexte, l'analyse ne peut se réduire à une étude du système de classification dans lequel la *baraka* n'apparaît que comme un concept hors-catégorie ; elle doit rendre compte de la référence aux valeurs, ici la Loi, et des rapports de subordination qu'elle implique.

Enfin, en relation avec ce dernier point, il faut signaler que la *baraka* ne se situe pas uniquement au niveau de la pensée symbolique, mais aussi au niveau de la pratique sociale. C'est là que le rapport à la Loi prend toute sa valeur. Le *cherif* à qui l'on reconnaît la *baraka* n'est pas simplement un contemplatif, un mystique. En vertu de son pouvoir surnaturel, il intervient dans la vie sociale des laïcs. La possession de cette vertu divine le place dans une position particulière qu'il doit assumer, celle d'être un médiateur entre les hommes et Dieu, et entre les hommes eux-mêmes. C'est cette médiation et sa valeur sociale qu'il faut analyser si l'on veut comprendre la nature de la *baraka*.

3. La médiation des *chorfa* entre les hommes et Dieu

La compagnie du *cherif de la baraka* est très recherchée par les laïcs. Ceux-ci lui rendent fréquemment visite et lui offrent des cadeaux, ou une part de leur récolte. Il est d'usage qu'il les reçoive avec générosité et les bénisse en posant la main droite sur leur tête. Par ce contact, il leur transmet la *baraka* qui leur sera bénéfique. Dieu, dit-on, favorisera les croyants qui ont été touchés par un *cherif de la baraka*. Mais la médiation de cet homme ne se limite pas à cette bénédiction. Grâce à son pouvoir surnaturel, il guérit ou provoque certaines maladies dont il nous faut parler.

Les maladies et leur interprétation

Chez les Iqar'iyen, comme dans beaucoup de sociétés, la maladie : accès de fièvre, spasmes, impuissance sexuelle, syncope, état comateux, etc., est censée être causée par des individualités réelles ou mythiques.

Le traitement de la maladie implique généralement qu'on recherche l'origine sociale du mal. Parfois les symptômes indiquent dans quelle direction il faut chercher la cause du mal. Il faut alors établir un diagnostic plus précis. Néanmoins, il n'est pas toujours facile de le faire. Alors des actions thérapeutiques sont tentées, et c'est la réussite d'un traitement particulier qui permet de connaître la cause exacte de la maladie et de l'expliquer. Ainsi l'impuissance sexuelle soudaine est toujours considérée comme l'effet d'un acte de sorcellerie. Pour établir un diagnostic plus précis, le sorcier peut utiliser des procédés divinatoires afin de connaître comment le malade a été atteint. S'il n'y arrive pas, il essaiera divers traitements jusqu'à ce qu'il découvre le plus efficace, celui qui sera apte à entraîner la guérison. Il pourra alors dire qui a voulu nuire au malade et quelle technique a été utilisée pour l'ensorceler.

Dans certains cas, les symptômes sont difficilement interprétables ; plusieurs origines pouvant en être la source. Ainsi un brutal accès de fièvre, des syncopes, une paralysie de la face ou des membres, peuvent être dus soit à une faute commise par le malade, soit à l'action d'un sorcier, ou encore à l'attaque par des *djinn*, créatures de Dieu n'ayant pas de forme matérielle. Ici le diagnostic n'est pas séparable de l'action thérapeutique. Plusieurs traitements doivent être tentés pour trouver celui qui convient et qui est efficace.

Mais si tous les symptômes des maladies ne sont pas facilement classifiables étant donné l'incertitude sur la nature de leur cause, par contre les diverses interprétations idéologiques le sont. En effet, pour les Iqar'iyen, trois catégories de maladies peuvent être distinguées : les maladies dont l'origine est un acte sacrilège, celles dont l'origine est un acte de sorcellerie, et celles provoquées par les *djinn*.

Les maladies que l'on peut classer dans la première catégorie sont celles à caractère contagieux (choléra, peste, variole) et parfois les accès brusques de fièvre, la paralysie, les spasmes, les syncopes, etc. Elles sanctionnent des fautes graves commises envers la Loi musulmane par le malade ou ses proches : inceste, manque de respect ou insulte proférée par un fils à son père, violation d'un mausolée ou du territoire-sanctuaire de la *zawiya*, impureté rituelle lors de la prière dans la mosquée. Les malades sont dits avoir attiré sur eux la malédiction de Dieu ou des *chorfa de la baraka*. Ceux-ci peuvent les guérir, car ils sont les médiateurs entre les hommes et Dieu. Ils n'utilisent aucune technique thérapeutique ; ils donnent seulement leur bénédiction en touchant le malade repentant. L'efficacité de leur intervention est fonction de leur *baraka*.

Les maladies qui relèvent de la sorcellerie sont le plus souvent des maladies de caractère psychologique ou psychosomatique : l'impuissance sexuelle, les troubles du comportement. Les sorciers (*saḥḥar*) sont des marginaux chez les Iqar'iyen. Ils se recrutent généralement parmi les catégories suivantes : *fqih*, ou lettrés étrangers qui prennent soin de la mosquée, certains juifs, vieilles femmes stériles ou dont les enfants sont morts. Ils provoquent ou guérissent la maladie. Les Iqar'iyen sollicitent leur intervention et les payent pour leurs services. Grâce à certaines techniques, le sorcier provoque l'impuissance sexuelle ou inflige certaines modifications de comportement. Ainsi, par exemple, il écrit certains *ḥerz*, sortes de charmes, qu'il met en contact avec de l'eau. La personne visée qui boit cette eau ne pourra plus avoir de rapports sexuels avec son épouse. D'autres techniques peuvent être utilisées à cet effet. Si une femme veut rendre son mari obéissant, elle lui donnera à manger, dit-on, le cœur d'un âne soigneusement préparé par le sorcier. Ainsi il perdra toutes ses forces. Pour guérir, le sorcier doit savoir précisément comment telle personne a été ensorcelée et qui en est responsable. Quand il le découvre, il peut détruire le charme par un contre-charme plus puissant.

Les sorciers sont dits présenter certaines malformations physiques (pieds palmés, orteils supplémentaires, certaines taches, surtout à l'œil, donnant à leur regard un air trouble) ou des déficiences psychiques que nos informateurs n'ont pu préciser. Ces tares de naissance sont considérées comme des preuves de leur sous-humanité, mais aussi de leur force magique. Celle-ci n'a pas de nom, mais il est admis qu'elle leur permet d'entrer en contact avec d'autres forces de la nature et d'utiliser parfois la *baraka* de certaines plantes, de certains versets du Coran, des chiffres. Contrairement aux *chorfa*, leur action est totalement inefficace s'ils ne maîtrisent pas des techniques appropriées.

Les maladies provoquées par les *djinn* sont, en particulier, celles qui surgissent brusquement. Ce sont les accès de fièvre, la paralysie, le coma, etc. Les *djinn* forment des sociétés organisées à l'image des sociétés humaines, avec un sultan ou chef, des juges, etc. Il y a, dit-on, des *djinn* musulmans, d'autres chrétiens ou juifs. Ils vivent dans le monde souterrain et près des rivières. Leurs relations avec les humains peuvent être multiples. Mais il y a danger à les fréquenter. Ils peuvent frapper ou posséder une personne. S'ils la frappent, elle aura soit une paralysie, soit un accès de fièvre, ou bien encore une agitation fébrile. S'ils la possèdent, elle tombera dans un profond sommeil, dans un état comateux.

Pour empêcher une telle attaque des *djinn*, plusieurs méthodes peuvent être utilisées. Le *chorfa de la baraka* sera sollicité, en même temps qu'un sorcier. L'action des deux hommes est très différente. Le *cherif* n'entre pas en contact avec les *djinn*, il donne sa *baraka* à la personne atteinte, c'est-à-dire qu'il lui transmet une force qui va lui permettre de résister au mal. Mais cela ne suffit pas. Le sorcier va intervenir en parlant et même en menaçant le *djinn*. Il mettra dans la balance sa force et ses techniques, sinon pour amener la guérison, du moins pour normaliser les relations entre la personne malade et le *djinn* qui s'est attaqué à elle. Son action est considérée comme efficace, car, dit-on, le sorcier est proche des *djinn*. Il est comme le serpent qui vit à la surface du sol et connaît le monde souterrain. Sa ressemblance, de ce point de vue, avec les *djinn* est la condition de sa réussite. Le *cherif*, par contre, est trop différent pour avoir un quelconque contact avec ces êtres. Il est plus proche du ciel que de la terre et du monde souterrain. A aucun moment il n'est question d'un *cherif* ayant un commerce quelconque avec les *djinn*. Cette idée paraîtrait à nos informateurs non seulement saugrenue mais sacrilège. De plus, si un *djinn* frappe ou possède un laïc, il n'atteint jamais un *cherif*.

Dans ce contexte, on peut parler d'une double opposition ciel/terre et terre/monde souterrain. A la première correspond la division *chorfa*/laïcs avec comme terme médiateur la *baraka*. A la seconde, plus complexe, correspond la division êtres matériels/être immatériels, laïcs/*djinn*, avec comme terme médiateur le sorcier qui participe de l'un et de l'autre élément et qui peut intervenir à ce niveau pour aider les laïcs désarmés devant l'attaque des *djinn*.

Les chorfa de la baraka et les sorciers

Cette analyse de l'interprétation idéologique des maladies permet de situer le *cherif de la baraka*, en le distinguant très nettement du sorcier sur deux plans : le statut et le rapport aux valeurs.

Le sorcier est placé tout en bas de l'échelle sociale. On le craint, mais aussi on le méprise pour ses déficiences, sa sous-humanité, sa participation à l'ordre souterrain avec lequel il est en communication. Sa situation sociale de marginal (ni totalement humain, ni *djinn*) constitue à la fois sa faiblesse (il n'a pas le droit de posséder des terres, on évite sa fréquentation, il ne participe pas au jeu de l'honneur) et sa force efficace.

Le *cherif de la baraka* est, par contre, situé tout en haut de l'échelle sociale. Non seulement on le respecte, mais on le vénère, car sa force est celle du ciel, de Dieu. Il est marginal par rapport à l'honneur, car il a une conduite pacifique. Il participe à un ordre surnaturel, surhumain, où réside toute la puissance de sa *baraka*, donc de la médiation.

Sur le plan des valeurs, la sorcellerie constitue, pour utiliser le langage de Lévi-Strauss, « une naturalisation des actions humaines », « un traitement de certaines actions humaines, comme si elles étaient partie intégrante du déterminisme physique » (Lévi-Strauss 1962 : 292-293). La maîtrise de certaines techniques permet au sorcier de provoquer ou de guérir la maladie. Le sorcier qui veut guérir ne cherche pas à savoir si la victime est fautive ou pas, mais comment elle a été atteinte. Il intervient pour éloigner le mal qui a été provoqué par un de ses collègues. Son action est indifférente par rapport à la Loi. Au contraire, la maladie provoquée par le *cherif* ou celle qu'il guérit est toujours le fait d'un acte sacrilège commis par le malade. Elle sanctionne les transgressions aux commandements divins.

De même que le croyant doit manifester de la soumission à son Créateur, que le fils doit du respect et de l'obéissance à son père quelles que soient ses demandes, le laïc doit faire preuve de vénération à l'égard du *cherif de la baraka*. Ces trois rapports sont, d'un certain point de vue, analogues : ils sont tous asymétriques, ils supposent des relations entre un supérieur et un inférieur, celui-ci devant se soumettre aux injonctions de celui-là. Ils fondent un ordre hiérarchique religieusement marqué et s'opposent très nettement à l'ordre segmentaire. Celui-ci est conçu sur le modèle des rapports entre « frères », *khout*, qui sont les enfants d'un même père, les agnats d'un patrilignage, les membres d'une section du territoire. Dans ce cadre, l'inégalité entre « grand » et « petit » ne transforme pas le type de relation. L'*amghar* est le premier parmi les égaux et, quelle que soit son autorité sur ses agnats et ses dépendants, il n'est jamais qu'un pseudo-père. On peut le tuer sans que ce meurtre attire sur ses auteurs la malédiction divine. Par contre, les rapports de soumission entre père/fils, *cherif*/laïc et Dieu/croyant, sont des relations entre catégories différentes, et qui doivent le rester quelles que soient les circonstances. *La transgression qui, dans les faits d'honneur, est la condition des échanges sociaux entre laïcs, ne peut être tolérée ici.* Le *cherif*, en punissant le transgresseur ou en le guérissant après qu'il a expié sa faute, ne fait que rétablir cet ordre sacré et il confirme par là sa position hiérarchique dans cet ordre. Ainsi, c'est non seulement entre *chorfa* que les rapports sont non segmentaires, mais aussi entre *chorfa* et laïcs.

Cette analyse de la médiation entre hommes et Dieu d'une part, et de l'interprétation des maladies d'autre part, nous permet d'opposer deux modèles de rapports sociaux que l'on peut représenter ainsi :

Modèle segmentaire	Modèle des rapports de « soumission »
Rapports horizontaux entre « frères » égaux	Rapports verticaux entre un supérieur (père, *cherif*, Dieu) et un inférieur (fils, laïc, croyant)

Ces deux modèles opposés se rencontrent en un point : l'arrêt de la violence pour instaurer des relations pacifiques entre laïcs nécessite l'intervention du *cherif de la baraka*, en tant que médiateur entre les hommes.

4. La médiation des *chorfa* entre les hommes

La médiation

A différentes reprises, nous avons noté le rôle du *cherif*, qui arrête le processus des échanges de violence. Il faut y revenir pour préciser plusieurs points.

Le jeu de l'honneur interdit aux laïcs d'avouer leur volonté d'interrompre la violence : ce serait faire preuve de lâcheté. Le meurtrier doit non seulement revendiquer son acte, mais aussi attendre, sans s'exposer inutilement, le contre-défi. La victime, ou si elle est morte, ses agnats, doivent essayer de relever le défi, et de tuer à leur tour. Toute autre conduite est déshonorante. Tout appel direct et public à l'ennemi du moment est humiliant. Seule la médiation d'un homme chez qui la non-violence est une vertu permet d'arrêter — ne serait-ce que provisoirement — le cycle de la violence. Tout se passe comme si les parties en conflit n'arrêtaient la violence que pour rendre hommage au *cherif de la baraka* et pour obéir à ses injonctions, à ses demandes. C'est la seule échappatoire au déshonneur. Les laïcs cèdent devant celui qui a reçu la bénédiction divine, donc devant Dieu.

En fait, le *cherif* n'intervient que s'il est appelé. Il ne s'impose pas en tant que juge et ne peut en aucune manière proposer une solution au conflit. Son rôle de médiateur consiste à réconcilier les belligérants et à les mettre d'accord sur le paiement de la *diyith*. Dans un premier temps, il est pressenti secrètement par l'une ou l'autre partie.

Il n'engage la négociation que si la partie adverse admet en principe d'arrêter la violence.

Dans un deuxième temps, le *cherif* fait connaître publiquement sa volonté de régler pacifiquement le conflit entre les parties concernées. Celles-ci continuent à revendiquer la poursuite de la violence. La négociation commence néanmoins. Le *cherif* doit utiliser tout son art et son talent pour la faire aboutir. En effet, le meurtrier et les agnats de la victime ne disent jamais quelle est la limite au-delà de laquelle il n'y a plus d'accord possible. Le *cherif* doit s'informer pour connaître ce qui est acceptable pour les uns et les autres et quel est le rapport des forces. Le risque est toujours important de voir les agnats de la victime ou le meurtrier refuser de poursuivre la négociation parce qu'elle ne correspond pas à leur attente (demande d'une *diyith* trop forte ou offre trop faible). Le *cherif* doit absolument éviter cette conclusion négative de sa médiation. Il ne doit en aucune manière, après avoir affirmé sa volonté d'intervenir, échouer. Personne alors ne ferait plus appel à lui et sa *baraka* cesserait d'être reconnue.

Dans nos sociétés modernes, nous concevons que le médiateur — qui n'est d'ailleurs pas nécessairement un personnage religieux — ne réussisse pas toujours dans sa mission, sans que cela entrave son prestige. Son échec peut être perçu comme étant dû aux difficultés de la situation conflictuelle ou à la mauvaise volonté des parties. Chez les Iqar'iyen, ce genre de raisonnement n'est pas acceptable. Dans leur esprit, si le *cherif* a la *baraka*, sa médiation doit réussir. Cette force divine n'a de sens que si elle est efficace. En fait, aucun récit ne signale une médiation ayant échoué.

En conclusion, il apparaît que le rôle de médiateur est très contraignant pour le *cherif*. Celui-ci n'a qu'une marge de manœuvre très faible. Il doit répondre à l'attente des laïcs et observer strictement les règles de l'arbitrage. C'est finalement l'opinion qui est juge de son action et qui reconnaît ou non sa *baraka*. D'un point de vue idéologique, tout se passe comme si le *cherif* imposait sa solution, grâce à la force de sa *baraka*. Les laïcs ne « cèdent » à sa pression que pour lui rendre hommage. C'est pour eux la seule solution sans humiliation.

Mais les faits sont ici plus complexes : nous avons montré que le rétablissement de la paix n'est qu'un arrêt provisoire. Du point de vue de l'honneur, le paiement de la *diyith* introduit ou renforce un déséquilibre entre le meurtrier et les agnats de la victime. Selon la somme payée ou le type de compensation, c'est l'une ou l'autre partie qui voit son honneur rehaussé, mais en même temps un doute s'instaure dans l'opinion publique : est-ce une conduite honorable que de reculer devant la violence et de remplacer un mort par la compensation ? La médiation du *cherif* rend cette situation plus supportable pour une période donnée. Mais elle n'empêchera pas la reprise de la violence après un temps de répit.

Le point de rencontre entre les deux modèles, l'un de relation segmentaire, l'autre de soumission à la Loi, aboutit toujours à deux conséquences. L'ordre de la soumission doit prendre le pas sur celui de la segmentarité. Dans ce contexte, le *cherif* qui a réussi sa mission gagnera du prestige. Sa *baraka* a été efficace, les laïcs feront de nouveau appel à lui et son autorité sur eux grandira avec le temps. Mais la médiation ne permet de sortir du jeu de l'honneur que provisoirement. Elle suspend la violence, mais ne règle pas les conflits. Au contraire, elle porte en germe la reprise des combats.

Cette analyse est confirmée par l'étude du rituel de paix. Une fois l'accord conclu entre les combattants pour arrêter l'échange de violence, il est convenu que le meurtrier apportera la *diyith* aux proches agnats de la victime. Quelques jours après, un cortège se forme. Le meurtrier avance en tête, les mains liées derrière le dos, un couteau entre les dents. Il « s'offre en sacrifice ». Ses agnats le suivent, portant la *diyith*, et amenant avec eux un mouton. Ils apportent aussi du sucre, de la farine, de l'huile, du thé, des épices, etc. Le *cherif* médiateur les accompagne. A l'entrée du territoire du mort, un proche agnat de ce dernier vient à leur rencontre. Il retire le couteau de la bouche du meurtrier et, au lieu de le tuer, il lui délie les mains et égorge le mouton à sa place. Il substitue ainsi une victime animale à une victime humaine : c'est le *'ar*. L'accord de paix est maintenant scellé. Ni l'une ni l'autre partie ne peuvent revenir sur leur engagement sans s'attirer la malédiction divine. Le *cherif* bénit l'assistance et déclare que cette paix apportera aux deux camps richesse et prospérité. Un repas préparé avec le mouton égorgé et les produits apportés par les agnats du meurtrier est partagé entre toutes les personnes présentes.

Les trois phases significatives de ce rituel sont : le *'ar*, le repas cérémoniel, la bénédiction du *cherif*. Nous les analyserons successivement.

Le 'ar et le sacrifice

La première partie du rituel de paix est appelée le *'ar*. Ce terme a de multiples sens, et en particulier ceux de honte et de sacrifice. Il est généralement appliqué à toute situation où un homme oblige un autre à satisfaire sa demande par l'intermédiaire d'un sacrifice (égorgement rituel) ou d'actes équivalents qui peuvent prendre différentes formes.

Si, par exemple, un homme veut faire libérer un agnat emprisonné par un « grand » ou pris en otage par quelqu'un, il forcera cette personne que nous appellerons le geôlier à satisfaire sa demande, soit en sacrifiant un mouton devant l'entrée de sa maison, soit en tournant son moulin à grains, soit encore en pénétrant dans sa maison et en touchant la jupe de sa femme ou en lui tétant le sein. Dans tous les cas, il doit prononcer la formule rituelle : *ana fi'arak*, « je suis sous ton *'ar* ». Les mêmes moyens sont utilisés par un homme poursuivi par les agnats de sa victime et voulant obtenir la protection d'un homme puissant. Celui qui veut imposer le *'ar* court toujours un risque : il peut être surpris avant de pouvoir faire le *'ar*, et tué. Mais s'il échappe à ce danger et qu'il accomplit son *'ar*, le geôlier ou le futur protecteur, ainsi que tous ceux qui sont sous son autorité, ne peuvent plus le toucher sans s'attirer la malédiction divine, et doivent alors satisfaire sa demande.

La signification du *'ar* est double. Dans un premier sens, il apporte la honte. En effet, l'homme qui a recours au *'ar* n'a pas un comportement digne d'un homme d'honneur ; au contraire, il avoue son infériorité par rapport à celui qui satisfera sa demande. Le jeu de l'honneur suppose que l'agnat du prisonnier ou de l'otage utilise les mêmes moyens que le geôlier et lui capture un fils ou un parent. Il pourrait alors obtenir la libération du captif par un échange. De même, le meurtrier fugitif doit affronter les agnats de sa victime avec l'aide de son groupe plutôt que de fuir ses responsabilités en obtenant la protection d'un homme puissant. Mais si le *'ar* est pour celui qui le fait un acte déshonorant, une preuve de sa faiblesse, il constitue aussi, et dans un autre sens, sa force. En effet, il a réussi à surprendre le geôlier ou le protecteur qu'il a choisi pour le défendre. Grâce au *'ar*, il a opéré un changement de registre dans l'ordre des valeurs. Entre les deux hommes, la relation d'honneur, où l'échange de violence est la règle, n'a plus cours jusqu'à la satisfaction de la demande du suppliant. Le geôlier ou le protecteur ne peut plus utiliser la violence contre l'agnat du captif ou contre le fugitif. Sa maison est devenue un sanctuaire pour l'homme qui lui a ainsi forcé la main, et la relation entre les deux hommes a été transférée dans l'ordre de la *baraka*. Pour bien comprendre ce que signifie ce passage du niveau de l'honneur au niveau de la *baraka*, il faut situer les différentes formes que prend le 'ar et montrer ce qui les rend équivalentes.

Quelle que soit la manière dont est accompli le 'ar, il y a transgression du domaine de l'interdit, du *ḥaram* qui existe sur la femme et sur tout ce qui la représente. Ceci est évident quand le suppliant pénètre dans la maison qui lui est interdite et qu'il touche la jupe de la femme ou lui tète le sein. Il en est de même quand il tourne le moulin à grains, instrument féminin situé à l'intérieur de la demeure, ou quand il répand le sang du mouton égorgé sur la porte de la maison qui, chez les Iqar'iyen, est l'équivalent du voile que porte la femme et qui symbolise son statut de femme interdite. Mais cette transgression de l'interdit, accompagnée de la formule rituelle du 'ar, a d'autres conséquences que la transgression qui permet l'échange de violence. Elle transforme le *ḥaram* en *ḥorm*, c'est-à-dire que le domaine de l'interdit devient en la circonstance le domaine de la *baraka*, équivalent à celui placé sous la tutelle de Dieu et des *chorfa* ; la maison devient un sanctuaire.

Du même coup, les rapports entre les deux hommes sont transformés. Il ne sont plus des « frères » comme avant le 'ar ; désormais, ils sont dans un rapport hiérarchique inscrit dans l'ordre de la *baraka*. Le geôlier est ainsi placé dans la position d'un *cherif* ou d'un père par rapport à l'agnat du captif qui, dans ce contexte, devient un laïc ou un fils. Il en est de même du rapport entre le protecteur et le fugitif. Cette instauration du rapport hiérarchique entre les deux hommes est évidente dans l'acte du suppliant qui tète le sein de la femme, touche sa jupe, ou encore tourne le moulin à grains. Par l'un de ces gestes, il se sacrifie en tant qu'homme libre et égal pour devenir le fils du chef de la maison. Il en est de même lors du sacrifice du mouton sur le seuil de la maison. En ce qui concerne cette forme de 'ar, il faut indiquer que dans la tradition islamique, le sacrifice du mouton est associé à celui d'Abraham qui substitua cet animal domestique à son fils Isaac, pour l'offrir à Dieu. Aussi, quand le sacrifiant égorge le mouton devant la porte du « geôlier » ou de son futur protecteur, il se met dans la même position que celle d'Abraham devant Dieu, c'est-à-dire dans la position d'un inférieur face à celui qui devient l'équivalent d'un *cherif* ou d'un père. Ainsi, par le *'ar*, le suppliant contraint un homme à devenir son protecteur et il se met en même temps dans une relation de soumission vis-à-vis de lui. Cette forme de « sacrifice » est le plus souvent adressée à un « grand » ; c'est le seul cas où cet homme d'autorité devient en quelque sorte l'équivalent temporaire d'un *cherif*. Mais il faut bien noter que ce « grand » n'entre dans le domaine de la *baraka* que contraint et forcé, et pour un temps très limité.

On retrouve ce double aspect du *'ar*, à la fois honte et sacrifice, dans le rituel de paix. Le meurtrier n'est pas nécessairement en position de faiblesse. Nous avons vu que selon la somme payée ou le type de *diyith* donnée, c'est l'une ou l'autre partie qui gagne de l'honneur. Mais cela n'empêche pas qu'un doute s'instaure dans l'opinion en ce qui concerne la valeur de ces hommes qui ont reculé devant la mort. C'est en ceci que le *'ar* est un acte qui implique la honte : par le meurtre subi d'une part, et par l'offrande sacrificielle reçue d'autre part. Par ailleurs, ce *'ar* n'est pas un acte qui surprend celui auquel il est adressé. Au contraire, il est l'aboutissement des négociations conduites par le *cherif*. Ceci explique que, dans le *'ar*, le meurtrier s'offre en sacrifice et que ce soit un agnat du mort qui égorge le mouton. Les deux parties doivent marquer leur consentement au rétablissement de la paix. Enfin, il faut indiquer qu'au terme de ce rituel, l'interdiction de vengeance est établie entre les deux patrilignages, et non pas, comme dans les autres formes du *'ar*, entre deux individus.

Mais ces particularités du sacrifice dans le rituel de paix ne doivent pas masquer les similitudes avec les autres formes du *'ar*.

En effet, le meurtrier qui s'offre en sacrifice ne peut en aucune manière être tué. Il est sous la protection de Dieu et du *cherif de la baraka* qui l'accompagne. Si les agnats du mort s'avisaient de l'égorger, ils périraient. Cela signifie que le jeu de l'honneur n'est plus possible et qu'on ne peut pas tuer le meurtrier pour compenser la perte d'un proche parent. Jusque-là, le meurtrier ne bénéficiait que de la protection du *ḥorm* du *cherif*. Mais cette situation change avec le *'ar*. Quand l'agnat du mort prend le couteau de la bouche du meurtrier, tranche ses liens et sacrifie le mouton à sa place, la relation hiérarchique s'instaure directement entre les deux parties. Désormais, le meurtrier n'a plus besoin de la présence du *cherif* pour éviter d'être tué. Le sacrifice du mouton, c'est-à-dire son propre sacrifice symbolique sur le territoire des agnats du mort, dans leur domaine de l'interdit, fait de lui un fils symbolique de ceux chez qui il a commis l'assassinat. La paix est instaurée et les agnats du mort ne peuvent plus tendre une embuscade au meurtrier pour se venger, car ils s'attireraient la malédiction divine. Mais cette nouvelle situation implique aussi la honte, car non seulement ils ont perdu un des leurs, mais sont obligés de considérer le meurtrier comme un parent symbolique qu'ils ne peuvent plus toucher. Il leur faut attendre pour laver dans le sang l'humiliation qu'ils ont subie doublement, par le meurtre et par le sacrifice. Le 'ar les oblige à ne plus poursuivre le meurtrier, mais après un temps plus ou moins long, s'ils le rencontrent et se sentent offensés par son attitude — ce qui à leurs yeux équivaudra à un nouveau défi — ils pourront le tuer sans s'attirer la malédiction divine.

Ainsi donc, le rituel du 'ar, comme le paiement de la *diyith*, instaure la paix de Dieu, mais annonce la violence future.

Le repas cérémoniel

Le repas cérémoniel qui suit le 'ar revêt lui aussi une double signification. Tous les participants qui se partagent le mouton cuisiné fêtent la paix retrouvée, mais ce repas de réconciliation garde un caractère ambigu. Le mouton consommé a été amené par le meurtrier et égorgé par les agnats du mort. Ces derniers ont accepté de remplacer l'équation un mort = un mort, par un mort = un mouton sacrifié. Ils ont ainsi rabaissé leur parent tué au niveau d'une victime animale. De plus, ils doivent partager cet animal avec leurs ennemis d'hier. C'est là un repas funéraire humiliant, une souillure qui ternit leur nom ainsi que celui du mort. Quel que soit le montant de la compensation reçue, il leur faudra tuer le meurtrier ou l'un de ses agnats s'ils veulent regagner leur honneur.

La bénédiction du cherif

Le *cherif*, en promettant aux deux parties richesse et prospérité, fait agir sa *baraka* en leur faveur. La plupart des récits de médiation apportent des précisions sur le sens de cette bénédiction.

On raconte qu'un homme blessé refusa le principe de la compensation. N'ayant pas de descendance, il céda à la pression du *cherif* quand ce dernier lui dit : « Acceptez et vous aurez plusieurs fils. » D'après nos informateurs, la victime eut par la suite une nombreuse progéniture. Mais le récit ne s'arrête pas là. Le *cherif* demanda au meurtrier ce qu'il voulait donner comme *diyith*. La somme proposée fut refusée par la victime qui, finalment, obtint du *cherif* qu'une forte *diyith* soit versée. Le meurtrier, un homme relativement pauvre et faible mais qui avait quelques économies, commença par refuser. C'était la ruine pour lui et sa famille, disait-il. Le *cherif* le rassura et lui promit pour les deux années à venir des récoltes abondantes et le retour de la prospérité. Ceci, disent les informateurs, se vérifia aussi. Les autres récits sont du même type et montrent comment le *cherif* met fin à la violence et donne aux parties les moyens de leur prospérité. Le médiateur, non seulement arrête le processus qui va de la vie à la mort, mais il l'inverse. C'est ainsi que nos informateurs se représentent l'intervention du *cherif* et la force de sa *baraka*. Différents contes insistent sur ce point :

Un *cherif* prestigieux visita un jour un homme pauvre. Celui-ci ignorait qui était son invité. Il égorgea le seul mouton qu'il avait et épuisa ses réserves de grains pour bien recevoir l'étranger. Celui-ci reçut les meilleurs morceaux du mouton. Il entendit la femme et les enfants de son hôte se lamenter, car il ne leur restait plus rien pour se nourrir. Il appela son hôte et lui dit : « Où est cet autre mouton que tu m'a caché et cette réserve de semoule de couscous que tu as enfouie ? Va les chercher ! » L'hôte ne sut que répondre. Il sortit et vit un mouton tout près de la porte. Il regarda dans le silo : il était plein. Il sut alors que l'étranger était un *cherif de la baraka*.

Un *cherif* prestigieux rencontra sur sa route un homme se lamentant sur son sort. Il était parti au marché avec les derniers sous qu'il avait, pour acheter un âne. Quand il voulut payer, il s'aperçut que son argent lui avait été volé. Maintenant, que dirait-il à sa femme, à ses enfants ? Comment allait-il cultiver sa terre ? Il ne lui restait plus qu'à mourir. Le *cherif* approcha et lui dit : « Prends ce sac, mets ces pierres dedans et ne l'ouvre qu'en arrivant chez toi. » Le pauvre homme lui obéit et quand il rentra chez lui, sa surprise fut grande en découvrant que les pierres s'étaient transformées en or.

Un couple n'arrivait pas à avoir d'enfants. Le mari menaça de renvoyer sa femme. Celle-ci alla voir un *cherif* prestigieux et l'implora afin qu'il lui vienne en aide. Il la calma, posa sa main sur sa tête et lui dit de rentrer chez elle. Elle devint enceinte et donna naissance à un garçon.

Dans ces contes, comme dans les récits de médiation, le *cherif* intervient pour empêcher l'extinction de lignées et assure à des individus particuliers la prospérité et la richesse. Sa *baraka* est donc conçue comme une force vitale. Néanmoins, il faut signaler qu'elle est ponctuelle et qu'elle n'atteint pas l'ensemble des groupes Iqar'iyen. En fait, comme nous le verrons dans le prochain chapitre, c'est la *baraka* du sultan qui est conçue comme permettant la reproduction sociale générale, non seulement des Iqar'iyen, mais des autres communautés marocaines. Elle est d'ordre général, alors que celle du *cherif* se caractérise par le fait qu'elle concerne des individus choisis. Nous reviendrons sur cette distinction.

Cela dit, il faut situer la signification globale que revêt cette bénédiction du *cherif* dans le cycle de la vie.

Les laïcs ont des terres et des épouses. C'est leur domaine de l'interdit. Mais il leur faut des récoltes et des enfants, c'est-à-dire une *baraka*. Ainsi pourront-ils affirmer leur honneur dans des échanges de violence, par des dépenses et des meurtres qui les mèneront à la ruine et à la mort. La médiation des *chorfa*, parce que ces derniers ont cette *baraka*, cette force vitale, arrête ce mouvement vers la mort, mais elle légitime aussi cette recherche renouvelée des richesses et des enfants pour continuer le jeu de l'honneur. Elle est un souffle de vie, mais celui-ci ne rend pas moins inexorable le cycle de la mort dans lequel sont entraînés tous les Iqar'iyen.

Ces deux forces, l'honneur et la *baraka*, ne sont pas que des signifiants flottants du symbole zéro, elles ne s'insèrent pas uniquement dans le champ conceptuel, mais aussi dans celui des rapports sociaux et dans celui de leur reproduction. Elles sont ces ordres de valeurs qui entraînent les Iqar'iyen dans un mouvement incessant entre le meurtre et le sacrifice, impliquant la nécessaire intervention de l'ordre divin par la médiation des *chorfa* et par la prospérité comme don du ciel. C'est ce mouvement qui rythme la circulation des hommes et des biens dans la vie sociale (voir schéma ci-dessous) :[2]

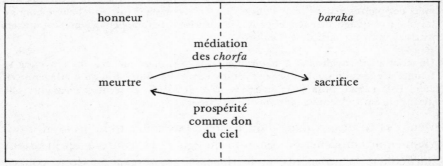

Le système social iqar'iyen implique la nécessaire séparation et complémentarité hiérarchique entre *honneur* et *baraka*. Les hommes d'honneur, et en particulier les « grands », utilisent les échanges de violence et la captation des terres pour s'imposer. Mais leur autorité reste séculière, et ils ne seront toujours que les premiers parmi les égaux, et non des seigneurs.

Si, comme nous l'avons montré, les « grands » cherchent constamment à quitter le niveau de l'honneur, pour installer leur prééminence dans l'ordre de la *baraka*, cette tentative reste vaine. Ils ne pourront jamais briguer le statut d'un *cherif de la baraka*, parce que leur autorité est fondée sur la violence. A l'inverse, le *cherif* ne pourra faire prévaloir une autorité séculière sur les laïcs sans perdre du même coup sa prééminence dans l'ordre de la *baraka*. Il ne peut être qu'un médiateur, et non un arbitre qui impose ses décisions et contraint les hommes.

Le système social local est donc fondé sur cette opposition complémentaire : entre honneur et *baraka*, entre une égalité et un rapport hiérarchique (père/fils, *cherif*/laïcs), entre ce qui relève du meurtre, cette mise à mort des hommes, et ce qui est de l'ordre du sacrifice, cette mise à mort des animaux domestiques. Ainsi le rapport entre les hommes est-il constamment tendu entre la transgression des domaines de l'interdit dans un rapport entre « frères », et la référence au divin dans un rapport hiérarchique père — fils, qui les ramène au respect des domaines de l'interdit : la fécondité et la prospérité, qui assurent la pérennité de cette société iqar'iyen à travers le temps.

2. Ce schéma, dans ses variantes indiennes et chinoises, a été proposé par Daniel de Coppet lors de conférences à l'EHESS (École des hautes études en sciences sociales).

Photos 4 et 5
Les pèlerins partant à la Mecque sont fêtés par les hommes, les femmes et les enfants de leur groupe.

11 | Le sultan, Commandeur des Croyants

Les Iqar'iyen ne conçoivent pas leur identité sociale comme étant limitée à leur propre territoire. Ils se disent membres de la communauté des croyants du Maroc. A la tête de celle-ci, et symbolisant son unité, le sultan est appelé *Emir el Mu'eminin*, « Commandeur des Croyants ». Ce titre précise que le sultan exerce une autorité politico-religieuse. En effet, selon les Iqar'iyen, il dispose d'une *baraka* et d'une force militaire pour guider les croyants sur la voie du respect de la Loi islamique.

Dans ce chapitre, nous étudierons comment les Iqar'iyen se représentent le statut du sultan et comment ils définissent les rapports qu'ils entretiennent avec lui. Auparavant, nous situerons brièvement la communauté des croyants du Maroc et l'organisation du pouvoir central autour du sultan.

1. La communauté des croyants du Maroc

Le Maroc, tel que nous le définissons aujourd'hui, est le territoire d'une nation. Au XIXe siècle, il était conçu comme une communauté de croyants, de musulmans, ayant à leur tête un sultan. Dans cette définition, la notion de territoire est secondaire par rapport au critère religieux qui est fondamental. Les membres de cet ensemble partagent une même foi en Dieu, ils reconnaissent la vérité divine du Coran, qui est la Loi révélée, et ils se soumettent à ses commandements. Mais ceci ne les différencie pas des autres musulmans, ces « frères par la religion », *ukhwan fi dinn*, comme disent en arabe les Iqar'iyen.

L'Islam, ainsi qu'on le reconnaît généralement, n'est pas simplement affaire de croyance pour des individus, il implique également l'organisation de la communauté des musulmans, la *umma*. Il ne s'agit pas de faire ici l'histoire de cette notion, ni d'étudier comment à travers les siècles le fractionnement de cette communauté a provoqué la constitution de différents ensembles plus restreints, souvent opposés les uns aux autres. Notre but est de montrer comment les tribus marocaines, et plus spécifiquement les Iqar'iyen, perçoivent la particularité de leur propre communauté de croyants, qui a été nommée improprement « Empire chérifien du Maroc », et comment ils la différencient de celle qui est alors appelée, tout aussi improprement, « Empire ottoman ».

Un sultan est placé à la tête de chacune de ces deux communautés. C'est lui qui cimente l'unité de l'ensemble et en est le symbole. Son autorité est en même temps religieuse et politique. Il règne et commande en se conformant à la Loi coranique. Néanmoins, disent les informateurs, la différence entre les deux sultans est que l'un, celui du Maroc, est un descendant du Prophète, alors que l'autre, qui est installé à Istambul, ne l'est pas. A leurs yeux, le premier a plus de légitimité que le second. Il est plus apte à recevoir la *baraka*, à commander les croyants selon la Loi divine et à les défendre contre l'Infidèle.

Rappel historique des dynasties marocaines

Depuis le XIe siècle, plusieurs dynasties se sont succédées et ont régné sur le Maroc, incluant parfois dans leur empire le reste du Maghreb et l'Espagne musulmane. Chacune d'entre elles régna pendant une période variable n'excédant pas cent cinquante ans. Les quatre premières (Almoravides, Almohades, Méridines, Wattasides) fondaient leur pouvoir sur les tribus dont elles étaient issues ou qui leur fournissaient leur principal appui. A partir du XIIe-XIIIe siècle, le chérifisme, le maraboutisme et les confréries religieuses mystiques prirent une importance considérable au Maroc. Mais leur influence resta locale jusqu'au XVIe siècle. A cette époque, un groupe de *chorfa*, les Sa'adiens, élimina la dernière dynastie tribale, prit le pouvoir et organisa le Makhzen, c'est-à-dire une armée et une administration à son service. Un siècle plus tard, une autre branche de *chorfa*, celle des Alawites, lui succéda en s'imposant par la force. C'est un descendant des fondateurs de cette dynastie qui règne encore aujourd'hui sur le Maroc.

Les sultans alawites et leur Makhzen

L'ancêtre des Alawites, Ḥassan Ad Dakhil, originaire de Yanbo, en Arabie, arriva au Maroc au cours du XIIIe siècle et s'installa dans le sud-est du pays, le Tafilelt. C'est un de ses descendants, Moulay Rachid, qui, au XVIIe siècle, prit le pouvoir et devint le premier sultan alawite. Son demi-frère, Moulay Ismaïl, lui succéda à sa mort. Contemporain de Louis XIV, il régna près de cinquante ans. D'après les chroniqueurs arabes et les historiens, ce sultan, qui devint un personnage de légende au Maroc, fut un souverain guerrier. Il consacra près de vingt années de son règne à combattre les populations qui refusaient de reconnaître son autorité. Il fut aussi un organisateur et donna à l'administration du sultanat, le Makhzen, une forme qui a peu varié depuis.

Étant marginaux par rapport aux tribus, les Alawites comme les Sa'adiens ont organisé leur force militaire en créant et en structurant des tribus dites *Jaysh*. Ce dernier terme, qui signifie « armée », est équivalent à *guich* dans d'autres dialectes. Les Bouakhar (esclaves noirs affranchis), les Oudeya, les Cherarda et les Cheraga, formèrent les quatre tribus *Jaysh*. Elles furent installées sur des terres avoisinant les deux capitales, Fez et Marrakech, et les principales villes du sultanat. Ces allocations foncières furent exemptées de l'impôt, *achour*[1]. En contre-partie de ces privilèges, ces tribus devaient un service militaire au sultan. Ce dernier ne se déplaçait jamais sans être accompagné par de forts contingents de son armée. Leur rôle était de défendre le trône, d'agir contre les tribus rebelles et d'exécuter les ordres de leur souverain. Les historiens signalent que ces tribus furent pendant une longue période indociles, utilisant leurs forces pour faire ou défaire les sultans et organiser des révoltes de palais. D'après E. Aubin : « Il fallut aux *chorfa* alawites un siècle et demi de lutte pour dissocier ces tribus trop favorisées, les opposer entre elles, réduire leurs prétentions réciproques et les amener à leur état présent (début du XXe siècle) qui les équilibre en les groupant docilement autour du pouvoir central » (Aubin 1913 : 183).

C'est parmi les hommes de ces tribus *Jaysh* que furent recrutés au niveau central les principaux responsables de l'administration chérifienne du Makhzen. Les Bouakhar fournirent le plus fort contingent d'hommes et de femmes pour les corporations du palais. Les prin-

---

1. Comme les autres musulmans, ils devaient payer le *zakat* ou « aumône ».

cipaux vizirs et leurs assistants furent choisi au sein de ces quatre tribus. Les notables lettrés des cités de Fez, Marrakech, Salé et Tétouan, ne reçurent généralement que des postes subalternes et leur poids politique dans le Makhzen ne se développa que vers la fin du XIXe siècle, sans jamais supplanter celui des tribus *Jaysh*.

Si le Makhzen avait une implantation très structurée au niveau des villes et des zones qu'il contrôlait directement, il n'en était pas de même dans la majeure partie du monde rural. Là, le sultan se contentait de choisir parmi les personnalités locales celui qui le représenterait au niveau de la tribu ou d'un groupe de tribus. Ce *qaid* avait pour tâche principale de collecter les impôts et d'empêcher toute révolte. Il ne pouvait compter que sur ses propres forces pour mener à bien ces tâches, et ne recevait qu'épisodiquement l'appui de l'armée. Généralement, ces *qaid* réussissaient mal à contenter à la fois le sultan et leur propre tribu et ne conservaient leur poste que durant une courte période.

2. Violence et *baraka* du sultan

Pour comprendre comment les Iqar'iyen se représentent le statut du sultan, il nous faut analyser leur description de la succession au trône. Il est important de souligner dans quel contexte les données qui vont suivre ont été recueillies. Lors de chaque mariage, le jeune marié est appelé *mouray-es-sultan* (« le Seigneur-sultan ») et joue le rôle du nouveau souverain dans une série de rituels. C'est en interrogeant nos informateurs sur ces rituels que nous avons pu comprendre leur conception du sultanat.

L'accession au trône

En principe, un sultan régnant désigne son successeur. Cela ne signifie pas qu'il le nomme lui-même, mais qu'il reconnaît le choix de Dieu. Cette désignation ne garantit pas pour autant que ce successeur montera sur le trône. Un autre prétendant peut s'imposer et régner à sa place[2]. On admet qu'un souverain régnant peut être déposé et rem-

---

2. Dans l'*Histoire du Maroc*, les auteurs soulignent que « l'État marocain, en tant qu'État musulman, souffre de l'absence de règle successorale » ; « Le problème successoral ne peut être résolu que par la force : même désigné par son prédécesseur, *le nouvel élu doit conquérir son trône* » (Brignon et al., 1968 : 246 ; souligné par les auteurs).

placé par un prétendant du lignage alawite s'imposant par la force et manifestant une forte *baraka*. A ce propos, on donne l'exemple de Moulay Ḥafid, qui, en 1908, prit la place de son frère Moulay Abdelaziz.

La succession d'un sultan décédé, comme la captation du trône par un prétendant, impliquent la conquête du pouvoir par la force c'est-à-dire, au niveau symbolique, la supériorité de la *baraka* du nouveau souverain. L'analogie entre ces deux formes d'accession à la fonction de sultan peut être poussée plus loin. La mort d'un sultan entraîne une période d'anarchie. De même, c'est à la suite d'une longue période d'agitation, signe de l'anarchie qui existe dans le sultanat, que le prétendant peut détrôner le souverain régnant et prendre sa place.

Nos informateurs ont décrit la succession au trône de la manière suivante. Quand la nouvelle de la mort du sultan se répand, ses sujets le pleurent. Mais très vite, les tribus entrent en rébellion (*siba*) et refusent de reconnaître toute autorité extérieure[3]. Les *qaid* sont soit obligés de prendre le parti des rebelles, soit déposés, bannis, parfois tués. Les pillards sortent de leurs repaires, volant, rançonnant et tuant les voyageurs. L'insécurité dans le pays est telle que les hommes hésitent à sortir de leur maison, et surtout à se hasarder dans le territoire d'une autre tribu. La violence et les massacres menacent même la survie de certains groupes. Le statu quo entre tribus est menacé.

Dans le Makhzen, les intrigues se développent rapidement. Différents prétendants cherchent à barrer la route au successeur désigné.

---

3. El Hadj Salem el Abdi, qui servit dans l'armée chérifienne de 1859 à 1912, raconte en ces termes la mort du Sultan Moulay Hassan (1894) dans l'ouvrage du Dr Louis Arnaud : *Au temps des Mehalla* : « La mort du souverain étant survenue au cours d'une expédition punitive, il était dangereux de l'annoncer publiquement. Le ''Chambellan'' du Sultan ou *Hagib* [responsable des corporations du palais] dit alors aux femmes du harem, prêtes à pousser les cris de deuil : ''Taisez-vous toutes ! Je vous l'ordonne... Vous savez que nous sommes ici dans un pays insoumis ; si les tribus apprennent par vos cris que le Sultan vient de mourir, nous serons « mangés » et vous deviendrez ce qu'il plaira à Dieu, des femmes violentées ou tuées ou des esclaves''. (p. 80)

Puis, s'adressant aux ministres du Sultan, il leur dit : ''Maintenant que vous savez, taisez-vous et écoutez-moi... Si vous racontez ce que vous savez, demain matin, d'oreille en oreille, la mort de Moulay Hassan sera connue des tribus qui sauteront en selle pour nous attaquer et nous piller. Cernée de toutes parts, la *mehalla* [le camp du Sultan] sera « mangée ».'' (p. 82)

Après cela, le Sultan mort est habillé et placé assis dans sa litière. Grâce à ce subterfuge, la *mehalla* peut rejoindre la capitale, et le Sultan reçoit tout au long du chemin les marques de vénération des tribus. »

Les uns et les autres obtiennent l'appui de telle ou telle tribu, de telle ou telle fraction de l'armée ; des conflits sanglants opposent leurs partisans. Certains informateurs ajoutent que des prétendants au trône conspirent avec les « infidèles » pour obtenir leur aide militaire.

Cette période d'anarchie dure jusqu'à ce que le successeur désigné ou l'un de ses rivaux s'impose par la force, démontrant par là qu'il a plus de *baraka* que les autres. Le succès de son entreprise nécessite que le futur sultan réunisse autour de sa personne le plus grand nombre possible de partisans.

Il doit tout d'abord écarter les autres prétendants du lignage alawite, soit par la ruse politique, soit militairement. Il n'est pas question de les assassiner. Ils sont *chorfa* comme lui, et les tuer serait s'attirer la malédiction divine. Les moins dangereux sont envoyés au Tafilelt, berceau des Alawites, et tombent dans l'anonymat. Les autres sont emprisonnés dans le palais pour les empêcher d'intriguer de nouveau. Ce fut, dit-on, le cas de Moulay Mḥamed, qui fut enfermé par son frère, le sultan Moulay Abdelaziz. Les principaux partisans des rivaux du vainqueur sont exécutés ou exilés. De toute manière, tous les biens, meubles et immeubles, qui leur avaient été alloués par le sultan décédé, sont confisqués, puis redistribués aux partisans du nouveau sultan. Ceux des membres du Makhzen qui ne sont pas ainsi destitués doivent, pour garder leur patrimoine, se faire reconfirmer leurs privilèges par le nouveau sultan.

Celui-ci doit, ensuite, organiser des *harka*, ou expéditions punitives, pour débarrasser la communauté musulmane des pillards et mater les tribus rebelles. On dit, dans ce cas, que le sultan « mange » les tribus. Son armée, si elle est assez puissante, pénètre dans le territoire de ces tribus, dévaste, brûle et pille leurs maisons, leurs jardins et leurs terres. De nombreux rebelles sont exécutés et leurs têtes, après avoir été salées, sont exposées aux portes des deux capitales. Le sultan nomme de nouveaux *qaid*.

Après avoir mené à bien toutes ces actions, le nouveau souverain entre dans Fez où il est acclamé comme sultan, comme *Emir el Mu'eminin*. Les informateurs ne font pas mention d'un rituel d'intronisation. Ils parlent seulement de la *bay'a*, ou serment d'allégeance qui accompagne l'accession au trône. De toutes les tribus, de toutes les villes arrivent des délégations amenant des cadeaux au sultan et reconnaissant, par la *bay'a*, son autorité. Il est dit aussi que la *baraka* qui lui a permis d'accéder au trône, d'éliminer l'anarchie et de refaire l'unité de la communauté, rejaillira sur celle-ci et amènera richesse et prospérité à tous ses membres.

Cette présentation de la succession au trône n'est pas une simple description. Elle a une valeur idéologique, en ce sens que les thèmes d'anarchie, de violence, de *baraka*, constituent des représentations collectives et nous informent sur la conception du sultanat. L'anarchie qui suit la mort du sultan se présente comme une inversion de l'ordre structuré et nous renseigne sur la nature de celui-ci. La rébellion des tribus ne reconnaissant plus d'autorité « extérieure » et s'affrontant dans des conflits sanglants traduit l'éclatement de l'ensemble en ses parties, qui deviennent autant d'isolats. Les tribus ne peuvent alors établir de rapports entre elles que sous le signe d'une violence portée à son paroxysme dans une volonté de domination et d'extermination de la tribu voisine. La présence du sultan permet donc l'intégration de ces tribus à l'intérieur d'un ordre transcendant. Les relations entre ces groupes ne sont plus définies en termes dyadiques, mais par référence à une Loi, celle de l'Islam, dont le sultan est et doit être le garant.

Mais cette représentation de l'unité de l'ensemble par le sultan n'est pas simple. Une question se pose : pourquoi la réussite militaire du sultan devient-elle le signe de sa *baraka*, de son élection divine ?

Pour accéder au trône, chaque nouveau sultan doit imiter ses prédécesseurs et particulièrement le fondateur de la dynastie, Moulay Rachid. Ainsi, il est rappelé que la naissance du pouvoir des Alawites et sa pérennité sont fondées sur la violence. La description ci-dessus montre que la conquête du pouvoir dépend des rapports de force entre les prétendants. La *baraka* n'est reconnue qu'après coup, à celui dont la violence a été efficace. Du *cherif* alawite qui a échoué dans sa quête du pouvoir, personne ne dira qu'il a cette bénédiction divine. Dans cette perspective, la *baraka* n'est pas autre chose que la reconnaissance de la réussite militaire. Mais, comme cela a été indiqué dans le chapitre précédent à propos de la médiation du *cherif*, cette interprétation, tout en étant juste, reste partielle. Elle ne permet pas de saisir l'aspect idéologique de cette conquête du trône, c'est-à-dire la relation entre la croyance en un ordre divin et le pouvoir politique. Si l'on s'en tient uniquement au niveau séculier, il est difficile de comprendre comment cette communauté musulmane marocaine constitue un ensemble structuré dont chaque nouveau souverain devient le symbole lorsqu'il conquiert le pouvoir. La force militaire ne fonde qu'une domination d'un groupe sur un autre. Par contre, la force conçue en référence à la *baraka*, établit et légitime un ordre fondé sur la Loi divine. La violence triomphante du successeur désigné ou du prétendant vainqueur est perçue comme étant d'essence divine. En éliminant l'anarchie, le nouveau sultan apparaît comme un justicier de Dieu qui punit les actes sacrilèges des rebelles et soumet l'ensemble de la communauté marocaine à la Loi divine.

Dans ce cadre idéologique, on saisit toute l'importance que revêt cette succession au trône. Tant que le futur sultan n'a pas vaincu ses rivaux et soumis les rebelles, sa violence est la simple manifestation de sa force ou de sa faiblesse et le place au même niveau que ses ennemis. Mais lorsqu'elle triomphe, elle prend un autre sens et devient un acte sacrificiel au cours duquel les opposants malheureux du nouveau souverain jouent le rôle de victimes propitiatoires offertes pour le rétablissement de l'ordre divin et pour la prospérité de la communauté des croyants. Ici, il faut souligner que pour les Iqar'iyen comme pour les autres Marocains, la manifestation de l'élection divine du sultan passe nécessairement par cette violence sacrificielle qui engendre la prospérité du sultanat. Dissocier ces deux aspects et ne retenir que la violence meurtrière, ce serait non seulement tronquer la représentation que se font du politique les Iqar'iyen, mais ce serait aussi oublier que dans toute société le pouvoir est lié à la croyance et à ses systèmes de valeurs.

Mais il ne suffit pas au sultan de manifester sa *baraka* lors de son accession au trône. Il doit en prouver la permanence par ses réussites militaires contre ses ennemis internes et externes. Les catastrophes naturelles : épidémies, famines, sont interprétées comme le signe du déclin de sa *baraka*. Ainsi, son élection divine peut être remise en question. Et c'est alors qu'un autre prétendant peut tenter de soulever la population contre lui pour lui prendre le trône. Dans ces conditions, aucun sultan ne peut se contenter de régner et de gouverner le pays à partir de ses deux capitales. Il doit mener des expéditions punitives contre les rebelles et les partisans de ses rivaux alawites pour montrer que Dieu lui accorde toujours la *baraka*.

Le statut du sultan

Cette analyse de l'accession au trône nous entraîne à établir une comparaison entre le niveau local et le niveau global. On peut les opposer sur plusieurs plans : l'identité locale est définie dans un cadre territorial, l'appartenance à l'ensemble marocain suppose l'adhésion à la foi islamique ; la structure locale est d'ordre segmentaire, celle de la communauté musulmane suppose un ordre hiérarchique dont le sultan est le symbole et l'organisateur ; enfin la dichotomie entre l'autorité séculière et l'autorité religieuse, entre « grand » et *cherif*, significative au niveau local, cesse d'être pertinente au niveau global.

Rappelons brièvement cette distinction entre les hommes d'honneur et les hommes de la *baraka*. Les premiers s'imposent par les échanges de violence et par la captation des terres ; les seconds affirment leur autorité par la médiation dont la réussite est le signe de leur *baraka*. Mais jamais un « grand » ne pourra briguer le statut de *cherif* car son autorité est fondée sur la violence meurtrière, et inversement, un *cherif* ne peut pas exercer un pouvoir de contrainte sur les laïcs par la violence physique, mais il doit faire reconnaître son autorité grâce aux vertus de sa bénédiction divine. Chacun doit rester dans le domaine qui est le sien. Il ne peut y avoir confusion entre honneur et *baraka*.

Au niveau de l'ensemble marocain, il en va tout autrement. Le sultan, Commandeur des Croyants, exerce un pouvoir de contrainte sur les hommes et fait reconnaître ce pouvoir comme étant la manifestation de son élection divine, de sa *baraka*. Certes, avant de triompher, sa violence se différencie de celle qui se déroule entre hommes d'honneur ; et le succès de son entreprise ne fait pas de lui un « grand ». Il devient le souverain de cette communauté des croyants et sa violence ne relève plus simplement du niveau du meurtre, mais elle devient sacrificielle, c'est-à-dire fondée sur l'ordre divin. A l'inverse du *cherif*, il n'attend pas qu'on lui demande d'intervenir dans les relations entre hommes. Pour que sa *baraka* soit reconnue, il doit prendre des initiatives et utiliser la violence physique alors que le *cherif* doit se montrer pacifique et faire reconnaître sa force divine par la violence symbolique, c'est-à-dire par des miracles. Nous verrons plus loin ce que signifie cette différence entre la *baraka* du sultan et celle du *cherif*, et comment elle permet de comprendre leur rapport.

Ainsi donc, le sultan est le seul personnage de cette communauté des croyants qui puisse associer violence et *baraka*, meurtre et sacrifice.

Mais on peut pousser cette comparaison plus loin et montrer que le niveau local et le niveau global ont des structures homologues, avec ce balancement constant entre violence et *baraka*. En effet, la médiation du *cherif* n'instaure la paix de Dieu et la dominance de l'ordre de la *baraka* que pour une période provisoire. Les échanges de violence reprendront et conduiront de nouveau à d'autres médiations des *chorfa*. Ce mouvement cyclique se retrouve au niveau global. Le sultan ne peut se contenter de régner et doit constamment repartir en campagne pour mater les tribus rebelles, les soulèvements organisés par ses rivaux alawites, et pour démontrer qu'il détient encore la *baraka*.

Le schéma suivant résume les différences et les analogies entre ces deux niveaux :

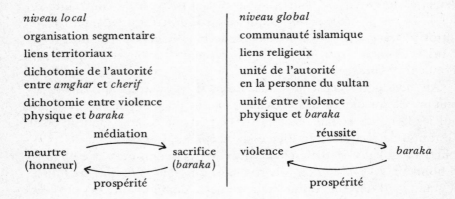

Mais il ne suffit pas de comparer les différences et les analogies entre les deux niveaux, il faut également analyser leur articulation, c'est-à-dire étudier les rapports entre le sultan et les Iqar'iyen.

3. Le sultan et les Iqar'iyen

Deux récits mythico-historiques montrent comment les Iqar'iyen se représentent leurs rapports avec le sultan. Le premier raconte le massacre de tous les hommes et enfants mâles par un sultan. Le second relate comment l'ancêtre des *chorfa* de la *zawiya* contraignit le sultan à lui céder un territoire dans la région et à lui reconnaître le droit de porter le titre de *cherif*. Nous analyserons successivement ces deux récits.

Le sultan et les laïcs

Récit 30. *Le massacre des Iqar'iyen par le Sultan Noir*

Le sultan Moulay Yacoub est témoin des prodiges d'un *cherif* et décide d'abandonner le trône en faveur de son fils qui est surnommé le sultan El-Khol, le Sultan Noir. Puis il parcourt le pays pour rencontrer des *chorfa* prestigieux et profiter de leur *baraka*. Il arrive dans le territoire iqar'iyen. Les hommes d'une communauté territoriale de la tribu Ait Shishar, ignorant son origine chérifienne, l'obligent à danser. Profondément humilié, Moulay Yacoub veut se venger de l'acte sacrilège commis à son égard. Il expédie à son fils un pigeon voyageur avec le message suivant : « Mouille ta barbe là-bas et viens te raser ici. » [C'est un appel au secours.]

Le sultan El-Khol organise une *harka* pour punir les coupables. En arrivant près du territoire iqar'iyen, il fait mettre les sabots des chevaux à l'envers. Ainsi, pense-t-il, les Iqar'iyen, voyant ces traces, croiront qu'un groupe de cavaliers quitte le territoire, et il pourra alors les surprendre. La ruse est déjouée. Les Iqar'iyen se réfugient dans la haute montagne, d'où il est difficile de les déloger.

Le sultan les assiège. Les Iqar'iyen décident à leur tour d'utiliser la ruse. Ils nourrissent une vache avec du blé et la lâchent vers le camp des assiégeants. Un soldat l'attrape et, après l'avoir égorgée, est tout surpris de voir que la vache était nourrie non avec de la paille, mais avec du blé, aliment réservé généralement aux humains. On amène la vache au sultan qui dit : « Ces *awlad el hram*, ''fils de bâtard'', ont pris tellement de réserves avec eux qu'ils peuvent se permettre de nourrir leurs animaux avec du blé. Ils pourront soutenir un long siège. »

Mais au lieu de lever le camp et de partir, comme l'espéraient les Iqar'iyen, le sultan décide d'utiliser de nouveau la ruse. Il prend un poulet égorgé et déplumé et le place sur sa tête, puis il s'avance vers les Iqar'iyen et leur dit : « Descendez de la montagne, je vous fais le serment *'ahd*, (toute personne qui fait le *'ahd* doit observer ce qu'elle a promis, sinon la malédiction divine l'atteindra) qu'il vous arrivera ce qui arrivera à cette tête. Descendez, et je nommerai un tel *qaid* ici, un tel *qaid* là, etc. »

Le sultan indique de sa main la tête du poulet ; du haut de leur refuge, les Iqar'iyen croient qu'il indique sa propre tête. Lorsqu'ils s'aperçoivent de la ruse, il est trop tard. Les soldats du sultan les cernent. Le sultan ordonne que tous les hommes et enfants mâles iqar'iyen soient tués. Seul un garçon nommé *Hammar*, déguisé en fille par sa mère[4], échappe au massacre.

Le sultan rentre dans sa capitale. Il demande à ses sujets d'aller peupler le territoire iqar'iyen et d'épouser les veuves. C'est pourquoi, dit-on, les Iqar'iyen

---

4. Nous n'avons pas pu éclairer cet élément du récit.

sont depuis ce temps-là des enfants de femmes. Dans une variante de ce récit, il est dit que les femmes transmirent la terre de leur mari tué à leurs enfants. Ces deux fins de récit sont identiques, comme nous le verrons.

Nous analyserons le rapport *chorfa*/sultan par lequel commence le récit dans la section suivante, et nous ne retiendrons ici que les thèmes relatifs à l'opposition sultan/laïcs.

Nous noterons d'abord que le récit comporte quelques distorsions par rapport à la réalité historique. Moulay Yacoub est un sultan de la dynastie almohade. Il n'est donc pas d'origine chérifienne comme le suppose le récit. Devenu personnage de légende, il fut aussi appelé le sultan El-Khol, le Sultan Noir. Or, dans la tradition iqar'iyen, les deux personnages sont distingués et placés dans la relation père/fils. Enfin, l'histoire du Maroc ne permet pas de vérifier si le massacre des Iqar'iyen a eu lieu. Mais l'intérêt de ce récit réside pour nous dans sa valeur idéologique. Il exprime comment les Iqar'iyen se représentent leur relation avec un sultan chérifien. C'est dans cette perspective que nous l'analyserons.

En obligeant l'ex-sultan chérifien Moulay Yacoub à danser, la communauté territoriale de la tribu des Ait Shishar le rabaisse au niveau des musiciens, ou *imdiyazen*. Ceux-ci appartiennent à un groupe de familles très méprisées ; ils sont les seuls à chanter et à danser en public. Le *cherif* aurait pu, comme le font les hommes de son rang, se venger de l'offense reçue en faisant tomber la malédiction divine sur les coupables. Or il agit tout autrement : il fait appel à son fils, le Sultan Noir. Celui-ci arrive et assiège la confédération Iqar'iyen, comme si celle-ci, du fait de l'acte sacrilège commis par quelques-uns de ses membres envers son père, s'était rendue coupable d'un acte de rébellion contre sa propre autorité. Dans ce contexte, Moulay Yacoub apparaît comme le double du Sultan Noir. Ainsi donc, un sultan est tourné en dérision par l'intermédiaire de son double. Nous trouverons dans la description des cérémonies du mariage un aspect similaire : durant les rituels, des jeunes gens se moquent du marié qui est appelé dans ces circonstances *mouray-es-sultan.*

Cet épisode du récit est analogue à la situation d'anarchie qui suit la mort d'un sultan. Dans les deux cas, l'action sacrilège des tribus constitue une menace pour l'ordre divin et doit être sévèrement punie. Cela signifie qu'en se moquant du double du sultan, les Iqar'iyen procèdent à sa mise à mort symbolique, ce qui est l'acte le plus sacrilège que l'on puisse commettre envers un souverain chérifien. On comprend alors la réaction extrêmement violente du sultan.

Dans la suite du récit, nous retrouvons ce parallélisme avec les événements qui se déroulent lors de la succession au trône. Dans la première phase du combat, le sultan et les Iqar'iyen sont placés au même niveau. Les ruses utilisées de part et d'autre sont de même nature. Mais la dernière ruse du sultan prend une autre signification. En désignant de sa main le poulet égorgé, le sultan manifeste clairement son intention de sacrifier les Iqar'iyen de la même manière. L'extermination de ces Iqar'iyen prend la valeur d'un acte sacrificiel offert au divin pour laver dans le sang l'acte sacrilège qu'ils ont commis. Mais cet acte destructeur épargne les femmes et n'entame pas l'intégrité du territoire iqar'iyen, femmes et terre constituant deux sources de fécondité et de prospérité. En envoyant des hommes de l'intérieur du Maroc féconder ces femmes, le sultan devient en quelque sorte leur mari symbolique et le père symbolique de leurs enfants. Ses fils symboliques viennent prendre la place des hommes qu'il a tués. Le destructeur devient fécondateur. Nous retrouvons ici le double aspect de la *baraka* du sultan, à la fois violence sacrificielle et source de vie.

Cependant, la fin du récit insiste sur la continuité locale des Iqar'iyen. Cette continuité est doublement assurée par la terre et par les femmes, les maris externes étant réduits au rôle de géniteurs. C'est pourquoi les Iqar'iyen se proclament enfants de femmes et, par leur intermédiaire, enfants de la terre iqar'iyen. Ainsi, au niveau global, les Iqar'iyen sont les fils symboliques du sultan, et au niveau local, ils sont les fils des femmes et de la terre iqar'iyen.

En laissant aux Iqar'iyen la terre et les femmes, ces deux domaines de l'interdit fécondés par sa *baraka*, le sultan a assuré la pérennité de cette confédération à travers le temps. On saisit dans ce contexte l'importance du domaine de l'interdit, qui est aussi le domaine de la *baraka*. Il est ce seuil, ce point d'articulation entre le niveau global et le niveau local. En fécondant la terre et les femmes, le sultan laisse aussi à chaque homme, à chaque *ariaz*, le soin de défendre ce domaine de l'interdit, mesure de son honneur. Ainsi, la *baraka* du sultan vient-elle non seulement légitimer son autorité, mais aussi, et dans le même mouvement, elle assure la reproduction du système de l'honneur iqar'iyen.

Le sultan et les chorfa iqar'iyen

Le sultan, comme les *chorfa*, est descendant du Prophète. Mais l'un est placé à la tête de la communauté des croyants et impose sa *baraka* par la violence physique, tandis que les autres, installés au milieu des tribus, ont une influence locale et ne manifestent leur *baraka* que par la médiation sacrée et la violence symbolique.

Cette différence de statut s'exprime dans les relations qu'ils entretiennent entre eux, comme le montre le récit suivant.

Récit 31. *L'installation du* cherif *Sidi Abdslam Ben Saleḥ par le sultan Moulay Ismaïl*

Sidi Abdslam Ben Saleḥ [ancêtre fondateur du patrilignage *chorfa* de la *zawiya*], venant d'Algérie, arrive dans le pays iqar'iyen au moment où le sultan Moulay Ismaïl fait la guerre aux Espagnols de Melilla pour leur reprendre cette enclave. Il va voir le souverain et lui demande de lui donner la plaine de Bu-Arg pour lui et sa famille. Celle-ci est à cette époque recouverte d'une épaisse forêt où vivent les animaux sauvages. Le sultan rejette violemment la demande du *cherif* car, dit-on, il se méfie de lui. Au bout d'un moment, il lui demande : « Pourquoi veux-tu cette forêt incultivable ? » Sidi Abdslam Ben Saleḥ ne répond pas, mais porte la main sur sa bouche et son front. La forêt brûle en un instant, découvrant une plaine riche et fertile. Moulay Ismaïl a un mouvement de recul, pris de peur devant ce miracle. Il accorde la plaine du Bu-Arg au *cherif*, en l'exemptant, lui et ses descendants, des impôts sur cette vaste terre. De plus, il lui donne le droit de porter le titre de *cherif*[5].

Dans ce récit, Sidi Abdslam ne réclame pas une parcelle, mais toute une plaine. Celle-ci n'est pas encore intégrée au territoire iqar'iyen. Le *cherif* cherche donc à s'établir en marge des laïcs, dans un territoire placé aux frontières de plusieurs tribus (Ichebdanen, Ulad Settut, Ait Bu Yahiyi) et de la confédération iqar'iyen. A cet effet, il adresse directement sa demande au chef de la communauté des croyants. Il se présente ainsi comme son sujet. Le souverain, qui a un droit sur cette plaine non cultivée, refuse la demande. Selon nos informateurs, il est clair que le souverain alawite, deuxième sultan d'une dynastie fraîchement installée sur le trône marocain, se méfie d'un *cherif* idrissite qui peut, à partir de ce territoire, contester la

5. Ce récit que nous avons recueilli en 1969 a été raconté en des termes très voisins par des Iqar'iyen à un auteur espagnol au début du siècle (cf. Federico Pita Espolosin : *El aspecto religioso-musulman en la zona oriental de nuestro protectorado*, pp. 43-44). Il n'est donc pas une réinterprétation du passé traditionnel à la lumière du présent. Au contraire, il témoigne de la permanence d'une mémoire collective non altérée par le temps et d'une idéologie que la colonisation et le monde moderne n'ont pas détruite.

légitimité de son autorité. Dans cette première phase du récit, Moulay Ismaïl affirme son autorité de souverain face à un *cherif* qu'il ne considère pas comme un sujet mais comme un rival potentiel.

En accomplissant le miracle, le *cherif* contraint le sultan à revenir sur sa décision. Le feu qui embrase en un instant la forêt démontre la puissance de sa *baraka*, devant laquelle le souverain est obligé de s'incliner. Ainsi se trouve affirmée la supériorité du *cherif de la baraka* sur le sultan. Mais cette supériorité n'est pas celle d'un prétendant au trône face au souverain régnant. Elle est celle d'une *baraka* qui s'affirme par une violence symbolique, face à la *baraka* du sultan qui se fait reconnaître par la violence meutrière et sacrificielle. En un sens, le *cherif de la baraka* est donc plus proche de Dieu que le souverain de la communauté des croyants. On comprend dans ce contexte pourquoi, dans le récit précédent, le sultan Moulay Yacoub abandonne le trône en faveur de son fils, après avoir été témoin des prodiges accomplis par le *cherif de la baraka*, et pourquoi il cherche la compagnie des hommes saints.

Mais ce miracle qui démontre la supériorité de la *baraka* du *cherif* sur celle du sultan, établit le premier comme sujet du second dans la communauté des croyants. Certes, le *cherif* n'est pas un sujet comme les autres. Le sultan lui cède une vaste plaine, le dispense de payer les impôts et lui reconnaît le droit de porter le titre de descendant du Prophète. Sidi Abdslam cesse d'être un *cherif* errant et acquiert un territoire-sanctuaire, un territoire *ḥorm*, ce qui marque très nettement la différence de son statut par rapport à celui des laïcs.

Ainsi, les rapports entre le sultan et le *cherif* se situent-ils à deux niveaux. Si, au niveau spirituel, la violence symbolique de la *baraka* du *cherif* est la preuve de sa supériorité hiérarchique dans l'ordre du divin, au niveau temporel les relations s'inversent : le *cherif* se soumet au sultan, dont il devient le sujet installé sur une partie de son territoire. A la position initiale de rivalité pour le pouvoir, le miracle substitue un nouveau rapport entre les deux protagonistes, chacun légitimant l'autre dans son statut respectif. Le sultan se voit reconnaître son autorité de Commandeur des Croyants par celui-là même qui pourrait idéalement la lui contester. A la limite, il ne devient un souverain couronné que par cette légitimation par le *cherif*, son supérieur au niveau de la *baraka*. A l'inverse, le *cherif* est légitimé dans son statut local par le sultan. Celui-ci l'a intégré dans la communauté des croyants en lui cédant un territoire-sanctuaire et le droit de porter le titre de *cherif*. Il a ainsi reconnu la supériorité de sa *baraka* et son autorité spirituelle au sein des tribus[6].

Au terme de cette analyse, nous voulons insister sur la complémentarité de ces deux récits en ce qui concerne la définition des rapports entre le sultan et les Iqar'iyen. Le sultan préserve et féconde, par sa *baraka*, les domaines de l'interdit des laïcs : la terre

6. Ces deux niveaux qui situent les rapports entre le sultan et les *chorfa* ne sont pas particuliers à l'idéologie iqar'iyen mais se retrouvent dans les récits de la tradition orale d'autres régions (voir notamment les récits opposant le *cherif* Al Youssi et Moulay Ismaïl dans G. Geertz 1968 : 33-35, le *cherif* Ahansal et Moulay Ismaïl dans E. Gellner 1969 : 293-294, le *cherif* Sidi Boubcher et Moulay Slimane dans J. Drouin 1975 : 94-96, le *cherif* de Wezzane et Moulay Ismaïl dans E. Aubin 1913 : 472-474). Parmi tous ces récits qui confirment globalement les termes de notre analyse, nous retiendrons celui relaté par E. Aubin :
« La zaouïa [de Wezzane] naquit presque en même temps que la dynastie Alaouite et se développa parallèlement à elle ; Moulay Abdallah ech-Chérif fut le contemporain de Moulay er-Rechid et vit les débuts du grand Moulay Ismaïl... Il paraît que le premier chérif d'Ouazzân se fit volontiers l'agent de Moulay er-Rechid dans la Gharb, en vue d'y faire reconnaître l'autorité des Alaouites. Une tradition très accréditée veut que le marabout du Djébel Sarsar, Sidi Ali Ben Ahmed, ayant un jour réuni auprès de lui le sultan et le saint, ait dit à Moulay er-Rechid : "A toi je donne l'étrier" et à Moulay Abdallah : "A toi je donne le bâton" indiquant ainsi qu'il voulait partager le pouvoir entre les deux principales familles du Maroc, attribuer aux Alaouites le temporel et aux Ouazzanis le spirituel...
Cependant quand l'expansion de la zaouia commença à se produire sous les auspices de Moulay et-Touhami, le sultan Moulay Ismaïl, qui n'aimait pas la concurrence des *chorfa* et des *zaouias*, prit ombrage du rapide développement des Touhama et il fit défense à ses sujets de s'affilier désormais à la confrérie. Une correspondance aigre-douce s'échangea à ce propos entre la *zaouia* et le Makhzen ; et finalement, Moulay et-Touhami fut cité à comparaître à Méknez.
Là, le sultan chargea son *vizir* et son *caid el-méchouar* de l'interroger et de lui faire des observations sévères sur les tendances nouvelles de sa maison. La légende d'Ouazzan raconte avec orgueil que, devant ces récriminations injustes, le ventre de Moulay et-Touhami se gonfla d'indignation, menaçant d'envahir la chambre entière ; et les deux grands personnages, épouvantés par cette prodigieuse baraka, s'enfuirent auprès du sultan, en le suppliant d'abandonner toutes poursuites contre ce chérif, favorisé du ciel. Moulay Ismaïl ressentit, lui aussi, la plus vive impression de ce miracle, et il vint aussitôt rendre visite à Moulay et-Touhami. Dès qu'il aperçut le marabout sortant de sa maison pour venir au-devant de son souverain, il s'empressa de descendre de cheval, mais Moulay et-Touhami le pria de remonter en selle et lui tint l'étrier. "Ce n'est qu'à partir de ce moment, se serait écrié Moulay Ismaïl, que je suis un véritable sultan". De là vient l'usage que le chérif d'Ouazzan donne à chaque sultan une sorte de consécration en lui tenant une fois l'étrier. Au début de chaque règne, quand le nouveau souverain arrive dans le Gharb, il ne manque jamais de convoquer auprès de lui le chef de la maison d'Ouazzan, et celui-ci tient l'étrier, tandis que le prince monte solennellement à cheval. Cet office traditionnel a été rempli par Moulay el-Arbi lors de l'avènement de Moulay Abdelziz. » (pp. 472-474)
Les rituels d'intronisation du sultan sont mal connus. Mais une indication est fournie dans l'ouvrage déjà cité du Dr Louis Arnaud (p. 20), où il est dit qu'il n'y a pas d'investiture valable du sultan sans le pèlerinage habituel à Moulay Idriss du Zerhoun où est enterré le fondateur du royaume éphémère de Fez qui est aussi l'ancêtre de tous les *chorfa* idrissites.

et les femmes, sources de tout honneur ; il installe les *chorfa* dans un territoire-sanctuaire au sein des tribus. Il légitime ainsi, dans leurs statuts respectifs, les laïcs et les *chorfa* iqar'iyen et devient le garant de la pérennité du système local.

Les qaid et les impôts

Les deux récits mythico-historiques nous ont permis d'analyser, sur le plan idéologique, les rapports entre le sultan et les deux composantes de la société iqar'iyen : les laïcs et les *chorfa*. Il nous reste maintenant à examiner ces rapports sur un plan plus empirique en analysant le rôle des représentants administratifs du sultan au niveau local : les *qaid*.

Les *qaid* sont nommés à la tête des tribus. Leur fonction essentielle est de collecter les impôts — le *zakat* et l'*achour* — et de les envoyer au Makhzen. Ils doivent également faire exécuter les ordres du sultan, surveiller les hommes de la région afin d'empêcher que des révoltes ou des actions dangereuses ne soient menées contre le Makhzen.

Les informateurs affirment qu'il y a toujours eu des *qaid*. Ceux-ci n'étaient pas des étrangers à la région, mais des membres de la confédération iqar'iyen. Le plus ancien dont ils se souviennent fut un homme des Ait Sider. Son autorité ne s'étendait pas uniquement à sa tribu, mais à tous les Iqar'iyen et même aux groupes nomades Imetalsen et Ait Bu Yahiyi. Ce *qaid* partit un jour à Fez, emportant des cadeaux destinés au sultan, ainsi que les impôts qu'il avait récoltés. Des Iqar'iyen le précédèrent et le dénoncèrent auprès du Makhzen, en prétendant qu'il voulait fomenter une rébellion contre le sultan. A son arrivée, le *qaid* fut jeté en prison et y demeura jusqu'à sa mort. Le sultan décida par la suite de nommer un *qaid* par tribu et de le remplacer périodiquement. Cette pratique dura jusqu'en 1903, date de l'arrivée du prétendant Bu Ḥmara dans la région.

Les *qaid* sont choisis par le sultan parmi les « grands » ou les chefs de ligue de la région. Un document signé par le souverain atteste leur nomination. Il n'y a pas de procédure spéciale d'investiture, pas de rituel d'installation. Les *qaid* sont des fonctionnaires laïcs du Makhzen. Nommés par le sultan, ils ne peuvent être destitués que par lui.

Au niveau des tribus, les *qaid* sont les seuls dépositaires d'une autorité déléguée par le sultan. Ils sont les seuls représentants du Makhzen sur le plan régional et doivent en principe étendre leur autorité locale sur toute une tribu. Mais il ne reçoivent, pour remplir leur mission, aucune aide militaire ou administrative du sultan ; ils ne doivent compter que sur leurs propres forces. On comprend que, dans ces conditions, la position des *qaid* soit très instable. Si dans un premier temps, fort de sa nomination par le sultan, un *qaid* peut se faire respecter, il se heurte très vite à l'hostilité des autres « grands », dont il recherche l'accord pour la collecte des impôts et qui sont ses rivaux directs sur le plan local. Des intrigues se développent pour saper son autorité et lui retirer la confiance du sultan. C'est ainsi qu'après un bref exercice de leurs fonctions, plusieurs *qaid* ont fini leur vie dans les prisons du Makhzen.

Comme nous l'avons vu, la principale fonction des *qaid* est de collecter les impôts. Ceux-ci, payés en nature, étaient prélevés par les agriculteurs sur leurs récoltes. Les Iqar'iyen considéraient qu'ils les devaient au sultan en contre-partie de sa *baraka*. Mais, comme ils ne faisaient de bonne récolte qu'une année sur trois ou quatre, il leur était souvent impossible de payer ces impôts. Cela, disent nos informateurs, créait des problèmes. Quand survenait une année de prospérité, le *qaid* leur demandait de payer les arriérés des années précédentes, sans grand succès. Voyant son autorité contestée, il faisait appel au sultan. Celui-ci organisait une expédition punitive, forçait les Iqar'iyen à payer ces impôts, nommait d'autres *qaid* et repartait. Selon nos informateurs, ce scénario se répéta plusieurs fois[7].

En définitive, la nomination des *qaid* de tribu par le sultan ne modifie pas les rapports sociaux locaux. Bien au contraire, le changement fréquent de titulaire correspond parfaitement à la circulation des hommes d'honneur, détenteurs provisoires des positions prééminentes. Les *qaid*, comme les « grands » ou les chefs de ligue, ne peuvent conserver longtemps leur autorité ni la transmettre à leurs héritiers. Dans ce contexte, le sultan est donc d'une certaine manière le garant de ce jeu local qui consiste à permettre à certains hommes de marquer leur prééminence pour ensuite les précipiter vers leur chute. De plus, en organisant périodiquement des expéditions puni-

---

7. On retrouve la trace de ces expéditions punitives dans l'ouvrage du Dr Arnaud, pp. 43 et 60. (Les Iqar'iyen y sont appelés par leur nom arabe : Guelaÿa).

tives contre les tribus où ses agents se sont révélés incapables de remplir leurs tâches, il manifeste l'incontestable supériorité de son statut de souverain et la puissance de sa *baraka*.

4. La monnaie du sultan

La monnaie du sultan est frappée par le Makhzen et porte le sceau du sultan. A différentes reprises, nous avons signalé son rôle dans l'arrêt des échanges de violence et dans la captation des terres par le « grand ». Il faut considérer ces différentes dimensions de la structure sociale locale dans l'optique des rapports entre le sultan et les Iqar'iyen.

Tous les biens meubles et immeubles ainsi que le travail peuvent être comptabilisés en termes monétaires. L'argent peut être utilisé dans toutes les transactions commerciales. De ce point de vue, la monnaie marocaine constitue un équivalent général et une mesure de valeur. Mais, pour l'achat des terres par le futur « grand », pour le mariage et pour l'arrêt des échanges de violence, elle revêt d'autres significations.

Quand le futur « grand » force ses agnats à lui vendre une partie de leurs terres contre de l'argent, il s'agit apparemment d'une série de transactions commerciales. Mais cela n'est vrai que dans un sens limité. Posséder de la terre ou de la monnaie n'est pas la même chose et l'équivalence entre ces deux types de biens est une illusion, comme nous l'avons souligné. En réalité, ce que le « grand » paie avec cet argent, c'est l'honneur qu'il retire à ses agnats. La monnaie du sultan, convertie en terres — domaines de l'interdit que féconde la *baraka* du souverain — est ainsi un moyen privilégié d'établir des rapports d'autorité au sein des groupes lignagers. Elle constitue, dans cette utilisation locale, le prix de l'honneur.

Il en est de même quand cette monnaie entre dans le prix de la fiancée — *sdaq* — et dans le prix du meurtre — *diyith*. Dans ces deux cas, on ne peut pas dire qu'il y ait équivalence entre une somme d'argent et une femme (transférée) ou un homme (perdu). Les Iqar'iyen disent en ces circonstances qu'on « paie l'honneur », *dfe' n'ird*. Ce n'est pas assez dire, et la monnaie a ici une signification plus globale, car elle est non seulement le prix de l'honneur mais aussi le prix de la *baraka*.

Le *sdaq* est la somme d'argent que le père du marié donne à celui de la mariée pour constituer son trousseau. Il n'est donc pas une compensation pour la perte d'une femme par une famille, mais le moyen légal d'établir un contrat de mariage. La fixation de son montant est une manifestation d'honneur entre les deux familles. Selon qu'il est faible ou élevé, il permet à la famille du marié ou à celle de la mariée de marquer sa prééminence. De ce point de vue, le *sdaq* est une mesure de l'honneur.

Mais il a aussi une autre signification. Le paiement du *sdaq* donne à un homme plein droit sur la progéniture que sa femme enfantera, et les cérémonies de mariage viennent consacrer ce droit dans une série de rituels où la prise de possession de l'épouse fait office de sacrifice propitiatoire offert au divin pour qu'il assure une descendance. Dans ces rituels, le jeune marié joue le rôle du sultan qui, par sa *baraka*, féconde la jeune femme et établit son autorité sur ce domaine de l'interdit. Il peut prétendre par la suite au statut d'homme d'honneur. Ainsi, le *sdaq* payé en monnaie du sultan est tout aussi bien le prix de l'honneur que celui de la *baraka*. Nous verrons dans l'étude du mariage comment ces deux significations de la monnaie s'articulent.

La *diyith*, ou prix du meurtre, est généralement versée en argent aux proches agnats du mort, sauf dans certains cas où une épouse est donnée en compensation et dans d'autres cas, plus rares encore, où le meurtrier devient le serviteur de la famille de sa victime. Comme pour le *sdaq*, le montant de la *diyith* permet de comparer l'honneur du meurtrier et celui des proches agnats du mort. Dans ce contexte, la monnaie du sultan transfère la compétition pour l'honneur du plan du *meurtre* à celui du *prix du meurtre*. Mais, tout en étant ainsi la mesure de l'honneur, elle introduit aussi à l'ordre de la *baraka* par l'intermédiaire de la médiation du *cherif*. Rappelons que celui-ci mène les négociations et promet la prospérité divine aux deux protagonistes s'ils acceptent le principe de la compensation pour arrêter l'échange de violence. Il préside aussi au rituel de paix durant lequel la *diyith* sera donnée aux agnats du mort en même temps que se déroulera le sacrifice qui interdit la vengeance et instaure la suprématie de l'ordre divin. C'est dans cette perspective, où la monnaie est le prix de la *baraka*, qu'il faut comprendre aussi la quête que fait le meurtrier auprès de ses agnats et des étrangers. Les quelques pièces d'argent qu'il reçoit ne constituent qu'une part très faible de la compensation. Elles représentent une aumône par laquelle les donateurs appellent sur eux-mêmes la bénédiction divine et la prospérité que la paix de Dieu instaure.

Ainsi, dans les deux institutions cérémonielles essentielles au niveau local, l'instauration de la paix de Dieu et le mariage, la monnaie est à la fois le prix de la *baraka* et le prix de l'honneur. Elle conduit les hommes à vénérer le divin et à en attendre le don de vie, mais elle annonce aussi, par le déséquilibre qu'elle introduit par rapport à l'honneur, de futurs actes transgressifs, c'est-à-dire le retour des échanges de violence. La monnaie rythme donc bien dans sa circulation ce constant balancement entre le meurtre et le sacrifice. On comprend alors comment elle est le symbole du sultan qui unit dans sa personne ces deux valeurs opposées, violence et *baraka*. On comprend aussi ce que signifie en fin de compte cette homologie de structure entre le niveau local et le niveau global. S'il existe une loi du système social iqar'iyen comme du système social marocain, c'est ce mouvement constamment renouvelé entre violence et *baraka*. La monnaie est au niveau local le symbole de cette loi ; dès lors, sa circulation cérémonielle, tout en marquant la révérence due au Commandeur des Croyants et à l'ordre divin qui fonde son autorité, assure la pérennité de la société iqar'iyen dans son double mouvement vers la quête du pouvoir et du prestige et vers la soumission à Dieu.

On voit alors comment, dans l'idéologie iqar'iyen, l'identité locale qui lie ces hommes et ces femmes à leur terroir et celle plus vaste qui les intègre dans la communauté islamique ne s'excluent pas, mais au contraire s'articulent l'une avec l'autre. On est loin ici de l'opposition fréquemment évoquée dans la littérature sur le Maroc, entre *Bled El Makhzen* et *Bled El Siba*, entre les zones contrôlées par le pouvoir central qui tente constamment d'étendre sa domination et son hégémonie, et les zones des tribus en « dissidence institutionnalisée » qui refusent de se soumettre à l'autorité du sultan et à sa loi pour préserver l'autonomie de leurs institutions et de leurs valeurs. Comme notre analyse l'a montré, on ne peut définir la société globale marocaine en termes d'opposition entre des sociétés segmentaires et une société structurée autour d'un pouvoir central, le Makhzen, ou entre deux ensembles constitués chacun indépendamment, mais comme un système de relations entre deux catégories d'un même ensemble dont le sultan est la loi et le garant.

QUATRIÈME PARTIE

Le mariage

Photos 6 et 7
Les *imdiyazen* ou musiciens et la danseuse lors d'une cérémonie de mariage.

12 | Le mariage comme institution

Le mariage est interdit entre parents très proches : frère et sœur, parents et enfants, oncle (ou tante) et nièce (ou neveu). Il n'existe pas de règle préférentielle de mariage. Contrairement à ce qui est fréquent dans le monde arabe, un homme n'a pas un droit prioritaire sur la fille du frère de son père, la *bint el amm*. Il peut l'épouser, mais ce n'est là qu'un mariage possible parmi d'autres.

Tout mariage iqar'iyen concerne en priorité deux familles restreintes ou étendues et, secondairement, les groupes segmentaires auxquels elles sont affiliées. Le père du garçon et celui de la fille peuvent consulter leurs agnats ou subir fortement leur influence, mais seule leur propre décision est déterminante. En principe, l'avis des futurs époux n'est pas pris en considération ; dans le cas d'un mariage à l'extérieur du lignage, les fiancés sont même supposés ne pas se connaître. Ils doivent se plier à la volonté de leurs parents respectifs et leur obéir sans protestation.

Tout mariage doit s'accompagner du paiement du *sdaq*. Il s'agit d'une somme d'argent versée par le père du garçon à celui de la fille et qui ne peut être conservée par ce dernier. Elle doit être dépensée pour constituer le trousseau de la fiancée (robes, bijoux, meubles, ustensiles de cuisine, parfums, etc.) qu'elle apportera le jour où elle viendra rejoindre son époux. Ce *sdaq* est considéré comme le moyen légal d'établir un contrat de mariage. Il légitime le transfert d'une jeune femme de la maison paternelle à celle de son époux. La jeune fille, jusqu'à son mariage, est placée sous le contrôle de sa famille. Celle-ci est responsable de sa conduite. Elle doit lui interdire de parler à d'autres hommes, d'être vue par un étranger au patrilignage, et surtout d'avoir des relations sexuelles avec qui que ce soit, agnat ou non. Si, lors du mariage, l'époux découvre que sa nouvelle épouse n'est pas vierge, il doit la renvoyer chez ses parents après l'avoir habillée d'un sac de foin. Déshonoré et humilié, le père de cette fille n'a plus d'autres ressources que de la tuer.

Le mariage, dans son principe, suppose que le contrôle de la fille passe de ses parents à son époux. Ce dernier devient maintenant responsable de sa conduite. Il doit lui interdire de parler à des étrangers, de chercher à être vue par eux, et surtout d'avoir des relations sexuelles avec d'autres personnes que lui. L'adultère est en principe puni de mort, et c'est le mari lui-même qui doit tuer sa femme infidèle. Notons ici la différence avec d'autres régions du monde arabe, où c'est le frère qui est responsable de la conduite de sa sœur, même après le mariage.

Le paiement du *sdaq* établit aussi le droit du mari sur la descendance. Une femme donnée en mariage doit pouvoir procréer. Si elle est stérile, son époux peut demander son remplacement par une sœur ou une cousine, et celle-ci n'est gardée que si elle enfante. Le mariage est pour un homme le moyen d'avoir une descendance, d'avoir son propre domaine de l'interdit, donc de continuer sa lignée. Ce sont surtout des fils que le jeune mari espère, car ils seront des combattants et ils pourront l'appuyer dans les échanges de violence.

Chez les Iqar'iyen, le mariage établit une relation entre deux familles. Mais il ne constitue pas une alliance, ni au sens fonctionnaliste du terme, ni au sens structuraliste. Avant d'analyser les caractéristiques principales de l'institution matrimoniale dans cette société du Rif oriental, il nous paraît nécessaire de montrer pourquoi ces deux théories anthropologiques ne sont pas pertinentes ici.

1. Les théories de l'alliance et le mariage iqar'iyen

La vue fonctionnaliste considère le mariage comme un moyen de renforcer ou de créer une relation de solidarité entre groupes ou lignées. Sans discuter la validité de ce point de vue, tel qu'il est soutenu pour les mariages arabes par F. Barth et, de manière différente, par E. Peters, il apparaît que les faits iqar'iyen ne permettent pas ce genre d'analyse.

En effet, au Kurdistan, qu'étudie F. Barth (1954 : 164-171), le mariage avec la cousine parallèle patrilatérale est préférentiel et permet de renforcer la cohésion entre lignées proches. Ce type d'union ne remplit pas de fonction analogue chez les Iqar'iyen. Outre qu'il n'est pas préférentiel, il n'entraîne pas nécessairement une alliance politique entre les deux lignées. La rivalité pour la terre, qui divise les cousins parallèles, n'est pas de nature à s'apaiser si chacun épouse la sœur de l'autre. Au contraire, elle peut s'exacerber si la fille réclame sa part de terre et la fait exploiter par son mari. Le seul cas que nous ayons rencontré où ce type de mariage a renforcé l'union politique des deux familles constitue une exception. Il s'agit de ce « grand » (cf. récit 25), qui, à la mort de son frère, épousa la femme de ce dernier et prit sous sa tutelle ses enfants. Par la suite, il donna à ses neveux leur part d'héritage et leur fit accepter son autorité. C'est alors seulement qu'il arrangea des mariages entre ses propres enfants et ceux de son frère. Autrement dit, c'est parce que les conflits potentiels entre lignées collatérales avaient été sinon évacués, du moins aplanis par le frère du décédé, que le mariage entre cousins parallèles put renforcer une alliance déjà existante.

La position de E. Peters est plus complexe (1967 : 261-281). Étudiant les Bédouins de Cyrénaïque, il prend en compte dans son analyse non seulement les mariages internes et externes aux patrilignages, mais aussi le rapport entre l'oncle paternel et le neveu utérin. La comparaison avec les Iqar'iyen est d'autant plus significative que les deux sociétés sont segmentaires.

Dans le Rif Oriental, comme chez les Bédouins de Cyrénaïque, les relations entre oncle maternel et neveu utérin sont des relations de familiarité. Mais l'analogie cesse d'être pertinente si l'on regarde de plus près ce type d'attitude. Le Bédouin peut demander aide et assistance à son oncle maternel, aussi bien pour le paiement du prix du meurtre que pour celui de la fiancée. Chez les Iqar'iyen, la familiarité avec l'oncle maternel a, d'une certaine manière, un sens péjoratif. Un proverbe dit : *Ayyaw isaqara arbi'in thi khwaris, nthni wakesh hisbin* (« Un neveu méprise cent fois son oncle maternel, celui-ci l'ignore »). Il arrive parfois au neveu de demander à son oncle d'intervenir auprès de son père pour que ce dernier le marie, mais cela seulement si les deux hommes sont en bonnes relations, ce qui, d'après nos informateurs, est plutôt rare. S'il désire résider chez son oncle maternel, il doit s'attendre à être maltraité et réduit au statut de dépendant ; il devra accomplir les tâches les plus basses et subir les sarcasmes de son oncle et de toute sa famille. L'aide qu'il reçoit équivaut en fait à une humiliation. Les bonnes relations entre ces deux catégories de parents ne sont possibles qu'à distance et de façon épisodique.

Enfin, contrairement au cas des Bédouins, le meurtre de l'oncle maternel n'est pas considéré comme un fait anormal ; bien plutôt, il paraît presque dans l'ordre des choses. On raconte à ce sujet l'histoire suivante : un homme du patrilignage A donna sa sœur à un homme du patrilignage B. Quelques années après, le premier tua le second à la suite d'une dispute. Sa sœur, qui avait donné naissance à un garçon, attisa durant sa jeunesse la haine de ce dernier contre son oncle maternel. L'enfant, devenu adulte, décida de venger son père, tua le frère de sa mère et revendiqua son acte.

Les informateurs ne trouvèrent étranges ni ce dernier meurtre, ni le premier, ni l'attitude de la femme dans cette affaire.

L'autre aspect de l'analyse de Peters sur les Bédouins concerne le mariage entre patrilignages distants structuralement dans l'ordre segmentaire. L'union une fois établie, le mariage des cousins croisés se répète à travers les générations, si toutefois l'entraide et les échanges économiques (pour l'eau et d'autres biens) entre ces deux groupes ont réussi. Par ailleurs, ces parents par alliance ne peuvent pas s'entretuer. A partir de ces faits et de bien d'autres, E. Peters conclut que le mariage contredit la solidarité segmentaire. Chez les Iqar'iyen, il n'existe rien de tel. Aucun patrilignage ne peut s'attendre à une assistance économique de la part de ses parents par alliance établie dans d'autres groupes segmentaires lointains (fractions ou tribus). De plus, une famille ne peut ni prendre le parti de ses alliés contre ses agnats, ni s'abstenir si un échange de violence se déclanche entre les deux groupes. Si elle agissait de la sorte, elle s'exposerait à être expulsée de son patrilignage et ne se verrait offrir chez ses alliés qu'un statut de dépendant.

La vue structuraliste des mariages entre cousins parallèles (Murphy & Kasdan 1959 : 17-29) a un avantage sur celle des fonctionnalistes. Elle se propose, par une comparaison avec le mariage des cousins croisés, de situer cette règle préférentielle dans la réalité sociale globale. Comme l'a montré Lévi-Strauss, le mariage des cousins croisés suppose des unités lignagères exogames. Que ce soit sous une forme symétrique ou asymétrique, il permet de constituer un système de parenté fondé sur le rapports consanguinité/affinité et sur la répétition des mêmes formes de mariage à travers les générations. C'est ce que L. Dumont a appelé « la théorie de l'alliance de mariage », le terme d'alliance étant pris dans le sens « diachronique trans-générationnel ». Au contraire, le mariage arabe — et plus spécifiquement

celui reconnu comme préférentiel avec la cousine parallèle patrilatérale chez les nomades d'Arabie, qu'étudient Murphy et Kasdan —
ne permet pas la constitution d'un système social global. Ce mode
d'alliance est un moyen de créer un isolement et un repliement des
lignées sur elles-mêmes. Les unités agnatiques, non exogames, tendent à devenir des isolats. Les deux anthropologues montrent que
seule la généalogie segmentaire et la « violence institutionnalisée »
(*feud* en anglais) intègrent les lignées dans un ensemble social structuré. Dans cette analyse, le mariage avec la cousine parallèle patrilatérale représente un point de vue partiel sur la société, par opposition au modèle segmentaire qui a une valeur globale.

Les faits relatifs au mariage iqar'iyen confirment en partie l'analyse de Murphy et Kasdan, notamment à propos de la nécessité de
comparer échange de violence et mariage et de situer leur place res-
pective dans la société. Mais, pour le reste, ils demandent une interprétation différente.

Dans cette région du Rif, l'absence de règle préférentielle signifie
que l'on ne peut considérer l'inter-mariage sous un aspect diachronique. Aucune union n'implique sa répétition à travers les générations. Ainsi, par exemple, deux hommes peuvent échanger leurs
sœurs, mais cela ne signifie pas que les enfants issus de ces unions
vont se marier entre eux. Plus généralement, un homme n'est d'aucune manière obligé de se procurer une épouse dans le lignage ou la
lignée d'où sa mère est issue. Chaque mariage est, pourrait-on dire,
séparé des autres, pris pour lui-même. Il n'est donc pas possible
d'élaborer un modèle mécanique, même partiel, à partir de cette
institution.

Mais si aucune forme de mariage ne prédomine, si l'alliance matrimoniale n'est pas complémentaire de la filiation pour délimiter une
structure de parenté autonome, cela ne signifie pas que cette institution n'ait qu'une valeur marginale. De même que l'agnation est
infléchie par la structure territoriale segmentaire, le mariage prend
son sens par rapport aux systèmes de valeurs de la société iqar'iyen.

En effet, tout mariage nécessite le paiement du *sdaq*. Or, celui-ci
n'est pas seulement le moyen de légaliser l'union, il est aussi l'objet
d'une compétition pour l'honneur entre les pères des deux époux.
Mais ce *sdaq* introduit aussi à l'ordre de la *baraka* dont bénéficiera
le couple. Lors de cet événement, qui assure en somme la reproduction de la société, le père manifeste son sens de l'honneur, mais

c'est à son fils que reviendra la descendance. Ici se révèle l'ambiguïté du mariage qui traduit et dramatise l'antagonisme des générations : la continuité de la lignée assurée par le fils est l'annonce de la mort du père. Ce sont ces différents aspects du mariage que nous analyserons.

2. Le *sdaq* comme mesure de l'honneur

Le *sdaq* n'est pas une compensation versée au père de la jeune fille. Celui-ci ne peut pas garder cette somme d'argent, mais il doit la dépenser pour constituer son trousseau. Il ne peut donc pas, comme c'est le cas dans d'autres sociétés, utiliser cet argent pour trouver une épouse à son fils. De plus, en donnant sa fille, il favorise la croissance démographique d'une autre famille ; il lui cède donc le moyen d'avoir de futurs guerriers qui pourront se retourner contre ses propres descendants. Le preneur de femme est donc, en principe, avantagé par rapport au donneur.

Mais les implications de l'institution matrimoniale ne sont pas aussi simples. Le mariage est l'enjeu d'une compétition pour l'honneur, notamment quand il concerne deux familles issues de deux lignages différents. Cette compétition se déroule à propos de la fixation du montant du *sdaq* et permet dans certains cas extrêmes mais significatifs d'inverser complètement les conséquences normales du mariage. Avant d'analyser ces différentes formes de mariage à l'extérieur du lignage, il nous faut examiner la portée des unions entre cousins parallèles.

Les mariages entre cousins parallèles

Les mariages à l'intérieur du lignage sont assez fréquents. Le montant du *sdaq* est généralement plus faible dans ce type d'union que dans le cas d'une union extra-lignagère. Il est symbolique quand il s'agit de cousins parallèles au premier degré et s'accroît entre cousins éloignés. Comme l'ont montré Murphy et Kasdan, ce type d'union favorise la croissance de lignées apparentées. Il constitue le moyen pour le patrilignage de se fermer sur lui-même. Il est donc compréhensible que le montant du *sdaq* reste faible, puisqu'il ne donne pas lieu à un véritable transfert de droits sur la descendance.

Que signifie ce mariage dans le système de l'honneur ? Une famille peut choisir de consommer ses propres richesses ou de les partager uniquement avec ses propres agnats, mais cela implique qu'elle a peur de s'engager dans le système de défis et de contre-défis vis-à-vis de membres des lignages étrangers. Il en est de même dans le mariage interne : se marier entre soi, c'est refuser la compétition pour l'honneur ou n'avoir pas les moyens de s'y engager, à cause du paiement du *sdaq*. Ce type d'union peut se produire dans un lignage faible ou dans un lignage pourvu d'un « grand ». Dans le premier cas, le mariage entre cousins parallèles est arrangé entre deux familles qui n'ont pas les moyens de payer un *sdaq* élevé ou qui préfèrent rester effacées. Dans le deuxième cas, c'est le « grand » qui impose cette forme de mariage à ses agnats et qui ne permet l'union extra-lignagère que s'il en tire un avantage pour lui-même. Quant à ses propres enfants, le « grand » préférera les marier à l'extérieur du groupe, notamment avec des familles de « grands ». Dans l'arrangement des mariages comme dans les échanges de violence, c'est le « grand » seul qui entre dans les compétitions d'honneur, tandis qu'il refuse ce même droit à ses agnats.

Les mariages à l'extérieur du lignage

Les mariages à l'extérieur du lignage sont aussi fréquents. A la différence de ceux entre cousins parallèles qui sont arrangés directement par les pères des époux ou par le « grand », ils nécessitent de longues négociations. Celles-ci sont menées par des intermédiaires, afin d'arranger le mariage et de fixer le montant du *sdaq*. Elles vont permettre aux deux chefs de famille concernés de se mesurer par rapport à l'honneur et d'affirmer le poids de leur nom.

Les chefs des deux familles ne se rencontrent qu'après la réussite des négociations. Les intermédiaires sont discrètement envoyés par les parents du garçon chez ceux de la fille. Généralement, ce sont des personnes qui sont en bonnes relations avec les deux familles. Ils ne demandent jamais directement aux parents de la fille s'ils consentent au mariage qu'ils sont venus arranger. C'est par des allusions qu'ils se font comprendre, en disant par exemple, au cours de la conversation : « Le fils d'un tel a grandi », puis, « Il est en âge de se marier » ; « Il faudra que l'on en parle à son père ». Leur interlocuteur, qui comprend ces paroles, va chercher à savoir de laquelle de ses filles, il s'agit. Ceci fait, il donnera sa réponse. S'il est d'accord pour l'ouverture des négociations, il dira : « Oui, le fils d'un tel doit se marier ! » Sinon, il se taira. Les parents du garçon sont informés des résultats de cette visite et, si ceux-ci sont positifs, la prochaine étape sera entamée et revêtira un double aspect : public et secret, ou soi-disant secret. La mère du garçon, accompagnée de deux ou trois femmes se rend à la maison de la fille. La mère de cette dernière les accueille et leur fait honneur en leur offrant le thé. Le dialogue échangé entre les deux femmes doit rester insignifiant. Si la fille paraît avec ses plus beaux habits, cela est de bon augure : l'arrange-ment du mariage sera relativement facile ; sinon, cela signifie que l'affaire est mal engagée, qu'il y a désaccord dans la famille de la fille au sujet de ce mariage. Après cette visite, les intermédiaires vont intervenir de nouveau, toujours secrètement. Mais cette fois, l'opi-nion publique sait de quoi il s'agit. Elle va guetter la moindre information sur le déroulement de la négociation. Il s'agit de fixer le montant du *sdaq*. Comme pour la *diyith*, le preneur de femme va offrir une faible somme. Le donneur refuse. Le preneur propose une somme supérieure, etc. Il est possible que ces négociations n'aboutissent pas ; cela signifie alors que le mariage ne se fera pas. Si par contre les deux parties se mettent d'accord sur le montant, le père du garçon rendra officiellement visite à celui de la fille et, au cours d'un simulacre de discussion entre ces hommes sur le montant du *sdaq*, les fiançailles seront proclamées. Tout ce processus secret et public a un sens par rapport à l'honneur, et les tractations portant sur le *sdaq* constituent l'opération la plus délicate du mariage. Tout doit se passer comme si la somme à verser faisait l'objet d'un accord entre les parties et que l'honneur de chacun était sauf. Mais l'opinion publique, qui a suivi attentivement toute l'affaire, sait qu'il en a été autrement et que l'honneur de l'un des parties a été malmené au cours des diverses phases de la négociation.

Différentes interprétations de ces mariages peuvent être données, selon le montant du *sdaq* payé. Si le père de la fille a accepté une faible somme, cela confirme son infériorité par rapport au preneur de femme. Non seulement il cède une fille et une descendance, mais il reconnaît sa faiblesse. Son seul gain est de voir son nom associé à celui d'une famille relativement puissante et prestigieuse.

Récit 32. *Un mariage avec faible* sdaq *et ses conséquences*

Un homme du lignage A donne sa fille en mariage au fils du « grand » du lignage B. Il ne reçoit qu'un faible *sdaq*. Avant de mourir, il dit à l'un de ses fils : « Maintenant tu es adulte, mais ne crois pas que tu sois un homme (un *ariaz*). Va rendre visite à ta sœur, observe la conduite de son beau-père. Tu apprendras plus avec lui qu'en fréquentant tes jeunes amis. Et puis, souviens-toi que je n'ai pas donné ta sœur pour que vous soyez, toi et tes frères, des ''comme rien'' (*bḥal walu*). A toi de montrer que notre nom vaut celui de nos alliés » (*izuwren*, pluriel de *azugwar*, cf. la terminologie de la parenté, p. 259). Le fils rend visite à sa sœur à plusieurs reprises. Il doit à chaque fois subir les sarcasmes de ses beaux-frères. Il ne leur répond pas mais il sait manœuvrer pour attirer l'attention du « grand ». Celui-ci lui apprend à être modeste et patient en toutes circonstances. Le jeune homme sait tirer profit de ces conseils et, quelques années plus tard, devient lui-même un « grand » dans son propre lignage. Il continue à venir voir sa sœur, affecte d'ignorer ses beaux-frères. Ceux-ci n'osent plus se moquer de lui mais trouvent son attitude méprisante. L'un d'entre eux décide de se venger de cet affront et de le tuer sans avertir son père. Il ne réussit qu'à le blesser. Le père de l'agresseur, averti de son acte, l'enferme dans un cachot et paye la *diyith*. Par la suite, les deux « grands » s'affrontent violemment.

L'informateur qui raconte ce récit, dit en conclusion : « Voyez comment l'on peut tirer parti de sa faiblesse, si l'on sait comment prendre des risques. »

Un autre informateur, après nous avoir parlé de cette forme de mariage avec faible *sdaq*, fit ce commentaire : « Pour un homme, donner son accord à un tel mariage signifie qu'il n'a pas peur de s'engager dans la compétition pour l'honneur. Certes, il n'est pas l'égal de celui qui a reçu sa fille, car ses moyens sont limités, mais il laisse à ses propres fils une sorte de testament : n'a-t-il pas ouvert pour eux la voie de l'honneur ? C'est à eux, ses descendants, d'égaler et même de surpasser le mari de leur sœur. »

Lorsque le père de la fille réclame une forte somme et la reçoit, la signification du mariage change. Certes, cet homme perd une fille et une descendance, mais son prestige et son honneur sont rehaussés ; il a forcé le preneur de femme à reconnaître sa supériorité. Ainsi, un homme d'un certain prestige ou un « grand » peut marier sa fille au fils d'un « petit » si celui-ci est prêt à verser une forte somme. L'un gagne des enfants, l'autre de la gloire.

Seul le mariage par échange permet l'équilibre. Il ne se pratique qu'entre « grands » lorsqu'ils décident de faire la paix après une période d'affrontement et de la sceller en échangeant leurs filles. Chaque père fournit le même *sdaq* à sa fille. Ces cas exceptionnels constituent la seule forme d'échange de filles qu'on ait rencontrée.

Les mariages avec captation de la descendance

Dans tous les mariages que nous avons étudiés jusqu'ici, avec ou sans compétition autour de la fixation du montant du *sdaq*, la règle de la descendance patrilinéaire était respectée. Il existe d'autres mariages, moins fréquents, qui enfreignent cette règle. Ce sont ceux qui entraînent la captation de la descendance par le père de la femme. Nous avons déjà évoqué (cf. chap. 2) le cas des protégés qui risquent de perdre leur identité s'ils marient leurs fils avec des filles du lignage protecteur. Mais ce type de mariage peut se produire aussi entre familles de même statut. Nous en décrirons deux formes.

Dans la première forme, le père du garçon ne verse qu'une somme symbolique. C'est le père de la fille qui donne à cette dernière une grosse somme d'argent pour constituer son trousseau. Le marié devra obligatoirement venir résider chez son beau-père. Il ne sera que le géniteur et perdra ses droits sur ses enfants. Ceux-ci seront intégrés dans la lignée de leur grand-père maternel. Ce mariage équivaut à un *quasi-inceste* puisque le donneur de femme conserve sa fille. Il est généralement arrangé par un homme qui n'a pas de descendants mâles, comme étant un moyen d'empêcher l'extinction de sa lignée. Mais un père très attaché à sa fille peut y avoir recours même s'il a des fils. En tout cas, cette homme va provoquer la jalousie aussi bien chez ses agnats que parmi les étrangers au patrilignage. Il a gagné sur les deux tableaux, capté une descendance et en même temps gagné du prestige en dépensant une forte somme pour sa fille. Les autres lignées de son groupe et les autres groupes n'ont rien à lui prendre ; ils sont perdants.

Dans la seconde forme, le père du marié peut fournir un *sdaq* respectable. Mais si le père de la future épouse dépense une somme nettement supérieure à celle qu'il a reçue, il a le droit de réclamer des enfants. Ceux-ci devront venir résider chez lui quand ils seront adultes et seront intégrés dans sa lignée. Là encore, il s'agit d'un *quasi-inceste*, et la violence sociale est encore plus frappante et plus grave que dans le cas précédent. L'homme qui ne donne pas de *sdaq* ou verse une somme symbolique sait ce qui l'attend. Au contraire, celui qui fait un paiement normal espère une descendance, et s'en voit privé par le coup magistral de son beau-père. La particularité de ce mariage nous a été révélée lors de l'analyse des généalogies de deux groupes lignagers dans deux cas très similaires. Plusieurs informateurs avaient déclaré que certains des fils d'un « grand » n'étaient pas réellement les siens mais ceux de sa fille mariée dans un autre lignage. Ils indiquèrent dans quelles conditions cette captation des petits-fils avait eu lieu, mais ils ne purent pas ou ne voulurent pas nous dire quels conflits ce mariage engendra entre les deux familles.

Pour terminer, nous situerons un cas de mariage très particulier mais aussi très significatif de la compétition pour l'honneur. Dans un récit, il est dit qu'un « grand » s'engagea dans des négociations pour marier la fille de son frère décédé à un homme d'un autre lignage. Après avoir fait monter les enchères et obligé le père du garçon à promettre un *sdaq* très élevé, il déclara que cette somme était très insuffisante pour honorer la mémoire de son frère décédé et pour réaffirmer la dignité de son groupe. Il rompit alors les négociations, déclara que sa nièce épouserait son propre fils et offrit comme *sdaq* une somme double de la précédente. Le mariage fut conclu et le « grand » le célébra avec un faste rarement atteint. Les deux familles ne firent plus qu'une. Les informateurs connaissent d'autres mariages de ce type, mais celui-ci eut un retentissement particulier, car jamais un *sdaq* aussi élevé n'avait été donné.

Apparemment, ce mariage n'a rien de scandaleux. Comment parler de *quasi-inceste* et de captation de descendance dans une union entre cousins parallèles qui est parfaitement admise et qui ne transforme pas le marié en un simple géniteur ? Mais c'est oublier que plusieurs éléments du récit font sortir ce mariage de la normalité. Le « grand » ne se contente pas de marier sa nièce à son fils. En rompant les négociations avec ce lignage, il a humilié cette famille qui était pourtant prête à lui offrir un *sdaq* très élevé. D'autres hommes d'autorité se seraient contentés de voir ainsi reconnaître le poids de leur nom. Mais ce « grand » va au-delà : il refuse ce mariage et consacre à sa nièce, dont il est le tuteur, le double de la somme qu'on lui offrait. Il agit ainsi comme le font ceux qui veulent capter la descendance de leur fille. De plus, après avoir joué un double rôle, celui du père du marié et celui du père de la mariée, il finit par fondre sa famille et celle de son frère en une seule, placée sous son autorité. Tout se passe comme s'il avait marié ses propres enfants entre eux.

A l'opposé de ceux qui refusent de jouer l'honneur en pratiquant le mariage interne au lignage, ce « grand » montre qu'il est parvenu à un tel degré d'honneur qu'il ne juge plus aucun homme digne de rivaliser avec lui. Il peut se permettre, en violant les règles implicites de l'honneur dans le mariage, de lancer un défi suprême à tous les hommes d'honneur. On comprend alors pourquoi cet éclat d'un « grand » nous a été raconté maintes et maintes fois comme un acte de démesure qui le situe hors du commun.

A travers cette analyse du *sdaq* comme mesure de l'honneur, nous avons montré que le mariage est, comme l'échange de violence, le lieu de la compétition pour l'honneur. Il nous reste maintenant à les comparer.

Comparaison entre meurtre et mariage

Un tableau regroupant les différentes formes d'échange de meurtres et les différentes formes de mariage montre les analogies entre ces deux institutions.

Le mariage entre cousins parallèles constitue un refus de la compétition pour l'honneur. De ce point de vue, il a une valeur négative, comme le refus de défi dans l'échange de violence (première colonne). A l'échange de sœurs correspond l'échange de morts (deuxième colonne). Le donneur de femme perd une descendance, comme les agnats de la victime perdent un homme. Cette position initiale, qui avantage le preneur de femme ou le meurtrier, peut se confirmer ou s'infirmer selon le montant du *sdaq* et de la *diyith* (troisième colonne). Enfin la captation de la descendance par le donneur de femme nie la famille du preneur en tant que partenaire, comme le font les agnats de la victime quand ils obligent le groupe du meurtrier à leur céder une femme ou un serviteur (quatrième colonne).

Mais ces analogies, tout en révélant en quoi le mariage participe de l'honneur, comme le meurtre, ne doivent pas nous faire oublier les différences entre les deux.

Le meurtre, nous l'avons souligné, a une signification à un triple niveau : c'est un rapport entre lignées (celle du meurtrier et celle de la victime), c'est aussi un rapport entre patrilignages quelle que soit leur distance segmentaire, et c'est enfin un rapport segmentaire puisque les meurtres sont aussi comptabilisés aux niveaux de la communauté territoriale, de la fraction et de la tribu. Le mariage, par contre, ne fait intervenir que deux familles. Celles-ci seules sont concernées par cette union et par la compétition pour l'honneur. En

Figure 15
Tableau des analogies entre meurtre et mariage

I	II	III	IV
pas d'échange	échange de meurtres	monnaie donnée en compensation pour un meurtre	femme ou serviteur donné en compensation pour un meurtre

I	II	III	IV
mariage interne au lignage	échange de femmes	mariage externe au lignage	mariage quasi incestueux (le père des enfants est uniquement géniteur)

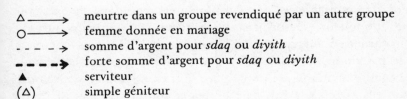

△ ——→   meurtre dans un groupe revendiqué par un autre groupe
○ ——→   femme donnée en mariage
- - - →   somme d'argent pour *sdaq* ou *diyith*
▬▬▶   forte somme d'argent pour *sdaq* ou *diyith*
▲   serviteur
(△)   simple géniteur

principe, leurs agnats ne peuvent intervenir, sauf le « grand » qui a le pouvoir de faire pression.

Contrairement au meurtre, le mariage n'a pas d'effets au niveau segmentaire. Il est l'affaire d'individus en rivalité pour le prestige et l'honneur personnel. Il s'insère donc dans le modèle des rapports d'autorité et dans la compétition autour de la position de « grands ».

L'échange de violence par le meurtre tend toujours vers l'équilibre exprimé par la formule, un mort = un mort. La paix, avec paiement de *diyith*, n'est qu'une pause, la violence étant toujours relancée. Par contre, il est rare que le mariage arrive à cet état d'équilibre. L'échange simultané de femmes est un cas exceptionnel, et un homme qui a donné sa fille ne peut par la suite en réclamer une autre pour un de ses fils. Le déséquilibre entre les familles qu'institue le mariage est un fait constant et général. Le perdant ne peut espérer rétablir son honneur que s'il s'engage, lui ou ses descendants, dans les échanges de violence (récit 32). De ce point de vue, le mariage a donc des effets sur le système social global. Il crée des déséquilibres et il oblige à répondre. Il est un des éléments moteurs qui imposent aux Iqar'iyen la relance continuelle des échanges de violence.

3. Le mariage et l'antagonisme des générations

Le *sdaq* n'est pas seulement le moyen d'une compétition pour l'honneur entre les pères des mariés, il ouvre également la voie aux cérémonies du mariage qui se présentent comme des rituels de fécondité. Dans ce contexte, il apparaît comme le prix de la *baraka*. En effet, comme on le montrera dans le prochain chapitre, la prise de possession de l'épouse par le jeune marié, *mouray-es-sultan*, fait office de sacrifice propitiatoire offert au divin pour obtenir une descendance et de la prospérité pour le nouveau couple. Ce rite de passage installera les jeunes mariés dans leur nouveau statut. La jeune femme deviendra une épouse et une mère. Le jeune homme quitte sa condition de célibataire irresponsable et fait ses premiers pas dans la carrière d'homme d'honneur. Désormais, il exercera son autorité sur sa femme, et sur les enfants qu'elle lui donnera.

Mais le paradoxe du mariage est que ce rite de passage constitue aussi la négation symbolique de ce père qui, en payant le *sdaq* pour marier son fils, vient à la fois de manifester son honneur et de donner naissance à celui de son fils. Cet aspect de l'institution matrimoniale, qui pose le problème des relations entre le beau-père et sa bru et entre le père et son fils, se révélera pleinement lors des cérémonies du mariage. Mais il est aussi perceptible dans la terminologie de la parenté sur laquelle nous insisterons ici.

La bru appelle son beau-père *amghar*, c'est-à-dire « grand ». Ce terme, emprunté au langage politique, indique bien que le mariage a une signification au niveau de l'honneur. Comme le « grand » place le domaine de l'interdit de ses agnats sous son autorité, le beau-père place aussi l'épouse de son fils sous son autorité. Il est celui qui a gagné de l'honneur en la prenant à son père, mais il est aussi celui sous le contrôle duquel elle est passée. En effet, si le mariage est pour le jeune marié un premier pas vers la carrière d'honneur, le marié reste encore sous la dépendance de son père et son épouse s'y trouve avec lui. Le nouveau couple aura droit à une chambre à l'intérieur de la maison du père et non une maison en propre. Cet *amghar* garde aussi le contrôle de ses terres, cet autre domaine de l'interdit. Il est le chef de maison, le seul responsable de l'honneur familial vis-à-vis des autres Iqar'iyen.

Mais si le terme d'*amghar* confirme le père du marié dans son autorité, le terme de *tasrit* qu'un beau-père applique à sa bru, montre un autre aspect de l'ambiguïté de cette relation. *Tasrit* et son masculin *asri* désignent respectivement la mariée et le marié au cours des cérémonies, avant qu'ils n'aient eu leurs premiers rapports sexuels. Après le mariage, le père de l'épouse appelle son gendre *azugwar*, terme employé de façon réciproque entre un homme et la famille de son épouse. Par contre, le père de l'époux continue d'appeler sa bru *tasrit*. Pour le père du marié, tout se passe comme si le mariage de son fils restait en suspens, n'était pas consommé. Il ne peut être appelé *amghar* que s'il nie l'accomplissement de l'acte sexuel qui conclut le mariage de son fils. Il n'a droit de regard sur sa bru que s'il lui nie sa qualité de génitrice, car sinon ce serait considérer son fils comme un homme d'honneur ayant son propre domaine de l'interdit. Mais le mariage sera consommé et c'est le couple qui bénéficiera de la descendance. De ce point de vue, l'union des deux époux constitue la négation future du beau-père comme *amghar*, donc en quelque sorte son meurtre symbolique.

On comprend alors toute l'ambiguïté que revêt pour le père le mariage de son fils. C'est l'événement qui lui permet d'affirmer son

Figure 16

Tableau de la terminologie de la parenté

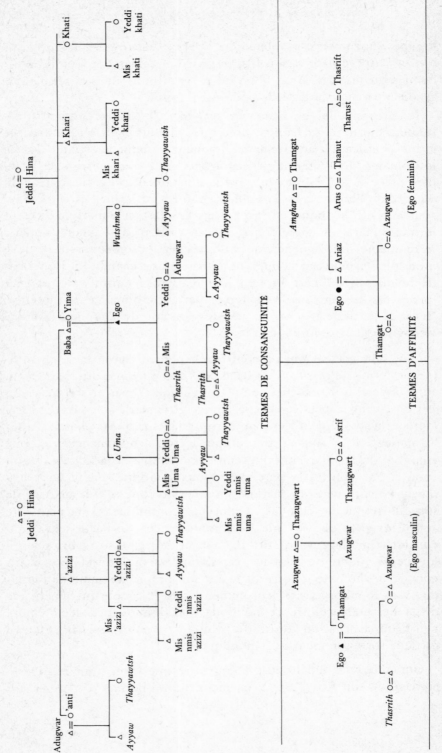

TERMES DE CONSANGUINITÉ

TERMES D'AFFINITÉ

(Ego masculin)

(Ego féminin)

Les termes en italique sont analysés dans le texte

honneur et d'avoir des petits-enfants qui assureront la continuité de la lignée. Mais c'est en même temps la première annonce de sa mort future, de cette mort qu'il nie en maintenant son fils en état de dépendance.

L'analyse d'un autre terme clef de la parenté berbère confirme cette ambiguïté du mariage. *Ayyaw* et son féminin *thayyawtsh* désignent pour Ego tous les enfants des femmes de son groupe agnatique : les enfants de la sœur, de la fille, de la fille du frère, de la cousine parallèle patrilatérale et de la tante paternelle. Cette appellation ne tient pas compte de la génération, qu'elle soit ascendante ou descendante. Tous les maris de ces femmes sont appelés *azugwar*, terme qui désigne ici le parent par alliance preneur de femme. Mais les termes d'*ayyaw* et de *thayyawtsh* sont aussi utilisés par Ego pour désigner *les enfants de son propre fils*. Par contre, les enfants du frère, du fils du frère, des cousins parallèles et des fils des cousins parallèles patrilatéraux sont désignés par des termes descriptifs. L'extension asymétrique de ce terme d'*ayyaw* et de son correspondant féminin constitue une anomalie difficilement explicable : comment peut-on rendre compte d'un terme qui désigne en même temps des enfants de femmes que l'on donne, donc des utérins, et des enfants de son propre fils, donc ses propres descendants agnatiques ? D. Hart, qui a étudié les Ait Waryaghel, un groupe du Rif central dont la terminologie est identique à celle des Iqar'iyen, a essayé d'expliquer cette anomalie. Il pense que le problème peut être résolu si on le situe dans le cadre des relations entre grands-parents et petits-enfants. De même qu'il n'existe qu'un seul terme pour désigner les grands-parents paternels et maternels, il n'existe qu'un seul terme pour désigner les petits-enfants, qu'ils soient enfants de la fille ou du fils (D. Hart 1976 : 221). Cette explication ne résout pas réellement le problème et ne fait que le déplacer. Si l'on accepte le raisonnement de Hart sur cette absence réciproque de différenciation dans la terminologie entre la génération des grands-parents et celle des petits-enfants, on ne voit pas pourquoi c'est le terme d'*ayyaw* qui a été retenu. Dans une société qui met l'accent sur l'agnation, n'était-il pas plus conforme de procéder à l'inverse et d'étendre plutôt un terme spécifique pour les enfants du fils à ceux de la fille ? Cette terminologie berbère, qui a emprunté de nombreux termes à l'arabe et notamment celui pour désigner les grands-parents, aurait pu tout aussi bien retenir le terme arabe de *hafidth*, qui s'applique spécifiquement aux petits-enfants, c'est-à-dire aux enfants de la fille et aux enfants du fils.

Le problème de l'extension asymétrique du terme *ayyaw* reste donc entier. L'échec de l'interprétation de D. Hart nous paraît résider dans sa tentative d'évacuer la contradiction entre le principe agnatique affirmé dans les généalogies et les cas où il semble disparaître de la terminologie. C'est cette contradiction qu'il faut situer et comprendre. Tout se passe comme si, en appelant les enfants de son fils *ayyaw* et *thayyawtsh*, Ego les assimilait à des enfants de femme que l'on donne à d'autres familles, alors qu'ils seront cependant chargés d'assurer la continuité de sa propre ligne agnatique. Du même coup, il transforme son propre fils en une femme que l'on donne à l'extérieur.

En définitive, l'extension asymétrique de ce terme, comme le terme de *tasrit*, entrent dans la logique de la négation par le père du mariage de son fils. En appelant sa bru *tasrit*, le beau-père veut ignorer qu'il marie son propre fils, qu'il introduit dans sa propre maison la femme de ce dernier comme épouse et génitrice. En appelant les enfants de ce couple, *ayyaw* et *thayyawtsh*, il continue d'ignorer ce mariage en considérant ses propres petits-enfants comme des utérins et non comme des descendants agnatiques[1]. Ainsi l'ambiguïté de l'institution matrimoniale, comme affirmation de l'honneur du père et comme annonce de sa propre mort, est inscrite au cœur même de la terminologie. Nous verrons maintenant comment cette même ambiguïté se manifeste dans le déroulement des cérémonies du mariage.

---

1. L'analyse du terme *uma*, qui désigne le frère d'Ego (féminin *whutshma* : sœur), souligne encore plus cette contradiction entre le principe agnatique et la terminologie de la parenté. *Uma* se décompose en *u* racine du terme fils (pluriel *ait*) et *ma* diminutif de *yima* : mère. Ainsi donc, la traduction littérale des termes *uma* et *wutshma* est « fils » et « fille de ma mère », ce qui semble supposer une filiation par la mère, non par le père. A ce sujet, il nous faut rapprocher ces termes de références du mythe où il est dit que les Iqar'iyen sont les enfants de femmes (récit 30).

Cette tendance à marquer par des termes spécifiques les relations par les femmes singularise cette terminologie rifaine par rapport à la terminologie arabe. Dans ce contexte, si l'emprunt à l'arabe est systématique aux générations supérieures - 1 et - 2 (on retrouve la même distinction entre père, frère du père et frère de la mère, de même entre mère, sœur de la mère et sœur du père, et les mêmes termes désignent les grands-parents, sans distinction entre père du père ou père de la mère, ou entre mère de la mère et mère du père), il devient plus sélectif à la génération d'Ego et aux générations inférieures + 1 et + 2. Ainsi, par exemple, alors que l'arabe n'a que des termes descriptifs composés à partir de la génération supérieure - 1 pour désigner les différents types de cousins (fils ou fille de l'oncle paternel, fils ou fille de l'oncle maternel, etc.), le berbère a un terme spécifique, *ayyaw* pour distinguer les fils de la tante paternelle de tous les autres types de cousins. La même remarque peut être faite pour les générations + 1 et + 2 avec cette anomalie que nous avons notée pour les enfants du fils d'Ego. De ce point de vue, la distinction entre les enfants d'agnats féminins et les enfants d'agnats masculins et cette tendance très nette à ignorer les relations par les hommes pour les ascendants directs et les descendants d'Ego ont une valeur globale au niveau de la terminologie de la parenté rifaine, et donnent aux termes empruntés à l'arabe une toute autre signification qu'elles n'avaient originellement dans cette langue. C'est pourquoi notre analyse, loin d'avoir extrait de leur contexte quelques termes, permet au contraire de dégager les caractéristiques globales de cette terminologie. Dans un travail ultérieur, nous comparerons plus systématiquement le vocabulaire de ce dialecte berbère avec celui d'autres dialectes de cette même langue et le vocabulaire de la parenté arabe.

13 | La parodie des valeurs: les cérémonies du mariage

Lorsque les deux chefs de famille ont donné leur accord et que le montant du *sdaq* a été fixé, un contrat de mariage est établi dans la maison de la jeune fille. Celle-ci restera chez ses parents et ne rejoindra son époux que durant les cérémonies de mariage. Une période de plusieurs mois, pendant laquelle les deux chefs de maisons préparent les festivités, sépare ces deux moments. Ils fixent d'un commun accord la date des cérémonies. Celles-ci ont lieu généralement en été. La récolte vient d'être faite et les familles disposent de vivres en abondance. Après l'hiver et le printemps, qui ont été consacrés aux travaux des champs et à la réfection de la maison, l'été marque le retour à la vie publique.

Les cérémonies durent au moins trois jours. Elles se terminent quand le mari entre dans la chambre nuptiale où se trouve l'épouse et consomme le mariage. Suit une période de sept jours clôturée par le rituel dit du « voile », qui se déroule dans la chambre des époux et a pour protagoniste le marié et ses jeunes amis.

Lors de notre séjour dans le Rif, nous avons pu assister à de nombreuses cérémonies de mariage, tantôt invité chez le père du marié, tantôt chez le père de la mariée, tantôt chez les deux. A ces différentes occasions, nous avons pu assister aux rituels qui se déroulent publique chez le marié, mais jamais aux rituels qui concernent la mariée. Ceux-ci ont lieu dans l'intimité d'une chambre, loin du regard des hommes. Nous n'avons pu obtenir que peu d'informations sur ces rituels ; aussi, centrerons-nous notre analyse sur les rituels qui entourent le marié.

Les cérémonies tendent à se moderniser. Cependant la plupart des rituels traditionnels se pratiquent encore et nous avons pu les observer. D'autres, qui ont presque disparu, nous ont été décrits par les informateurs. Toutes ces données ont permis de reconstituer comment les festivités et les rituels se déroulaient pendant la période traditionnelle.

Dans un premier temps, nous allons planter le décor et présenter les acteurs de cette représentation théâtrale qu'est le mariage, ensuite nous analyserons les différents rituels et leurs significations.

1. Le décor et les acteurs des rituels

Les cérémonies ont lieu dans la maison des parents de la mariée les premier et deuxième jours, et dans celle des parents du marié les deuxième et troisième jours. Dans les deux cas, le lieu des festivités est soit la cour intérieure de la maison, soit le jardin attenant si les invités sont nombreux. Quand les fêtes se déroulent dans le jardin, les hommes s'asseoient sur des tapis autour de la place aménagée et les femmes occupent la cour intérieure. Si celle-ci est le centre des festivités, la disposition change : les hommes s'asseoient sur trois côtés et les femmes s'agglutinent sur le quatrième, devant l'entrée de la chambre où se tient la mariée.

Dans la maison du marié, le lieu des festivités est aussi celui des rituels. Par contre, dans la maison de la mariée, ces lieux sont nettement séparés. Les rituels sont accomplis par les femmes dans une chambre.

Notons ici les quelques informations dont nous disposons à ce sujet. Sept jours avant les cérémonies, la future mariée cesse toute activité. Pendant toute cette période, elle prend un bain quotidien. Le premier jour des cérémonies, pendant la matinée, elle est préparée par les femmes de son groupe. Elles lui mettent du henné sur les mains, les pieds, le visage et les cheveux et la revêtent du lourd costume cérémoniel. La mariée est ensuite installée dans un fauteuil et elle reçoit les félicitations des femmes invitées. Selon nos informateurs, de vieilles femmes se livrent à des rituels d'initiation sexuelle sur un mode parodique et se moquent de la jeune mariée. Mais il a été impossible d'en savoir plus. Pendant ce temps, les hommes assis dans la cour ou dans le jardin discutent entre eux et reçoivent un repas.

Mais le décor n'est pas la simple ordonnance des lieux où vont se dérouler les rituels, il est aussi la toile de fond colorée qui doit rester gravée dans les mémoires. Sur le devant de la scène se joue la compétition entre les pères des époux. Chacun d'eux, dans sa propre maison, est l'organisateur de la fête. Par le nombre de ses invités, l'abondance des nourritures offertes, la magnificence des festivités, il doit montrer le poids de son nom. On raconte qu'un « grand », mariant son fils, fit venir de nombreux cavaliers pour les fantasias et engagea plusieurs groupes de musiciens, chanteurs et danseuses pour l'agrément de ses invités et sa propre gloire. Il égorgea de nombreux moutons et puisa dans sa réserve une grande quantité de semoule de blé et d'orge pour servir les plats les plus raffinés. Une autre anecdote montre à quels excès peut conduire la rivalité entre les deux chefs de famille. Un homme, mariant sa fille, apprit que le père du garçon allait se montrer très généreux envers ses invités. Excédé, il prit une poignée de sable et déclara qu'il recevrait et nourrirait autant de personnes qu'il y avait de grains dans sa main. Ce défi entraîna sa ruine totale, car il fut pris au mot. Une foule immense vint chez lui et, après avoir offert à chacun deux repas, il fut obligé de vendre tous ses biens pour rembourser ses dettes ; il dut ensuite s'exiler. Cet étalage de richesses et de dépenses, où se manifeste entre les deux chefs de maison une vive compétition, est le décor obligé des rituels.

S'ils sont les organisateurs des festivités, ces chefs de maison ne jouent cependant aucun rôle dans les rituels et les jeux parodiques qui se déroulent au cours des cérémonies. Ils sont complètement exclus des rituels concernant la mariée. Dans la maison du marié, le père du marié ainsi que tous les hommes de même rang, les *ariaz*, les hommes d'honneur, assistent aux cérémonies en simples spectateurs. Les principaux acteurs des rituels sont, avec le marié qui occupe la position centrale, les hommes jeunes, mariés ou célibataires, irresponsables par rapport à l'honneur, et les musiciens accompagnés de danseuses.

Durant les cérémonies, le marié est appelé *mouray-es-sultan*, « notre maître le sultan ». Au cours des différents rituels, il est revêtu des insignes de la souveraineté et doit rester silencieux pendant que ses amis se moquent de lui et le traitent de faux sultan.

Les jeunes amis du marié sont ici au premier plan. En temps ordinaire, ils doivent s'effacer devant leurs aînés et leur manifester respect et obéissance, observant le silence devant leurs pères — sauf si ces derniers les autorisent à parler — et ne mentionnant jamais les femmes. Au cours des mariages par contre, ils ont le droit de s'exprimer et même de tenir des discours obscènes, mais leurs aînés doivent faire comme si tout cela ne les concernait pas et se tenir à l'écart. Si jamais l'un d'eux a le malheur de vouloir intervenir, il se fera rabrouer par les jeunes — même par son fils — qui se moqueront de lui.

D'une manière générale, comme nous l'avons souligné, le chef de famille doit éviter de prendre la parole à la légère et de fanfaronner. Au contraire, s'il veut être considéré comme un homme d'honneur, il doit contrôler ses propos, feindre la modestie et n'utiliser que des mots et des phrases ayant du poids. Durant le mariage, les jeunes vont avoir un comportement exactement inverse. Ils ne reculeront devant aucune démesure et n'hésiteront pas à caricaturer le comportement de leurs aînés.

Les musiciens animent les festivités et doivent apporter leur concours lors des mascarades organisées par les jeunes. Ce sont des hommes de très bas statut. Ils ne possèdent pas de terres et les Iqar'iyen refusent de se marier chez eux. Ils sont supposés être le contraire des hommes d'honneur. On les dit lâches, avares, et d'aucuns prétendent qu'ils ne sont pas de vrais musulmans et qu'ils pactisent avec le diable. D'une manière générale, les Iqar'iyen les méprisent et évitent de les fréquenter. Mais durant les cérémonies du mariage leur présence est indispensable. Eux seuls peuvent jouer des deux instruments de musique de la région — le *zammar*, sorte de double pipeau prolongé de deux cornes de taureau, et le *daf*, un tambour — et chanter des chants d'amour. Ils sont généralement accompagnés d'une ou de plusieurs danseuses qui sont des prostituées. Ce sont les seules femmes dont la présence est acceptée parmi les hommes. Un membre de ce groupe de musiciens, l'*aberrah*, « celui qui vante et qui annonce », sorte de héraut, joue un rôle important. Durant les cérémonies, il fera office d'intermédiaire au cours des différents affrontements simulés. Dans ces circonstances, il apparaît comme un médiateur parodique : à l'inverse du *cherif*, il ne tente pas d'arrêter ces affrontements mais, complice et porte-parole des groupes de jeunes en présence, il s'emploie à exacerber leur rivalité.

2. Les rituels du mariage

Deux rituels très importants ont lieu dans la maison du marié : celui dit du « henné », le soir du deuxième jour, et celui du *ghrama*, le soir du troisième jour. Pour situer ces rituels, nous donnerons d'abord une description du déroulement de la fête.

Les cérémonies dans la maison du marié commencent le deuxième jour en fin d'après-midi. Les invités arrivent et s'installent tout autour de la place des festivités. Les musiciens commencent à jouer de leurs instruments et les danseuses évoluent parmi le public. L'*aberrah* va d'invité en invité, sollicitant quelques petites pièces d'argent pour lui et son groupe. Quand il en reçoit, il arrête à la fois la musique et la danseuse pour remercier le donateur et vanter ses mérites. Pendant ce temps, la famille du marié et quelques agnats s'affairent derrière la maison pour préparer les plats et le thé qu'ils offriront aux invités. Quand tout est prêt, on dresse quelques tables dans une chambre et les invités viennent manger par groupes. Certains jeunes ne manquent pas de commenter en public la pauvreté ou au contraire le raffinement des plats, et, même si la nourriture est abondante, ils prennent à partie le marié qui les sert en lui reprochant son avarice. Puis les réjouissances se poursuivent. Dès ce moment, les jeunes occupent le devant de la scène. Avec l'aide des musiciens et des danseuses, ils se livrent à des bouffonneries adressées à leurs aînés. Nous décrirons ci-dessous un de leurs jeux favoris. Ensuite se déroule le rituel du « henné », puis jeux et danses se poursuivent tard dans la nuit.

Le lendemain dans l'après-midi, les agnats du marié vont chercher la mariée. Arrivés devant sa maison, ils envoient quelques vieilles femmes lui remettre de menus cadeaux. La mariée fait ses adieux à son père et à sa mère, qui restent chez eux et pleurent son départ « comme si elle était morte ». Un cortège s'organise. La mariée sort de la maison en habit cérémoniel, le visage recouvert d'un voile. Son frère l'installe sur le cheval amené par les agnats du marié et il tient la bride. Des femmes des deux familles l'entourent en chantant. Les hommes suivent derrière. Arrivés en vue de la maison du marié, un simulacre de bataille oppose les agnats des deux familles. Les agnats du marié triomphent. Devant la porte de la maison, une femme vient laver le pied droit de la mariée, qui est ensuite transportée sur le dos d'un agnat de son futur époux jusqu'à la chambre nuptiale.

Pendant ce temps, les invités sont arrivés chez le marié. Chants et danses reprennent. Un repas est servi et les jeunes procèdent de nouveau à quelques mascarades. Puis commence le rituel du *ghrama* qui peut se prolonger pendant plusieurs heures. Le fête se termine avec des chants et des danses. Les invités partent. Le marié entre alors dans la chambre nuptiale où il voit pour la première fois son épouse.

Au cours de ces festivités, les jeunes sont les metteurs en scène et les acteurs de mascarades qui précèdent les rituels et même les préfigurent. Nous décrirons d'abord l'un de ces jeux que nous avons observé plusieurs fois.

La danseuse et le bouffon, jeu parodique

Ce jeu se déroule uniquement lorsque deux groupes de jeunes décident de s'affronter, avec l'aide des musiciens, de l'*aberrah* et d'une danseuse. Il débute de la manière suivante : un membre du premier groupe met une pièce de monnaie dans la bouche de la danseuse et l'envoie vers l'autre groupe, accompagnée de l'*aberrah*. Celui-ci transmet des paroles de défi : « Oh voilà qui nous sommes ! Ce sont les fils d'un tel, d'un tel et d'un tel qui s'adressent à vous et vous défient ! » La danseuse rend la pièce aux donateurs et repart vers le deuxième groupe de jeunes. Ceux-ci lui mettent plusieurs pièces dans les cheveux ou le chignon et dans la bouche et transmettent à l'*aberrah* leur réponse : « Nous savons qui vous êtes ! Voilà qui nous sommes, les fils d'un tel, d'un tel, d'un tel ! Si vous êtes des hommes, ne vous cachez pas, montrez-vous ! »

A partir de ce moment, le jeu est lancé. Chaque groupe choisit des mots de plus en plus obscènes pour ridiculiser son rival et d'autres de plus en plus élogieux pour vanter ses propres mérites. Cette escalade verbale s'accompagne d'une surenchère dans l'étalage des pièces d'argent sur le corps de la danseuse. Les pièces sont glissées dans sa ceinture ou accrochées à sa robe. Le jeu ne se termine que lorsque tout son corps est tapissé de monnaie. L'argent est ensuite rendu à ses propriétaires.

Cette mascarade se déroule au beau milieu de l'hilarité des jeunes. Ceux-ci ne manquent pas d'esquisser des gestes obscènes avec la danseuse. Les aînés font semblant d'ignorer la scène et d'être occupés à leurs discussions. Quand nous avons essayé de leur faire expliquer ce jeu, les vieux informateurs ont exprimé leur dégoût de ce genre de manifestations, puis, finalement, certains d'entre eux ont reconnu y avoir participé dans leur jeunesse. Parfois ces simulacres d'échanges de violence peuvent dégénérer en combat réel si les esprits sont très échauffés. Le marié doit alors intervenir pour calmer ses amis qui le rabrouent quelque peu.

Cette comédie montée par les jeunes est d'abord un jeu parodique de l'honneur. En vantant démesurément leurs qualités et en dénigrant leurs rivaux, ces jeunes tournent en dérision les joutes oratoires entre leurs aînés. Ils font semblant d'être généreux, mais reprennent l'argent qu'ils ont étalé sur le corps de la danseuse. Cette mascarade est aussi une dérision du mariage. Rappelons que la danseuse est une prostituée. Ses services sexuels stériles sont payés en pièces de monnaie étalées sur son corps comme un vêtement de pacotille, alors que le *sdaq* sert à payer un vrai trousseau à la mariée et introduit à des rapports sexuels féconds. Le paiement du *sdaq* est ainsi tourné en dérision par un usage parodique de la monnaie du sultan.

Le rituel du « henné »

Lorsque les jeunes ont terminé leurs mascarades, le marié sort du lieu des festivités, accompagné de ses amis. Il revêt une *djellaba* neuve et en rabat le capuchon sur sa tête. Un cortège s'organise. Le marié-sultan est tenu de chaque côté par un de ses amis. Ces deux personnages, appelés *iyuzuren* (traduction berbère du terme *vizir*), ou « ministres », lui servent de guides. Une de ses jeunes sœurs ou cousines parallèles balance au-dessus de sa tête une perche au bout de laquelle est attaché un ruban : c'est le parasol du sultan. Deux groupes de jeunes sont placés en avant et en arrière de ces quatre personnages. Le simulacre de l'intronisation commence.

La procession revient lentement vers le lieu des festivités. Le groupe placé en avant entonne le chant suivant :

Gloire à Dieu !
Gloire au Créateur !
Gloire à l'Éternel
La création a commencé.

Puis il avance de quelques pas, suivi du marié et de ses *iyuzuren*. Le deuxième groupe reprend le même chant, puis fait quelques pas en avant. Cette scène est répétée plusieurs fois, jusqu'à ce que le cortège arrive au centre du lieu des festivités. Là sont disposées trois chaises qui tournent le dos à l'endroit où se tiennent les femmes. Sur le siège du milieu est assis un agnat du marié, *mouray-es-sultan*.

Celui-ci lui embrasse le front et s'assied ensuite à sa place. Il est signifié qu'un nouveau souverain vient remplacer le précédent. Les deux *iyuzuren* occupent alors les deux autres sièges.

Les femmes du groupe du marié commencent à préparer le henné. Pendant ce temps, une compétition se déroule pour les sièges des *iyuzuren*. Un jeune interpelle celui qui est assis à la gauche du marié : « De quel droit es-tu *wazir* (singulier de *iyuzuren*), combien as-tu payé ? » Après ce défi, une fausse vente aux enchères du siège oppose les deux jeunes. C'est celui qui donnera la plus grande somme au marié qui occupera le siège de gauche. L'argent n'est pas gardé par le marié mais rendu à son propriétaire. La même scène peut être recommencée avec le *wazir* de droite. Le marié reste immobile et supporte en silence les quolibets et les moqueries de ses jeunes amis.

Quand les graines de henné ont été moulues et mélangées avec de l'eau jusqu'à constituer une pâte épaisse, deux ou trois petites filles, sœurs ou cousines du marié, versent cette pâte dans une calebasse et viennent la présenter au *mouray-es-sultan*. Ce dernier doit y plonger sa main droite. Mais, avant qu'il n'esquisse ce geste, les *iyuzuren* peuvent demander en son nom de l'argent aux fillettes. Celles-ci donnent quelques pièces et devront en apporter davantage si les *iyuzuren* l'exigent. Cet argent mis dans la poche du marié sera rendu à son propriétaire, c'est-à-dire au père de l'époux.

Le marié, la main dans le henné, guidé par ses deux *iyuzuren* et suivi par ses jeunes amis, se lève et se dirige vers la chambre nuptiale encore fermée. Il ouvre la porte et entre, puis il retire sa main enduite de henné et l'applique sur un des murs. S'il répète ce geste plusieurs fois, cela indique qu'il est bien disposé à l'égard de son épouse. Les marques laissées sur le mur symbolisent aussi les enfants attendus par le marié. Les jeunes qui assistent à ce rituel prononcent alors les paroles suivantes : « Maintenant ils (le couple) sont mariés. » Par là, est signifié très exactement que le mariage est consommé sexuellement, ce qui n'est pas encore vrai physiologiquement. Chaque jeune met, s'il le veut, un doigt dans le henné pour, dit-on, bénéficier de la *baraka*. La cérémonie est terminée. Les jeunes reprennent leur place dans le cercle des festivités et le marié, après avoir enlevé sa *djellaba*, va rejoindre ses agnats et les aide à servir les invités.

Ce rituel se présente comme un double simulacre : celui de l'intronisation du marié-sultan et celui de la fécondation de l'épouse. La séquence de la procession représente le parcours du sultan qui entre dans sa capitale, figurée ici par la place des festivités. Il investit le centre de son sultanat avec l'aide de ses partisans. Le siège, occupé tout d'abord par l'agnat du marié jouant le rôle de l'ancien souverain, devient son trône. Ainsi se trouve intronisé le nouveau « sultan » dispensateur de la *baraka*. Durant ces moments où il est revêtu des insignes de la souveraineté, le marié-sultan ne doit pas répondre aux propos désobligeants qui lui sont adressés ; il doit montrer, par son silence et son immobilité, qu'il représente l'élu de Dieu.

C'est alors que ce marié-sultan peut s'avancer vers la chambre nuptiale et faire le geste symbolique de la fécondation en posant sur le mur sa main trempée de henné. Dans ce rituel, la main droite du marié-sultan représente l'autorité du nouveau souverain et son pouvoir divin de fécondation ; le henné, ce produit féminin dont on dit qu'il est une bénédiction divine, symbolise la jeune épouse, ce domaine de l'interdit qui, en la circonstance, est aussi le dépositaire de la *baraka*. La main droite enduite de henné inscrit ainsi symboliquement sur le mur le résultat attendu de cette union sacrée, la descendance du couple.

Ce rituel du henné annonce aussi la défloration qui aura lieu le lendemain. La main que le marié met dans le plat de henné qu'on lui présente symbolise cette prise de possession de l'épouse, sorte de violence qui s'apparente à un sacrifice pour obtenir le don divin qu'est la descendance. Les traces que ce jeune marié laisse sur le mur de la chambre nuptiale marquent la nouvelle autorité qu'il exercera sur la jeune épouse et indiquent que c'est avec cette main qui porte le fusil qu'il défendra l'honneur du couple.

Le rituel du ghrama

Payer le *ghrama* signifie faire acte d'allégeance à une autorité supérieure sous la forme d'un don. Les invités donnent de l'argent au marié, *mouray-es-sultan*. Chaque don est comptabilisé et sera rendu quand le donateur, son fils ou son frère se marieront.

Comme le rituel du henné, celui du *ghrama* commence par la séquence de la procession qui s'avance vers le lieu des festivités et les trois sièges, vides cette fois. Le marié-sultan s'asseoit au milieu, le capuchon de sa *djellaba* neuve rabattu sur sa tête, ses *iyuzuren* assis à ses côtés. Devant eux, à la droite du marié, sur une petite table, est disposé un plateau d'argent recouvert d'un tissu de soie, sur lequel vont être déposés les dons. En avant se tient l'*aberrah*. C'est lui qui reçoit les dons des invités. Avant de déposer ceux-ci sur le plateau, il doit proclamer le nom de chaque donateur et vanter les mérites de sa lignée. Un agnat du marié sachant écrire, ou à défaut un lettré, doit noter sur un cahier le nom du donateur et le montant de son don.

Avant que le rituel ne commence, deux groupes d'invités se sont placés. Il s'agit des représentants de deux groupes segmentaires, soit deux lignages d'une même fraction, ou même, plus rarement deux fractions d'une même tribu. Les membres de ces unités ne sont pas tous présents au mariage, mais il faut qu'il y en ait un nombre suffisant pour que la somme des dons individuels de chaque groupe soit importante. C'est pourquoi, lors des cérémonies, chaque groupe segmentaire compte les siens et décide s'il va se manifester ou attendre une autre occasion. Les mariages sont nombreux en été et les groupes segmentaires qui ne s'affrontent pas aujourd'hui pourront le faire une autre fois. Il faut préciser que le lignage de l'époux et celui de l'épouse ne doivent pas participer en tant que tels à cette compétition ; mais il arrive que les groupes qui s'affrontent incluent soit l'un ou l'autre lignage, soit les deux.

L'offrande commence par les dons individuels des agnats des deux époux et des invités isolés qui ne font pas partie des groupes constitués. Chacun d'eux donne une somme d'argent à l'*aberrah* qui annonce le montant du don, le nom du donateur, et qui le remercie au nom du marié-sultan. Ensuite vient le moment attendu de l'affrontement segmentaire. Les jeunes prennent position à l'avant, sur deux lignes face à face, les vieux restent à l'arrière, se contentant de passer leurs dons aux jeunes. Au milieu se tient l'*aberrah*. Un donateur du premier groupe l'agrippe, lui glisse une somme équivalente à cinq ou dix francs et lui demande de vanter sa lignée, ses ancêtres et son groupe. D'autres membres du groupe font de même. Le panégyrique tourne autour d'un même thème : « Nous, nous donnons, nous n'avons pas peur de donner ; nous ne sommes pas avares ; nous ne gardons pas les choses pour nous car celui qui ne donne rien n'est rien, n'a rien ; nous donnons pour être dignes de nos ancêtres [ici on rappelle les actes héroïques de ces ancêtres], du nom que nous portons. » L'*aberrah* doit trouver de belles formules pour magnifier ces actes de générosité. Après cette première série de dons, un donateur du deuxième groupe saisit l'*aberrah* et le même scénario se répète.

Puis l'*aberrah* est ramené de nouveau vers le premier groupe pour une autre série de dons. A partir de ce moment, les deux groupes s'arrachent tour à tour le malheureux *aberrah* et se font couvrir de louanges de plus en plus exaltées. Au cours de ces joutes oratoires, on ne s'adresse jamais directement à l'autre. On ne le dénigre pas. Tout se passe comme si on l'ignorait. Mais en fait, tout le monde sait qu'il s'agit d'écraser l'autre par la force de ses paroles, et par la somme d'argent offerte. On est en présence d'une sorte de potlatch.

On raconte qu'un homme d'honneur, voyant son groupe surclassé par le groupe rival, décida de donner les bijoux de sa femme. Son don fut refusé car il avait commis une double faute. Il était intervenu alors qu'il aurait dû rester silencieux, laissant les jeunes mener l'action, et il avait outrepassé les limites acceptables des dons qu'on doit offrir en ces circonstances. Cette intervention maladroite et humiliante pour son auteur indique bien l'enjeu de cet affrontement. Aussi n'est-il pas rare que, les esprits s'échauffant, une bagarre éclate. Le père du marié et ses agnats doivent intervenir pour calmer ces jeunes, qui ne manquent pas alors de les rabrouer.

L'affrontement terminé, les jeunes viennent entourer le marié-sultan qui n'a pas bougé, et chantent ses louanges tout en se moquant de lui. L'*aberrah*, qui a repris ses esprits, proclame le total de la somme reçue par le marié. Les festivités reprennent.

Les multiples dons reçus par le marié au cours de ce rituel et qui doivent être rendus ultérieurement s'inscrivent dans des cycles d'échanges enre les familles iqar'iyen. Chaque mariage conclut certains échanges quand l'invité rend une somme équivalente à ce qu'il a reçu pour son mariage. Il en annonce d'autres quand il s'agit de dons qui seront rendus à un prochain mariage. La vie sociale iqar'iyen est rythmée en permanence par des mariages, et ces échanges assurent la continuité des relations à l'intérieur de la société.

Cette circulation d'argent a une autre signification. Elle permet à chaque marié de recevoir une somme relativement importante qu'il pourra utiliser à son gré, tandis qu'il disposera d'un temps très long pour rembourser les dettes ainsi contractées. Dans ce contexte, tout se passe comme si cette forme d'échange instaurait un système de crédit qui permet aux jeunes mariés de commencer leur vie conjugale et familiale dans des conditions relativement favorables.

Mais les dons faits au marié sont des *ghrama*, c'est-à-dire des actes de soumission à une autorité supérieure.Faisant suite au rituel d'intronisation et de fécondation par la *baraka*, le rituel du *ghrama* constitue le moment où les sujets du nouveau sultan reconnaissent son autorité. Il reproduit celui où les tribus viennent dans la capitale du sultanat faire acte d'allégeance au souverain en lui offrant des *hediya*, des « cadeaux » (E. Aubin 1905 : 140-144). Il conclut cette représentation de l'accession au trône, au cours de laquelle le marié est paré de tous les insignes de la souveraineté. Ainsi le mariage se trouve placé sous les auspices de la *baraka*. Le marié-sultan peut maintenant aller à la rencontre de son épouse, avoir des rapports sexuels avec elle, et obtenir un don divin, une descendance.

Ce rituel du *ghrama* est significatif à un autre niveau. Le marié-sultan assiste, muet et immobile, à un affrontement segmentaire au moment même où il reçoit ce paiement, signe de la soumission. Cet affrontement, qui dans ses formes rappelle le combat simulé lors de la bataille, est mené sur le mode de la dérision. Ce sont les jeunes, ces irresponsables par rapport à l'honneur, qui fanfaronnent, ne reculent devant aucune démesure pour vanter leurs propres mérites, ceux de leurs ancêtres et le nom qu'ils portent. Leur attitude est différente de celle des invités, qui ne participent pas à l'affrontement et qui se contentent de faire leur don en demandant à l'*aberrah* de le transmettre au marié-sultan et d'annoncer leur nom. Mais si les joutes oratoires de dérision apparaissent comme la continuation de la comédie parodique jouée par les jeunes depuis le début des cérémonies, le contexte a changé. Il ne s'agit plus maintenant d'étaler l'argent pour le reprendre aussitôt. Les dons sont réels et seront conservés par le marié. Par ailleurs, les groupes qui s'affrontent, sont des unités segmentaires et non plus des unités organisées artificiellement au gré de la fantaisie des jeunes. La compétition segmentaire n'est pas ici un jeu purement factice. Elle peut avoir des conséquences sur les relations entre les groupes concernés.

Plusieurs questions se posent alors : pourquoi le jeu de la dérision accompagne-t-il les simulacres de la renaissance de l'autorité du sultan ? Pourquoi prend-il la forme d'un affrontement segmentaire lors du rituel du *ghrama*, et, de manière plus générale, que nous apprend cette parodie des valeurs sur le rôle de l'autorité et sur l'antagonisme des générations dans cette société ?

3. La dérision des hommes d'honneur et d'autorité

L'analyse de l'accession au trône a montré qu'il n'y avait pas de renaissance de l'autorité du sultan sans violence sacrificielle dirigée contre les tribus rebelles. Ce n'est qu'après avoir « mangé » les rebelles que le nouveau souverain élimine l'anarchie qui a suivi la mort de son prédécesseur, rétablit l'ordre dans la communauté des croyants, féconde les femmes par sa *baraka*, et ramène la prospérité dans le pays. L'on comprend alors que durant les cérémonies du mariage les hommes d'autorité iqar'iyen s'effacent pendant que l'on intronise le marié-sultan : ne sont-ils pas ses victimes sacrificielles, ceux qu'il a dû « manger » pour s'installer sur le trône ? L'on comprend aussi pourquoi les jeunes, les compagnons d'armes du marié-sultan, ses complices dans les simulacres du rituel du henné, occupent le devant de la scène et procèdent à la dérision de leurs aînés : ne s'agit-il pas de simuler le meurtre de ces hommes d'honneur, condition de la renaissance de l'autorité centrale et de la reproduction de la société par l'intermédiaire du nouveau couple ? Le rituel du henné reproduit la fin du récit 30, où le sultan noir, par l'intermédiaire de sa *baraka*, devient le père symbolique des Iqar'iyen. Il est rappelé par ce rituel que la reproduction de la société iqar'iyen passe par le sultan et par les femmes, et que les pères en sont exclus.

Dans le rituel du *ghrama*, c'est encore le renouveau de cette société iqar'iyen qui est donné à voir. Par son silence, le marié-sultan, consacré dans son rôle de nouveau souverain, confère la légitimité au rapport segmentaire qui définit l'ordre social du groupe et garantit sa pérennité. Mais dans ce rituel, la dérision des jeunes prend une signification autre. Après avoir été les complices du nouveau souverain, les jeunes se font les porte-paroles de leurs groupes tout en parodiant la conduite de leurs aînés. Certes, leurs fanfaronnades sont dérisoires. Mais cette comédie qu'ils donnent à voir est plus qu'un jeu. Il s'agit de rappeler à ces aînés que leur autorité constitue elle-même une dérision face à l'ordre segmentaire, c'est-à-dire face à ce qui fonde la société iqar'iyen dans sa permanence. Si chaque homme d'honneur peut et doit affirmer son individualité et doit même tenter de se singulariser par rapport à ses semblables en devenant un « grand », sa mort réduira à néant son autorité alors que la société segmentaire iqar'iyen se perpétuera. Dans ce rituel présidé par le marié-sultan, les jeunes tournent en dérision l'autorité des aînés, comme il est fait dans la bataille réglée par les *chorfa de la baraka*, et ils manifestent la pérennité des rapports segmentaires par opposition au pouvoir éphémère et dérisoire des « grands ».

Enfin, les cérémonies de mariage rappellent de façon dramatique l'antagonisme des générations. Tandis que les jeunes sont au premier plan, les aînés sont réduits au rôle de figurants. Le père du marié, qui dépense pour affirmer son honneur, doit faire semblant d'ignorer que son fils est consacré *mouray-es-sultan* et qu'il simule devant lui et tous les invités les premiers rapports sexuels féconds qu'il aura avec son épouse. Celle-ci, la *tasrit*, cette fiancée qu'il nie toujours comme génitrice, sera fécondée, et ce mariage qu'il a organisé lui annonce que son autorité de chef de maison est éphémère. Rien n'exprime mieux cet aspect dramatique de l'antagonisme des générations qu'un incident évoqué par différents informateurs et qui se serait produit lors d'un mariage. Une jeune fille chantait les louanges d'un jeune homme. Soudain, le père de ce dernier se leva pour dire : « C'est moi et non ma semence, mon liquide, qu'il faut chanter », à quoi le fils répondit : « Ta semence, ton liquide t'engloutira. »

Mais ce fils qui se marie n'échappe pas lui-même à la dérision de ses jeunes amis. Nous avons noté les quolibets que ces derniers lui adressent lors des deux rituels. Après la consommation du mariage, une autre occasion leur sera donnée de tourner en dérision le marié par la transgression symbolique de son nouveau domaine de l'interdit : ce sera le rituel dit « du voile » ou *tigritsh*.

4. Le rituel du voile, ou *tigritsh*

A la fin du troisième jour, quand tous les invités sont partis, le marié pénètre dans la chambre nuptiale où, accompagnée de quelques femmes, sa jeune épouse l'attend, la tête recouverte d'un voile. Il s'avance vers elle et lui glisse une pièce d'argent avant d'enlever le voile. Ce geste constitue la rupture de l'interdit qui lui défendait de voir son épouse depuis le début des cérémonies. Il doit alors dénouer les tresses serrées de ses longs cheveux. Les femmes présentes se moquent et rient de ses efforts, puis elles refusent de sortir tant qu'il ne leur a pas préparé le thé. C'est la seule fois, dit-on, qu'un homme sert des femmes. Quand le couple se retrouve enfin seul, le marié déshabille sa jeune épouse et la conduit vers la couche nuptiale. Elle doit rester passive pendant qu'il a ses premiers rapports sexuels avec elle. Le marié sort ensuite de la chambre et donne aux femmes qui attendent le drap maculé de sang prouvant que la jeune épouse était vierge. Des coups de fusil sont tirés en l'air pour annoncer la consommation du mariage. Le marié rentre dans la chambre et passe la journée avec son épouse.

La défloration de l'épouse, déjà accomplie symboliquement au cours du rituel du henné, marque la rupture de l'interdit portant sur la femme, et la violence que doit exercer le marié envers son épouse conclut ce sacrifice propitiatoire offert au divin pour obtenir une descendance. C'est aussi le moment où le jeune homme établit son autorité sur sa femme, sur son domaine de l'interdit.

Pendant sept jours, les jeunes mariés passent de longs moments ensemble dans la chambre nuptiale. Les troisième et cinquième jours, les parents de l'épouse viennent dans la maison du marié et leur apportent de la nourriture. Le cinquième jour, le jeune homme présente sa femme à ses propres parents.

Le septième jour, le rituel du voile clôt cette période de claustration du couple dans la chambre et marque le retour du marié à la vie publique. Un groupe de jeunes amis du marié vient lui rendre visite. Ce sont les premiers visiteurs qu'il reçoit dans la chambre nuptiale désertée pour la circonstance par la mariée. Un thé leur est offert. Un voile sépare le lit des époux de l'espace où sont assis les invités. Ceux-ci se répartissent en deux groupes et commencent un simulacre de compétition pour l'achat du voile et des fruits et gâteaux placés dans le lit et sous le matelas. Avant d'arriver, les jeunes s'étaient déjà mis d'accord entre eux sur le déroulement du jeu. L'invité qui paye la plus forte somme arrache le voile et prend fruits et gâteaux, après avoir complètement défait le lit en faisant des allusions grivoises aux rapports sexuels du nouveau couple. Il peut garder toutes ces friandises pour lui, mais il est d'usage qu'il les partage avec les autres et que tout le monde les consomme sur place. Toute la cérémonie se déroule dans l'hilarité générale. Le marié présent doit rire, lui aussi ; il n'a pas le droit de protester.

Dans ce rituel, la dérision ne s'adresse plus aux aînés mais au marié lui-même. Celui-ci n'est plus le *mouray-es-sultan* des rituels du mariage, mais seulement ce jeune époux qui vient d'établir son autorité sur sa femme, son domaine de l'interdit, et qui voit se profiler devant lui sa carrière d'homme d'honneur. Or, cette cérémonie, qui marque son retour à la vie publique, est un simulacre de la transgression de son domaine de l'interdit et un simulacre de sa mort.

Cette chambre, appelée *takhamt* (petite chambre), diminutif de *akham* (chambre des parents du garçon et centre de la maison), est utilisée par le couple pour dormir, avoir des rapports sexuels, mais elle est aussi une salle de réception des invités. Quand ceux-ci viennent en visite, un voile sépare la chambre en deux parties : la partie intime où se trouve le lit du couple, que personne ne doit voir, et la partie où l'hôte reçoit et honore ses visiteurs, c'est-à-dire s'engage avec eux dans des relations d'échange par des dépenses ostentatoires. Personne n'a le droit de soulever le voile ni de regarder derrière ; ce serait une offense grave, qui entraînerait le meurtre du coupable.

Cette division de la chambre reproduit à l'intérieur de la maison l'opposition entre celle-ci et les lieux publics où les hommes s'affrontent dans les échanges de violence. La porte de la maison est appelée « le voile de la maison ». Nous retrouvons ici les deux aspects de l'honneur, d'abord comme autorité et contrôle sur un domaine interdit aux autres, ensuite comme valeur qui préside aux échanges de violence. Le voile est ici le terme médiateur, ce seuil qui permet la séparation et en même temps la communication entre ces deux univers.

La cérémonie du voile constitue un spectacle d'une grande violence symbolique. Un jeune homme vient de quitter sa condition de célibataire, d'adolescent sans responsabilités. Il a établi son autorité sur une femme, qui est interdite aux autres. Des enfants vont probablement naître et assurer la continuité de la lignée. Ce voile, qu'il peut dresser pour la première fois, indique aussi qu'il est sur la route de l'honneur. Certes, il lui faudra attendre de disposer d'une terre pour assumer pleinement sa qualité d'homme (*ariaz*), mais son chemin est tracé. Or voilà qu'au moment où son avenir se dessine, il doit subir un affront en laissant ses amis lui arracher ce voile qui marque son autorité et en les laissant consommer ces fruits et ces gâteaux qui représentent symboliquement sa richesse et sa descendance.

Certes, la scène à laquelle il assiste est elle-même dérisoire. Il ne s'agit que d'un simulacre, et les jeunes se satisfont d'une fausse richesse et d'une fausse descendance. Ce rituel du voile n'est qu'une mise à l'épreuve du marié, une initiation en quelque sorte, qui marque son retour à la vie publique. En ne réagissant pas devant la conduite irresponsable de ses jeunes amis, en gardant le contrôle de lui-même pendant ce simulacre, il fait son apprentissage d'homme d'honneur, d'*ariaz*.

Mais ici encore, la dérision des jeunes, qui s'adresse cette fois directement au marié, est plus qu'un jeu. Elle lui indique qu'il sera un jour la victime de l'honneur qu'il revendiquera pour lui-même et pour son groupe dans les échanges de violence. Son domaine de l'interdit sera transgressé, sa richesse et sa descendance seront ingérées par ces jeunes qui représentent ici la société segmentaire en acte. En effet, l'affrontement simulé entre ces deux groupes de jeunes est analogue à celui qui oppose les unités segmentaires dans les rituels du *ghrama* et dans la bataille. Si apparemment un groupe triomphe, le partage des gâteaux rappelle que l'égalité segmentaire est le modèle qui régit la société. Mais cette égalité segmentaire, modèle idéal jamais atteint qui meut la société, se nourrit de la mort des hommes et des groupes qui doivent s'affronter par de constants défis.

5. L'illusion du pouvoir et la Loi suprême : conclusion générale

A travers les cérémonies du mariage, c'est donc le spectacle de leur société que les Iqar'iyen se donnent, démasquant l'illusion que constitue l'affirmation de l'honneur individuel, mais aussi montrant la nécessité de cette illusion pour la survie et le maintien de l'identité de la confédération.

Résumons l'enchaînement des scènes de ce drame parodique. Un jeune homme quitte sa condition d'adolescent célibataire totalement irresponsable par rapport à l'honneur. Il acquiert une épouse, c'est-à-dire ce domaine de l'interdit, cette source de fécondité sur laquelle il exercera son autorité. Mais cette union, ce premier pas du jeune homme vers la carrière d'homme d'honneur n'est possible que s'il est placé sous les auspices de la *baraka* du sultan. C'est donc par l'intermédiaire de ce symbole de la Loi divine, qui relève d'une religion universelle, que se profile le destin de ce futur *ariaz*. Ainsi voit-on associés *baraka* et honneur, le plan de l'universel et celui de l'individuel localisé. Mais la dérision vient souligner que le mariage n'est pas seulement le moment où se joue le destin d'un individu et que c'est aussi celui où l'on donne à voir le drame de la succession des générations. Tout se passe comme si, en se mariant, le jeune homme signait l'arrêt de mort de son propre père. Celui-ci, ainsi que tous les adultes chefs de maison, détournent le regard comme pour ignorer qu'ils sont des morts en sursis et qu'ils devront disparaître pour laisser la place à leurs enfants.

La dérision va encore plus loin. Les jeunes hommes se groupent en formations segmentaires pour tourner en dérision leurs aînés dans leurs prétentions à l'honneur et à un statut de « grand ». Ils montrent la permanence de la société iqar'iyen dans sa structure segmentaire par opposition au destin éphémère des hommes d'honneur. Ils leur rappellent que leurs actions glorieuses, un moment gardées dans la mémoire des hommes, retombent dans l'oubli. Ici se situe la différence entre les hommes d'honneur et les *chorfa de la baraka*. Tandis que les restes des premiers, enfouis dans une tombe anonyme, disparaîtront avec le temps, ceux des seconds s'inscriront pour l'éternité dans les *qoubba*. Dans ces mausolées érigés à leur mémoire, les hommes et leurs descendants viendront leur rendre un pieux hommage.

Rappelons ce qui advient au moment de la mort d'un « grand », cet homme d'honneur par excellence. Ce sont ses fils, ceux-là mêmes qui ont démasqué l'illusion de l'honneur individuel, qui doivent glorifier une dernière fois son nom par des dépenses ostentatoires. Mais si cette mort du père leur ouvre la voie de l'honneur, les dépenses qu'ils ont assumées pour faire son deuil les empêchent de continuer l'œuvre du disparu et les obligent à recommencer le même jeu qui les conduira vers une renommée éphémère et vers la mort. Pour les Rifains, la mort d'un individu, si glorieux soit-il, ne s'inscrit pas dans une chaîne d'ancêtres qui fondent la société. Elle marque la discontinuité irrémédiable. Chaque homme devra répéter avec plus ou moins de succès la même recherche de l'honneur dont il sera finalement la victime. On voit donc que si la recherche du prestige, de la gloire et de l'autorité ne sont que des illusions face à la mort, c'est de ces illusions qu'est faite la marche des hommes iqar'iyen dans le temps de leur histoire individuelle.

Mais le rituel du voile vient rappeler quelque chose de plus au jeune marié. Lui-même et sa descendance, fruit de la *baraka*, seront ingérés par ces jeunes qui représentent la société segmentaire dans sa permanence. L'égalité segmentaire est ce modèle qui régit la répétition indéfinie des échanges de violence dans l'affrontement des groupes et des hommes et qui se nourrit de leur mort. Le paradoxe de l'honneur est qu'il pousse constamment les hommes et les groupes à se différencier les uns des autres mais aussi à refuser la différence dans un idéal toujours présent d'égalité segmentaire. C'est bien cela qui est donné à voir pendant le mariage par ces jeunes qui s'affrontent dans des compétition répétées sans qu'il n'y ait jamais de vrais vainqueurs, sinon des vainqueurs dérisoires.

Si les cérémonies du mariage dévoilent la structure de la société iqar'iyen dans son rapport à l'honneur, elles sont aussi l'événement où l'on rejoue le moment essentiel du renouveau de la société globale, l'intronisation d'un nouveau sultan en la personne du marié. Cela pour assurer à ce dernier une descendance et, en fin de compte, la reproduction de cette société iqar'iyen dans ses valeurs essentielles. Ainsi rappelle-t-on que la violence sacrificielle du souverain est aussi la manifestation de sa *baraka* qui féconde les domaines de l'interdit et garantit la pérennité de l'identité iqar'iyen. N'est-ce pas ce que souligne d'une autre manière le récit 30, qui raconte comment les Iqar'iyen sont des « enfants de femmes », de ces femmes épargnées par le Sultan Noir, fécondées par les géniteurs qu'il envoie, ces femmes qui transmettent les terres des victimes du souverain à ses enfants symboliques, afin d'assurer la continuité de l'identité iqar'iyen et la pérennité du découpage segmentaire des tribus ?

On comprend alors pourquoi ces cérémonies sont placées sous les auspices de la *baraka* du sultan et non sous celle du *cherif*. Celui-ci, rappelons-le, a été installé avec son groupe par le sultan dans le territoire-sanctuaire de la *zawiya*, et il est un médiateur pacifique. Il est le seul à être sollicité pour arrêter les échanges de violence et pour instaurer la paix de Dieu. Sa bénédiction comme sa violence symbolique s'adressent à des particuliers. Son statut d'homme saint le place donc entièrement du côté de la *baraka*. Il ne peut, de ce fait, ni garantir ni légitimer la reproduction du système social local dont il est l'une des composantes essentielles. Par contre, le sultan, placé à la tête de la communauté marocaine des croyants, est le seul qui, dans ce mouvement allant de la violence à la *baraka*, peut rétablir l'ordre divin dans la société globale et assurer en même temps la reproduction de l'identité iqar'iyen dans sa spécificité, c'est-à-dire dans cette relation constamment renouvelée entre la segmentarité fratricide et la soumission à Dieu.

S'il existe, chez les Iqar'iyen, une loi tacite mais constamment vécue, c'est celle qui constitue la relation entre deux ordres, celui de l'honneur et celui de la *baraka*. Ceux-ci sont inséparables l'un de l'autre, de même que sont inséparables dans le cours des événements transgression et sacrifice.

Cette loi qui préside à la marche des hommes dans le temps n'est inscrite dans aucun code formel, mais dans ces récits et ces rituels où s'expriment l'ambivalence à l'égard du pouvoir et l'ambiguïté de la violence dans les rapports entre hommes. Elle est celle qui fait de tout homme d'honneur, de tout détenteur d'une autorité, une victime en puissance à la fois de l'honneur et de la *baraka* divine.

Enfin, cette loi relationnelle entre transgression et sacrifice, la voici islamique dans ce balancement entre système de l'honneur et système de la *baraka*. La voici marocaine en ce que le sultan symbolise et garantit sur toute l'étendue du territoire marocain cette relation entre honneur et *baraka*.

Ainsi le Maroc s'est-il constitué, dans cette relation séculaire, comme une société islamique originale et peut-être unique en son genre.Est-il surprenant que cette loi de relation entre honneur et *baraka*, symbolisée par le sultan, nous soit dévoilée dans la cérémonie du mariage, où précisément les unités segmentaires suspendent leur affrontement meurtrier pour échanger des épouses, c'est-à-dire se plier aux conditions mêmes de leur survie et du maintien de leur identité ?

Bibliographie

Arnaud, L. 1952. *Au temps des mehalla ou le Maroc de 1860 à 1912*. Casablanca, Éditions Atlantides.

Aubin, E. 1913. *Le Maroc d'aujourd'hui*. Paris, A. Colin.

Bailey, F.G. 1959. For a sociology of India ? *Contributions to Indian sociology*, n° 3, pp. 88-101.

Barth F. 1954. Father's brother's daughter marriage in Kurdistan, *South-western journal of anthropology*, n° 10, pp. 164-171. Repris dans L. Sweet (ed.), *Peoples and cultures of the Middle East*. New York, Natural History Press, 1971.

Benet, F. 1957. Explosive markets : The Berber highlands, pp. 108-127 in K. Polanyi et al. (eds), *Trade and markets in early empires*, Glencoe, Ill., The Free Press.

Bernard, A. 1921. *Le Maroc*. Paris, F. Alcan. 6e éd.

Berque, J. 1955. *Structures sociales du Haut-Atlas*. Paris, Presses Universitaires de France.

Biarnay. 1915. Notes sur les chants populaires du Rif, *Archives berbères*, n° 1, pp. 22-39.

Bloch, M. 1939. *La société féodale*. Paris, Albin Michel.

Bourdieu, P. 1972. *Esquisse d'une théorie de la pratique*. Paris et Genève, Droz.

Brignon, J. et al. 1968. *Histoire du Maroc*. Paris, Hatier.

Coppet, D. de. 1968. Pour une étude des échanges cérémoniels en Mélanésie, *L'Homme*, vol. 8, n° 4, pp. 45-57.

— 1970 a. 1, 4, 8, 9, 7. La monnaie : présence des morts et mesure du temps, *L'Homme*, vol. 10, n° 1, pp. 17-39.

— 1970 b. Cycles de meurtres et cycles funéraires. Esquisse de deux structures d'échange, pp. 759-81 in *Échanges et communications.Mélanges offerts à Claude Lévi-Strauss*. The Hague-Paris, Mouton, 2e éd.

Delbrel, E. 1911. *Geografia general de la provincia del Rif Kabilas de Guelaia-Kebdana*. Madrid.

Donoso Cortes, R. 1913. *Zonas espanolas del norte y sur de Marruecos*. Madrid.

Drague, G. 1951. *Esquisse d'histoire religieuse du Maroc*. Paris, Peyronnet.

Drouin, J. 1975. *Un cycle oral hagiographique dans le Moyen Atlas marocain*, Publications de la Sorbonne, série 2. Paris, Imprimerie Nationale.

Duby, G. 1973. *Le dimanche des Bouvines, 27 juillet 1214*. Paris, Gallimard.

Dumont, L. 1966. *Homo hierarchicus. Essai sur le système des castes*. Paris, Gallimard.
— 1971. *Introduction à deux théories d'anthropologie sociale*. Paris-La Haye, Mouton.
— 1977. *Homo aequalis. Genèse et épanouissement de l'idéologie économique*. Paris, Gallimard.
— et D. Pocock. 1957. For a sociology of India, *Contributions to Indian sociology*, n° 1, pp. 7-41.
— 1960. For a sociology of India : A rejoinder to Dr Bailey, *Contributions to Indian sociology*, n° 4, pp. 82-89.

Durkheim, E. 1973. *Les règles de la méthode sociologique*. Paris, Presses universitaires de France.

Esteban Ibanez, Fr. O.F.M. 1949. *Diccionario rifeno-espanol*. Madrid, Instituto de Estudios Africanos.

Evans-Pritchard, E.E. 1940. *The Nuer*. Oxford, Clarendon Press.
— 1949. *The Sanusi of Cyrenaica*. London, Oxford University Press.

Favret, J. 1968. Relations de dépendance et manipulation de la violence en Kabylie, *L'Homme*, vol. 8, n° 4, pp. 18-44.

Geertz, G. 1968. *Islam observed*. New Haven-London, Yale University Press.

Gellner, E. 1969. *Saints of the Atlas*. London, Weidenfeld & Nicolson.

Hart, D. 1971. Clan, lineage and local communities and the feud in a Rifan tribe, pp. 3-75 in L. Sweet (ed.), *Peoples and cultures of the Middle East*. New York, Natural History Press.
— 1976. *The Ait Waryaghar of the Moroccan Rif*. The University of Arizona Press.

Haudricourt, A.G. et al. 1955. *L'homme et la charrue à travers le monde*, Paris, Gallimard. 2e éd.

Hocart, A.M. 1970. *Kings and councillors*. Chicago. The University Press. 2e éd.

Khaldoun, Ibn. 1967. *The muqaddimah*, trans. F. Rosenthal. Princeton, The University Press. 3 vol.

Laoust, E. 1920. *Mots et choses berbères*. Paris, A. Challamel.

— 1927. Le dialecte berbère du Rif, *Hesperis*, n° 7, pp. 173-208.

Lévi-Provençal, E. 1927. *Les historiens des Chorfa : essai sur la littérature historique et bibliographique au Maroc du XVI au XIXe siècle*. Paris, Guethner.

Lévi-Strauss, C. 1962. *La pensée sauvage*. Paris, Plon.

— 1967. *Les structures élémentaires de la parenté*. Paris-La Haye, Mouton. 2e éd.

— 1968. Introduction in M. Mauss, *Sociologie et anthropologie*. Paris, Presses universitaires de France. 2e éd.

Machiavel. 1972. *Le Prince*, suivi de *Choix de lettres*, préf. de R. Aron. Paris, Livre de poche.

Maldonado, E. 1949. *El Rogui*. Tetuan, Instituto General Franco para la investigacion hispano-arabe.

Martin J. et al. 1967. *Géographie du Maroc*. Casablanca, Librairie Nationale.

Mauss, M. 1968. *Sociologie et anthropologie*. Paris, Presses universitaires de France. 2e éd.

— et H. Hubert. 1899. Essai sur la nature et la fonction du sacrifice, *Année sociologique*, n° 2. Repris dans M. Mauss. *Oeuvres*. Paris, Éditions de Minuit, 1968. T. 1, pp. 193-307.

Michaux-Bellaire, E. 1925 a. A propos du Rif, *Archives marocaines*, vol. 17, pp. 211-240.

— 1925 b. Le Rif. *Archives marocaines*, vol. 17, pp. 175-209.

— 1925 c. La souveraineté et le califat au Maroc, *Revue du Monde musulman*, vol. 59, pp. 117-145.

Miège, J. 1961-63. *Le Maroc et l'Europe, 1830-1894*. Paris, Presses universitaires de France. 4 vols.

Mikesell, M.W. 1961. *Northern Morocco : A cultural geography*. Berkeley & Los Angeles, University of California Press.

Montagne, R. 1930. *Les Berbères et le makhzen dans le Sud du Maroc*. Paris, Alcan.

Mouliéras, E. 1895. *Le Maroc inconnu*. Paris.

Murphy, R. et L. Kasdan. 1959. The structure of parallel cousin marriage, *American anthropologist*, n° 61, pp. 17-38.

Nasiri Es-Slawi, Ahmet b. Khalid al. 1906-07. Kitab el-istiqsa, li akhbari doual el Maghrib-el aqsa, trans. E. Fumey, *Archives marocaines*, vol. 9-10.

Payne, S. 1967. *Politics and the military in modern Spain*. Palo Alto, Stanford University Press.

Peters, E. 1967. Some structural aspects of the feud among the camel-herding Bedouin of Cyrenaica, *Africa*, n° 37, pp. 261-281.

Pita Espolosin, F. 1912. *El aspecto religioso-musulman en la zona oriental de nuestro protectorado*. Madrid, Ed. Artes graficas.

Renisio, A. 1932. *Étude sur les dialectes berbères des Beni Snassen, du Rif, et des Sanhadja Srair*. Paris, Éditions Ernest Leroux.

Riera, A. 1913. *Espana en Marruecos. Cronica de la campana de 1909*. Barcelona. Casa Editorial Maucci.

Rodinson, M. 1966. *Islam et capitalisme*. Paris, Éditions du Seuil.

Royaume du Maroc, Ministère de l'Économie nationale. 1962. *Population du Maroc, recensement démographique (juin 1960)*. Rabat, Service central des statistiques.

Sahlins, M. 1976. *Culture and practical reason*. Chicago, Chicago University Press.

Seddon, J.D. 1973. Local politics and State intervention : Northeast Morocco, from 1870 to 1970, pp. 109-39 in E. Gellner and C. Micaud (eds), *Arabs and Berbers. From tribe to nation in North Africa*. London, Duckworth.

— 1976. Modern economic and political change in Northeast Morocco. Doctoral dissertation, University of London, Department of sociology.

Segonzac, Marquis de. 1903. *Voyages au Maroc 1899-1901*. Paris.

Serra Orts, A. 1914. *Recuerdo de la guerra del Kert de 1911 à 1912*. Barcelona, Imprenta Elzeviriana de Borras.

Terase, H. 1949-50. *Histoire du Maroc des origines à l'établissement du protectorat français*. Casablanca, Éditions Atlantides. 2 vol.

Troin, J.F. 1967. Le Nord-Est du Maroc : mise au point régionale, *Revue de géographie du Maroc*, n° 12, pp. 5-41.

Waterbury, J. 1970. *The Commander of the Faithful. The Moroccan political elite. A study in segmented politics*. London, Weidenfeld & Nicolson.

Westermack, E. 1926. *Ritual and belief in Morocco*. New Hyde Park, University Books.

Index

Liste des récits

295

Liste des figures

Table des matières